电子商务类专业
创新型人才培养系列教材

U0742554

零售基础

微课版

曲艺 张坡 ◎主编

徐明祥 刘宝擎 ◎副主编

人民邮电出版社

北 京

图书在版编目（CIP）数据

零售基础：微课版 / 曲艺，张坡主编. -- 北京：
人民邮电出版社，2025. --（电子商务类专业创新型人才
培养系列教材）. -- ISBN 978-7-115-66543-0

Ⅰ. F713.32

中国国家版本馆 CIP 数据核字第 2025WU8042 号

内 容 提 要

本书通过 9 个项目全面且系统地介绍了与零售相关的知识，包括零售认知、零售企业战略与组织结构、零售消费者分析、零售商圈分析与商店选址、零售商品管理、零售供应链、零售服务、电子商务零售、全渠道零售与新零售等。

本书采用项目任务式结构讲解知识点，以任务带动工作的实施，化理论为实践、化抽象为具体，并配以综合实训、案例分析等内容，旨在培养学生的理论与实践能力，使学生尽快掌握零售基础的内容并能将其灵活应用于实际操作中。

本书既可以作为高等职业院校和应用型本科院校电子商务类、市场营销类等专业相关课程的教材，也可供零售相关工作的从业人员，以及有志于进入零售领域的创业者参考。

◆ 主　编　曲　艺　张　坡
　　副主编　徐明祥　刘宝擘
　　责任编辑　王　振
　　责任印制　王　郁　彭志环
◆ 人民邮电出版社出版发行　　北京市丰台区成寿寺路 11 号
　　邮编　100164　　电子邮件　315@ptpress.com.cn
　　网址　https://www.ptpress.com.cn
　　固安县铭成印刷有限公司印刷
◆ 开本：787×1092　1/16
　　印张：13.5　　　　　　　　　　2025 年 6 月第 1 版
　　字数：301 千字　　　　　　　　2025 年 8 月河北第 2 次印刷

定价：54.00 元

读者服务热线：(010)81055256　印装质量热线：(010)81055316
反盗版热线：(010)81055315

前　言

近年来，我国零售业经历了从高速增长向高质量发展的深刻转型，这一转变的核心驱动力源自消费者行为的显著变化。消费者研究与零售监测公司尼尔森IQ（NIQ）发布的《2024中国零售业发展报告》显示，零售市场正步入性价比导向的新纪元，不仅要求商品具备更高的性价比，还追求购物体验的多元化。在此背景下，零售企业需要精准捕捉消费者需求，提供品质与价格均能满足消费者需求的商品与服务。

同时，数字化技术的广泛应用成为推动零售业转型升级的另一关键力量，它贯穿于供应链、库存及消费者关系管理的各个环节，显著提升了运营效率、营销精准度和服务个性化水平。据商务部电子商务和信息化司统计，2024年前5个月全国网上零售额同比增长12.4%。这彰显了数字化零售的蓬勃生机。

在数字经济与消费升级的双重驱动下，零售业的边界不断被拓宽，零售业的商业模式、运营策略及消费者体验均发生了深刻变化。从传统的实体店铺到线上线下融合的全渠道零售，再到以大数据、人工智能为驱动的新零售模式，零售业正处于一个挑战与机遇并存的时代。

社会与科技的高速发展，使得人才的培养变得更加重要。党的二十大报告指出："教育、科技、人才是全面建设社会主义现代化国家的基础性、战略性支撑。必须坚持科技是第一生产力、人才是第一资源、创新是第一动力，深入实施科教兴国战略、人才强国战略、创新驱动发展战略，开辟发展新领域新赛道，不断塑造发展新动能新优势。"此外，党的二十大报告还重点提出，"教育是国之大计、党之大计。培养什么人、怎样培养人、为谁培养人是教育的根本问题。育人的根本在于立德"；"全面贯彻党的教育方针，落实立德树人根本任务，培养德智体美劳全面发展的社会主义建设者和接班人"。

在零售业快速发展与变革的今天，我们深感有必要为高校电子商务类专业的学生提供一本既全面又具有一定前瞻性的教材，以帮助他们更好地理解和适应这个快速变化的行业。因此，我们编写了本书，旨在为学生构建一个从理论到实践、从传统到未来的零售知识体系。

在充分领悟党的二十大精神后，我们深知，理论知识的学习是基础，实践能力的培养同样重要。因此，本书在内容编排上特别采用项目任务式的结构，通过设定具体的工作任务，引导学生将理论知识转化为解决实际问题的能力。这种教学模式不仅有助于学生深入理解零售运营的各个环节，还能激发他们的创新思维和团队协作精神，为将来步入职场打下坚实的基础。

本书具有以下特点。

1. 情景代入，贯通全书

本书以新员工进入集团公司的各种情景引出各项目教学主题，并围绕集团公司关于零售业的需求开展任务实施，情景贯通全书，旨在让学生了解相关知识在实际工作中的应用情况，做到理论与实际相结合。

本书设置的情景角色如下。

公司：峰御集团有限公司是一家大型企业，涉足住宿、餐饮、食品、饮料等行业，公司总部位于某二线城市，在当地及周边区域都有一定的知名度。

人物：小张——集团新员工，负责集团即将开展的零售业务；

老李——集团零售业务主要负责人之一。

2. 任务驱动，实操演练

本书采用项目任务式结构，不仅将每个项目划分为具体任务，通过任务引入相应的知识点，还设置了"任务演练"板块，通过实操演练将各种操作技巧穿插其中，让学生能够在教中学、在学中做，强化学生的实际操作能力。

同时，本书还在项目末尾提供了"综合实训""案例分析""巩固提高"板块，以引导学生自主学习，强化对理论知识的理解和运用。

3. 理实结合，板块丰富

本书重视理论与实践相结合的学习方法，介绍理论知识时力求详尽且便于理解和学习，并重视将理论知识应用到实际工作当中，提高学生的实践能力。同时，本书在板块设计上注重培养学生的思考能力和动手能力，努力做到"学思用贯通"与"知信行统一"相融合，除"任务演练""综合实训""案例分析""巩固提高"等板块外，还在正文讲解或操作步骤中穿插了以下小栏目。

- **专家点拨**：补充介绍与正文相关的其他知识点，以拓展学生的知识面。
- **素养课堂**：与素养目标相呼应，以党的二十大精神为指引，旨在提升学生的个人素养。

4. 立德树人，素质引领

本书全面落实党的二十大精神，贯彻实施科教兴国战略、人才强国战略、创新驱动发展战略，以社会主义核心价值观为引领，旨在培养德智体美劳全面发展的社会主义建设者和接班人。本书编写以能力和素质培养为核心，以"重基础与技能，育能力与创新"为原则，结合家国情怀、工匠精神和职业素养等维度，构建全面育人体系。

5. 配套多样，资源丰富

本书提供 PPT、微课视频、课程标准、电子教案、题库软件等教学资源，用书教师可通过人邮教育社区（www. ryjiaoyu.com）进行下载。

本书秉持产教融合理念，由学校专业教师和行业专家共同编写完成。本书由哈尔滨科学技术职业学院的曲艺、郑州市金融学校的张坡担任主编，楚雄师范学院的徐明祥、宣化科技职业学院的刘宝璧担任副主编，哈尔滨新媒网络科技有限公司的田宇参编。

在编写本书的过程中，编者参考了同类书籍和相关资料，在这里向相关作者表示诚挚的谢意。由于编者能力有限，书中难免存在不足之处，欢迎广大读者批评、指正。

编者

2025 年 1 月

目　录

项目九　全渠道零售与新零售 ············ 194

零售认知

学习目标

【知识目标】

1. 认识零售、零售商的含义。
2. 掌握零售业的发展变革情况，了解零售业发展的相关理论。
3. 掌握零售业态的含义与构成要素。
4. 熟悉有店铺和无店铺两种零售业态。

【技能目标】

1. 能够通过市场调研了解不同零售商的情况。
2. 能够通过实地考察了解便利店的运营过程。

【素养目标】

1. 在市场调研和实地考察过程中，能够有效地与团队成员协作，共同完成任务，同时具备良好的沟通技巧，能够清晰表达自身想法。
2. 在分析和讨论零售业问题时，能够运用批判性思维，审视不同观点，评估信息的准确性和可靠性，形成独到见解。

项目导读

提到零售，人们通常想到的是遍布大街小巷的商店和琳琅满目的商品，但很少有人会深入思考与零售业、零售商等相关的问题，如商店中的商品从何而来、零售商如何赚取利润等。回顾历史，从百货商店的出现，到超市的兴起、购物中心的问世，再到网络购物的普及，零售业的每一次重大变革都会直接改变人们的消费方式。

峰御集团有限公司（简称"峰御集团"）是一家涉足住宿、餐饮、食品、饮料等行业的大型企业，公司总部位于某二线城市，且在当地及周边区域都有一定的知名度。为进一步扩大公司在所在城市的影响力，峰御集团准备进军零售业，为此专门设立事业部，任命老李为部门经理，并招聘了包含小张在内的一批新员工。老李将负责培训新员工，并带领新员工调研不同类型的零售商和便利店，让新员工尽快融入并亲身体验真实的零售环境。

引导案例

中国零售业的现状

我国零售业近年来展现出既具韧性又不断变革的发展态势。国家统计局公布的各年度国民经济和社会发展统计公报的相关数据显示，2015—2019 年，我国社会消费品零售总额持续攀升，2019 年达到 411 649 亿元，同比增长 8.0%，显示出强劲的消费动力。2020 年，我国社会消费品零售总额短暂下滑至 391 981 亿元。随后几年，尤其是 2023 年，我国零售市场迅速回暖，全年社会消费品零售总额回升至 471 495 亿元，比上年增长 7.2%，显示出我国消费市场的强劲复苏能力和巨大潜力。进入 2024 年，我国零售业继续保持增长态势。上半年，社会消费品零售总额为 235 969 亿元，同比增长 3.7%，显示出消费市场稳步增长的趋势。具体到 6 月，社会消费品零售总额为 40 732 亿元，同比增长 2.0%，其中商品零售增长 1.5%，餐饮收入则表现更为亮眼，同比增长 5.4%。

在数字化转型的浪潮下，网上零售成为拉动零售增长的重要引擎。2015—2023 年，我国网上零售总额持续增长，其中 2023 年全年网上零售额达到 154 264 亿元，同比增长 11.0%，增速高于整体零售市场。特别是实物商品网上零售额，达到 130 174 亿元，增长 8.4%，占社会消费品零售总额的比重提升至 27.6%，这充分凸显了电子商务在零售领域的重要地位。2015—2023 年实物商品网上零售额有关的数据统计图如图 1-1 所示。

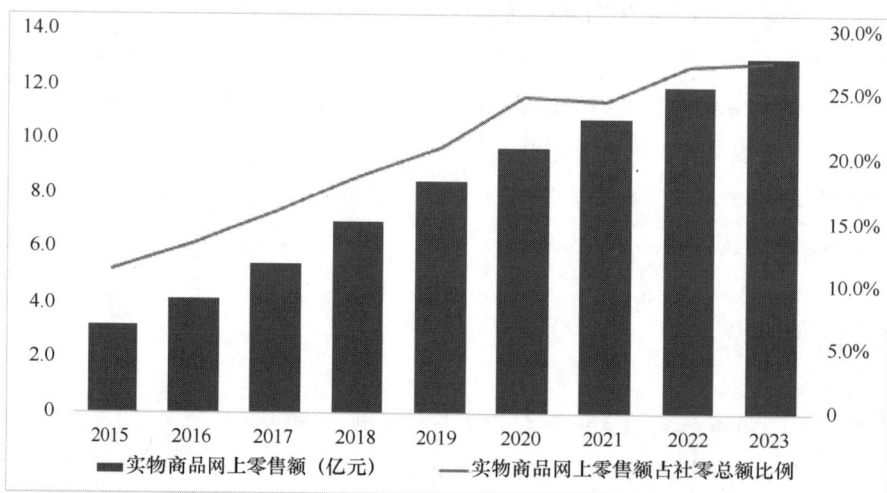

图 1-1　2015—2023 年实物商品网上零售额有关的数据统计图

此外，零售业的细分市场也呈现出不同的发展特点。艾媒咨询发布的《2023—2024 年中国零售行业发展趋势报告》显示，仓储会员超市、便利店及零食集合店等新型零售业态均保持稳健增长。特别是仓储会员超市行业，市场规模持续扩大，2023 年同比增长 8.7%；便利店行业市场规模更是达到 4 237 亿元，同比增长 10.5%；而零食集合店市场规模也达到 809 亿元，这显示出零售业细分市场的活力与潜力。

点评：零售业对促进经济发展、提高就业水平、改善民生、推动技术创新和城市化进程都具有不可替代的作用，它是国家经济和民生建设的重要组成部分。我国零售市场具有长期增长的潜力和良好稳定性，在经历挑战后展现出强大的复苏能力。在数字化转型的推动下，它将持续创新发展，未来依然充满机遇。

任务一　深入理解零售与零售业

微课视频

深入理解零售与零售业

任务描述

在调研任务开始前，老李先以中国零售业的现状为切入点，向新员工介绍了我国零售业的发展状况；接下来，老李将继续介绍零售与零售业的相关基础知识，帮助他们更深入地认识零售与零售业；然后安排小张和其他新员工考察不同类型的零售商，了解各零售商的经营模式和特点，并运用零售理论分析各零售商的竞争优势和面临的挑战。本次任务的具体情况如表1-1所示。

表1-1　　　　　　　　　　　　　　任务单

任务名称	零售商调查	
任务背景	为实现峰御集团扩大市场的发展战略，部门负责人老李要求小张和其他新员工调查分析不同类型的零售商	
任务类别	■ 调查活动　　□ 分析活动　　□ 设计活动	
工作任务		
任务内容	任务说明	
任务演练：分组调查不同类型的零售商	① 分组并确定调查对象 ② 收集信息 ③ 分析零售商的经营情况 ④ 汇报并探讨调查结果	
任务总结：		

知识准备

一、零售的含义

"零售"一词源自法语动词"retailler"，原意是"切碎（cut up）"，是一种基本的零售活动，即大批量买进并小批量卖出。例如，一个便利店可以批量买进商品，然后以单个商品为单位卖给消费者，这一过程形象地体现了"切碎"一词在零售中的含义。

由于对零售活动的边界有不同的认识和看法，业界内不同学者对零售有不同的定义，下面分别从广义和狭义的角度进行介绍。

（一）广义的零售

美国学者迈克尔·利维（Michael Levy）和巴顿·A.韦茨（Barton A.Weitz）在《零售学精要》一书中对零售所做的定义是："零售是将商品和服务出售给消费者，供其个人或家庭使用，从而增加商品和服务价值的一种商业活动。"这一定义强调零售的两个核心要素：一是商品和服务的销售；二是销售的对象是最终消费者，即个人或家庭。

美国营销专家菲利普·科特勒（Philip Kotler）在《营销管理》一书中提出："零售是指将货物和服务直接出售给最终消费者的所有活动，这些最终消费者是为了个人生活消费，而不是商业用途消费。"这一定义则强调零售活动的直接性和最终性，即零售是直接面向最终消费者的销售活动，且这些消费者的购买行为是为了满足个人或家庭的生活消费需求，而非用于商业转售或生产。

显然，广义的零售包括所有提供给最终消费者的商品和服务的商业行为。但是能够实现这些商业行为的不仅包括便利店、百货商店、超市等，还包括出售各种服务的餐厅、酒店、理发店等，因此这一概念并不能很好地区分零售活动与其他服务行业的商业活动。

（二）狭义的零售

罗伯特·F.卢斯（Robert F. Luce）是一个零售业专家和教育家，他对零售的定义强调零售活动的核心本质，即满足消费者的需求。根据罗伯特·F.卢斯的观点，零售可以被定义为一个过程，其中个人或家庭为了最终消费而购买商品和服务。

广东财经大学的肖怡教授认为：零售是向最终消费者（个人或社会集团）出售商品和相关服务，以供其最终消费之用的全部活动。这一定义包含以下几个关键点。

（1）商品及相关服务的提供。零售不仅是商品的买卖，还包括与商品销售相关的各种服务，如送货、安装、维修等。这些服务是零售活动的重要组成部分，也是提升消费者购物体验的关键环节。

（2）最终消费者。零售活动的目标对象是最终消费者，包括个人和社会集团。这意味着零售活动是直接面向消费者的，其商品和服务都是为满足消费者的需求而设计的。

（3）最终消费之用。零售活动提供的商品和服务用于消费者的最终消费，而不是用于再生产或转售。这是零售与其他商业活动（如批发）的主要区别之一。

（4）全部活动。零售活动形式多样，并且活动不一定只在零售店铺中进行，也可以利用一些对消费者而言便利的设施及方式，如上门推销、邮购、自动售货机、网络销售等。这些多样化的活动形式使得零售活动更加灵活和便捷，能够更好地满足消费者的需求。

4

(三)零售含义中的三要素

根据狭义的零售含义可知,出售纯服务的活动和出售生产资料的活动均不属于零售的范畴。我们可以根据"人、货、场"这三大要素来进一步理解零售的内涵,如图1-2所示。

零售商通过零售场所将商品出售给消费者

图1-2 零售的"人、货、场"三要素

(1)人,指零售的主体和对象,涉及零售商和消费者。零售商是零售主体,将商品及相关配套服务通过某种形式出售给消费者;消费者是零售对象,通过支付一定报酬获得商品及相关服务。

(2)货,指零售的商品及相关服务,商品是零售的核心,是满足消费者需求的载体。商品的选择、采购、陈列、定价以及库存管理,都是零售商开展经营活动的重要环节。

(3)场,指零售的场所,场所是零售商与消费者交易的场所,也是展示商品、提供服务和创造购物体验的平台。随着科技水平的提高和社会经济的发展,零售场所在不断演变,从传统的集市、商店、百货商场、超市等拓展出线上店铺、无人零售店铺、直播销售平台等形式多样的零售场所。

二、零售商

在商品流通过程中,流通路径通常包括生产、分销(即建立销售渠道)、零售和消费等几个主要阶段。其中,零售商作为从事零售活动的主体,是商品流通环节中至关重要的一环,它直接连接着生产者和最终消费者,扮演着承上启下的关键角色。

(一)零售商的含义

零售商是指那些直接向最终消费者(包括个人和社会集团)销售商品及服务,以供其最终消费之用的企业或个人。商品经制造商生产出来后，经批发商和中转商进入分销阶段，最后由零售商将商品出售给消费者，如图 1-3 所示。需要注意的是，如果制造商不通过批发商、中转商和零售商，直接将商品出售给消费者时，制造商也起着零售商的作用。

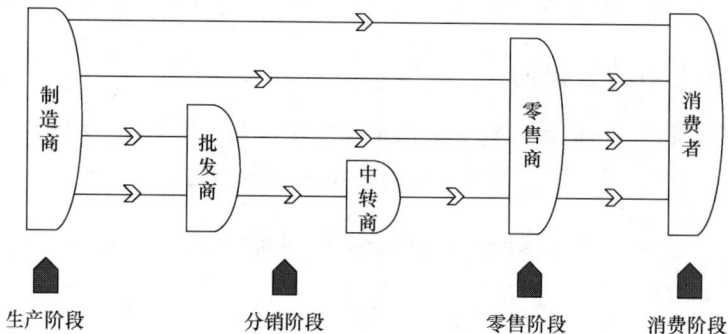

图 1-3　商品流通过程

（二）零售商的价值

零售商在商品流通中的价值主要体现在以下 4 个方面。

（1）促进商品流通。零售商通过销售商品，可以实现商品从生产到消费的最终转移，促进商品流通的顺畅进行。

（2）满足消费者需求。零售商通过提供多样化的商品和服务，可以满足消费者的不同需求和偏好，提高消费者的生活品质。

（3）推动市场竞争。零售商之间的良性竞争可以促进商品价格的合理化和服务质量的提升，为消费者带来更多选择和实惠。

（4）促进经济发展。零售商作为商业活动的重要组成部分，对于促进经济发展、增加就业机会等方面具有积极作用。

（三）零售商的特点

零售商是商品流通中的重要参与者，具有以下特点。

（1）以满足消费者需求为中心。零售商直接面对最终消费者，所有的经营活动都围绕着如何更好地满足消费者的需求进行。这包括提供多样化的商品、优质的购物环境、便捷的支付方式以及完善的售后服务等。零售商通过市场调研、消费者行为分析等手段，可以了解消费者的偏好、需求变化及购买习惯，进而制定更有针对性的营销策略，以激发消费者的购买欲望并促成交易。除了商品本身，零售商还可以通过提供附加服务来增加商品价值，提升消费者的购物体验和满意度。零售商的这些行为，最终都是为了更好地满足消费者的需求，让消费者能够获得优质的商品和良好的购物体验。

（2）处于商品流通的最终环节。零售商处于商品流通中的最后一环，负责将商品从生产者和批发商等处传递到消费者手中，完成商品价值的最终实现。为满足市场需求，零售商需要实施精细的库存管理和物流优化策略，确保商品能够及时、准确地送达消费者，同时减少库存积压和物流成本。作为最接近消费者的环节，零售商能够收集到大量关于市场需求、消费者偏好等方面的信息，这些信息对于上游的制造商和批发商具有重要的参考价值，有助于整个供应链的优化和调整。

（3）具有多重身份。零售商不仅可以通过采购和销售活动连接制造商和消费者，还能通过提供购物环境、商品咨询、售后服务等来满足消费者的多元化需求。随着电商和新零售的发展，零售商越来越倾向于成为多渠道、全品类的渠道整合者，通过线上线下融合、跨界合作等方式拓展销售渠道，提升经营效率和盈利能力。在竞争激烈的市场环境中，零售商还肩负着品牌塑造和传播的重要使命，通过构建独特的品牌形象、提升服务质量、加强营销推广等手段，零售商可以吸引并留住更多消费者，提升消费者的品牌忠诚度并建立竞争优势。

三、零售业及其发展变革

零售业是以向最终消费者提供所需商品及相关服务为主的行业。零售业在国民经济中占据重要地位，它不仅为税收和就业市场做出了巨大贡献，还在促进消费、拉动经济增长、推动产业升级等方面发挥着重要作用。此外，零售业的发展水平也是衡量一个国家或地区经济繁荣程度和市场成熟度的重要标志。

除了经济功能外，零售业还承担着重要的社会功能。一方面，它为消费者提供了便捷的购物渠道和丰富的商品选择，促进了商品流通和市场竞争；另一方面，它推动了商业文化的传播和创新。同时，它还是社区的重要组成部分，为居民提供了社交和娱乐的场所。

零售业是不断发展变化的行业，其发展变革是一个持续不断的过程，受到科技、消费者需求、市场竞争等多种因素的影响。

（一）小规模传统零售

小规模传统零售作为零售业发展历程中的古老形式，其时代背景深远，可以追溯至古代社会，并一直延续至工业革命之前。这一时期，社会生产力水平相对较低，商品生产多以手工劳动为主，且规模有限。交通和通信技术的不发达限制了商品流通的范围和速度，使得零售活动主要局限于本地或邻近地区，当时的零售业呈现出独特而鲜明的特点。

（1）小规模、个体经营。这一时期，零售业态以小规模、个体经营为主。商家多采用家庭作坊式的经营模式，规模较小、资金有限，通常只能满足周边居民的基本生活需求。这些店铺往往由店主及其家庭成员共同经营，经营者既是老板也是员工，承担着进货、销售、库存管理等工作。

（2）集市、摊贩与前店后厂。集市是这一时期较典型的零售场所之一，它定期或不定期地聚集大量的小商贩和消费者开展商品交易。图1-4展示的是北宋画家张择端绘制的《清明上河图》的局部，呈现的是都城汴京（今河南省开封市）热闹非凡的集市。集市上的商品种类多样，但受限于生产力和运输条件，往往以当地特产和手工制品为主。街边的小摊贩和"前店后厂"的模式是当时常见的零售形式。"前店后厂"指的是商家在店铺后面设有生产作坊，直接生产并销售商品，这种模式既能降低成本，又可以缩短供应链。

图1-4 《清明上河图》局部

（3）商品种类有限。由于生产力和技术的限制，这一时期的商品种类相对有限。消费者主要购买的是生活必需品，如食品、衣物、日常用品等。商品的样式也较为单一，难以满足消费者多样化的消费需求。

（4）交易方式原始。在货币体系不完善的情况下，物物交换是一种重要的交易方式。即使随着货币经济的发展，现金交易逐渐成为主流，但交易方式仍然相对原始，没有现代化的支付系统和结算工具，交易过程往往需要双方直接进行货币交易或实物交换。

（5）区域关系紧密。小规模的传统零售往往与生活区域紧密相连。商家与消费者之间可以建立起长期而稳定的关系，这种关系不仅基于商品交易，还涉及互助、信息传递等多个方面。这些看似简单的零售活动，为当时的社会经济发展提供了重要的支撑和动力。

（二）第一次零售变革——百货商店的出现

19世纪中叶，世界正处于工业革命的浪潮中，这一历史性的变革不仅深刻改变了生产方式，还极大地促进了社会经济的全面发展。工业革命带来生产力的飞跃，使得生产效率大幅度提高，工厂能够以前所未有的速度生产出大量的商品。同时，随着技术的进步和交通运输的改善，商品流通变得更加高效和便捷，这为零售业的转型提供了坚实的基础。

面对商品种类的激增和消费者需求的多样化，传统的零售模式，如小商店、集市等逐渐显得力不从心。此时，百货商店应运而生。百货商店以其庞大的规模、丰富的商品种类和一站式的购物体验，迅速吸引了大量消费者。这些商店通常位于城市中心或其他繁华地段，拥有宽敞的购物空间、精美的商品陈列和优质的服务，如图1-5所示，为消费者提供了一个集购物、休闲、娱乐于一体的综合性场所。

图1-5 百货商店

百货商店的出现成为零售业从分散走向集中的重要转折点。在此之前，零售业主要以小型商店、集市等形式存在，商品分散在各个地方，消费者需要花费大量时间和精力从不同的地方购买所需商品。而百货商店则集中大量商品，为消费者提供了极大的便利。消费者几乎可以在同一地点找到所有需要的商品，大大节省了时间和精力。

除了商品种类的丰富和购物便利性的提升外，百货商店还注重消费者体验的打造。它们通过精美的商品陈列、舒适的购物环境、专业的销售人员以及丰富的促销活动等，不断提升消费者的购物体验。这种以消费者为中心的经营理念使得百货商店在市场竞争中脱颖而出，赢得了众多消费者的青睐。

百货商店的出现不仅改变了人们的购物方式，还对整个零售业产生了深远的影响。它推进了零售业的规模化、专业化和现代化进程；加快了商品流通的速度，加剧了市场竞争；同时也为后来的零售业创新（如连锁商店、超级市场等）提供了宝贵的经验和启示。

（三）第二次零售变革——连锁商店的兴起

20世纪中叶，随着交通和通信技术的飞速发展，人类社会迎来变革。铁路、公路、电话、电报等基础设施的完善，使得跨地区经营成为可能。这些技术革新不仅促进了商品和信息的快速流通，也为零售业的发展开辟了新的道路。同时，随着消费者收入水平的提高和消费观念的转变，他们对商品的价格和质量提出更高要求。在这样的背景下，连锁商店作为一种新型零售模式应运而生，并迅速在全球范围内普及开来。

连锁商店在经营过程中实行统一的标准和流程，这包括商品陈列、服务流程、员工培训等多个方面。通过标准化管理，连锁商店能够确保每一家分店都能提供相同水平的服务和商品质量，从而满足消费者的需求。

由于采购量大，连锁商店与供应商谈判时具有更强的议价能力，能够争取到更优惠的价格和更稳定的供货渠道。同时，集中分销也能降低物流成本和减轻库存压力，提高运营效率。为了塑造和维护品牌形象，连锁商店通常拥有统一的品牌标识、视觉形象和宣传口号等，以增强消费者对品牌的认知和信任感。在零售市场中，连锁商店统一的品牌和形象成为其脱颖而出的重要因素之一，品牌统一有助于提升连锁商店的知名度和美誉度，形象统一能够提高消费者对品牌的忠诚度和增强其黏性。更重要的是，得益于交通和通信技术的发展，连锁商店能够轻松实现跨地区经营。它们可以在不同地区开设分店，并通过统一的管理和运营模式，快速复制成功经验以扩大规模。

随着零售市场的不断变化和消费者需求的多样化，现代社会的连锁商店也在不断进行创新和服务升级。它们通过引入新技术、开发新产品、优化服务流程等方式来提升消费者体验和满意度。同时，连锁商店还注重与消费者的互动和沟通，通过会员制度、社交媒体等渠道建立紧密的关系网络，图1-6所示为现代社会中的一家连锁便利店。

连锁商店推动了零售业的又一次深刻变革和发展，它的出现再一次改变了人们的购物方式和消费习惯，同样为零售业的未来发展提供了重要的借鉴和启示。

图 1-6　连锁便利店

（四）第三次零售变革——超级市场的诞生

随着第二次工业革命的深入发展，人类经历了前所未有的技术革新与生产力飞跃，社会从蒸汽时代进入电气时代。这一时期，电力、内燃机等关键技术的广泛应用，极大地推动了生产自动化和规模化，使得商品的生产效率大幅提升，商品种类更加丰富，市场供应能力显著增强。这一变化不仅为消费者提供了更多的选择，也促使市场竞争日益激烈，零售商开始寻求新的经营模式以应对市场变化。

另外，在物质相对充裕的情况下，消费者对购物的便利性、效率以及商品价格提出更高要求，他们渴望在更短的时间内，以更合理的价格，购买到更多样化的优质商品。这种消费需求的转变，为零售业的第三次变革——超级市场的诞生提供了条件。

超级市场的显著特点之一便是自助购物模式。消费者进入超级市场后，不再需要等待店员逐一介绍商品或协助选购，而是可以自由地在货架上挑选需要的商品。这种购物方式不仅可以大大提高购物效率，还可以满足消费者追求独立和自主的消费心理。此外，超级市场内清晰的商品分类、明确的标价以及便捷的购物车等都为自助购物提供了良好的条件。图 1-7 所示为某大型超级市场的内部环境。

图 1-7　某大型超级市场的内部环境

首先，从运营成本的角度来看，超级市场的自助购物模式降低了对人工服务的需求，减少了人工成本。其次，超级市场采用开架销售的方式，减少了商品的包装成本和陈列成本。同时，超级市场通常具有较大的营业面积和仓储空间，能够实现商品的批量采购和集中存储，因此进一步提高了商品流通效率，降低了库存成本和物流费用。此外，超级市场还会运用精细化的商品管理和销售策略，如开展促销活动、实行会员制度等，以提高销售额和利润率，进一步降低单位商品的运营成本。

超级市场凭借其庞大的销售网络和巨大的商品采购量，使其具有更加强大的议价能力，这有助于超级市场获得更低的商品进价，并能够保证商品的质量和供应稳定性，从而通过价格优势和优质商品吸引更多的消费者。

（五）第四次零售变革——电子商务零售

进入 21 世纪，随着互联网技术的飞速发展，尤其是移动互联网技术的广泛应用与普及，全球范围内的人们开始以前所未有的方式连接在一起。互联网不仅成为信息传播的主要渠道，更深刻地改变了人们的生活方式，其中较为显著的就是消费习惯的转变。网络购物、在线支付、社交媒体等新型消费模式的兴起，为电子商务零售的蓬勃发展奠定了坚实的基础。

电子商务打破了传统零售业的物理限制，消费者不再需要亲自前往实体店铺购物，而是可以通过计算机、智能手机等终端设备，在任何时间、任何地点进行购物。图 1-8 所示为京东 App 页面。这种无时空限制的购物方式可以极大地增强消费者购物的便利性，同时也为商家提供全天候的销售机会。

在电商平台上，商品详情、价格、购买评价等信息都可以轻松获取，消费者可以通过比较不同商家的商品和服务，做出更加明智的购买决策。信息的透明化不仅能增强消费者的购物体验，也能促使商家不断提升商品质量和服务水平，以赢得消费者的信任和忠诚。

随着大数据、人工智能等技术的广泛应用，电商平台能够收集并分析消费者的购物行为、偏好等数据，从而为消费者提供更加个性化的服务。例如，根据消费者的浏览历史和购买记录，电商平台可以推送符合其兴趣的商品信息；通过智能客服系统，电子商务平台可以为消费者提供一对一的购物咨询和售后服务。这种个性化

图 1-8　京东 App 页面

服务不仅提高了消费者的购物满意度，也增强了电商平台的用户黏性，促进了销售业绩的增长。

电子商务零售的兴起，是互联网技术和全球化进程共同作用的结果，它以无时空限制、信

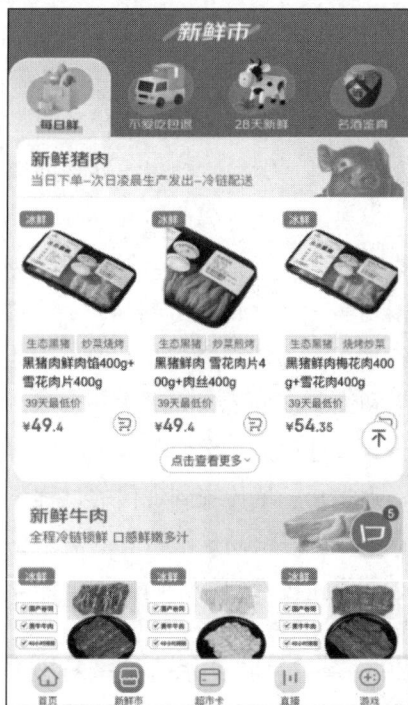

息透明、个性化服务等特点，彻底改变了传统零售业的格局，为消费者带来了更加便捷、高效、个性化的购物体验，也为商家提供了更广阔的市场空间和更灵活的经营模式。

（六）第五次零售变革——新零售

新零售以互联网为依托，通过运用大数据、人工智能等先进技术手段，对商品的生产、流通与销售过程进行升级改造，进而重塑业态结构与生态圈。这一模式不仅融合线上服务与线下体验，还深度整合现代物流，形成全新的零售形态。新零售的提出，旨在融合零售的复杂性，包括设计制造、物流仓储、精细化运营以及前端客户体验，实现全渠道的生态化学反应，从而推动零售业的效率变革。

新零售的一个重要特征是线上线下渠道的深度融合。商家通过布局线上商城、社交媒体、移动应用等线上渠道，与线下实体店形成互补。消费者可以在线上浏览商品、下单购买，也可以到线下实体店体验商品、享受服务，实现线上线下的灵活切换和无缝对接。

商家可以利用人工智能、物联网等技术，对物流、供应链管理和营销等环节进行智能化改造。例如，智能物流系统能够实时监控商品流向，优化配送路线，提高配送效率；智能供应链管理系统能够精准预测市场需求，合理安排生产计划，降低库存成本；智能营销系统则能够根据消费者的购物行为和偏好，推送个性化的营销信息，提升营销效果。

大数据技术的应用，使得商家能够更加精准地把握消费者需求。通过分析海量消费者数据，商家可以了解消费者的购物习惯、偏好、需求等信息，进而优化商品和服务，提升消费者满意度。同时，数据驱动还能够帮助商家制定更加科学的营销策略，提升营销效率和效果。

在第五次零售变革中，消费者体验被提到前所未有的高度。商家注重从多个方面优化消费者体验，包括提供舒适的购物环境、便捷的购物流程、个性化的服务等。商家通过引入虚拟现实、增强现实等新技术，为消费者创造更加沉浸式的购物体验；通过提升员工素质和服务水平，为消费者提供更加人性化的服务；通过优化商品陈列和布局，提高消费者的购物效率和满意度。

通过对前几次变革情况的了解，可以认识到零售业的发展变革是一个从简单到复杂、从单一到多元、从传统到现代的过程。在这一过程中，零售业不断吸收和应用新技术，创新经营模式，以更好地满足消费者的需求，提高市场竞争力。未来，零售业的变革将继续以消费者为中心，依托技术创新，向更加智能化、个性化、高效化的方向发展。

四、零售业发展的相关理论

零售业作为国民经济的重要组成部分，其发展状况直接影响到经济的整体运行和消费者的生活质量。通过研究零售业发展理论，政府可以更加科学地把握零售业的发展趋势和规律，以制定更加合理、有效的政策，促进零售业的健康发展；企业可以更好地理解市场变化，并合理评估自身优劣势，明确发展方向，以制定更具针对性和可行性的战略。

目前有许多成熟的零售业发展理论，这些理论为零售业的实践提供重要指导和理论基础。

（一）零售轮转理论

零售轮转理论也被称为零售车轮理论或零售之轮理论，由美国哈佛商学院的零售专家马尔科姆·P.麦克奈尔（Malcolm P.McNair）于20世纪50年代提出，这一理论主要用于解释零售业态的变革和演进过程。

零售轮转理论的核心观点是，零售业态的发展遵循一个类似车轮滚动的循环模式。在这个循环中，新的零售业态通过以下策略逐渐崛起并取代旧的零售业态。

（1）成本优势。新的零售业态往往通过降低成本来形成价格优势，这包括采用新的技术、提高运营效率、优化供应链管理等手段。

（2）价格优势。由于成本降低，新的零售业态能够提供比传统业态更低的价格，从而吸引对价格敏感的消费者。

（3）服务升级。随着市场份额的扩大和盈利能力的提升，新的零售业态开始提供更多的服务，如更便捷的退换货服务、更人性化的购物咨询等，以进一步提升消费者满意度。

（4）质量提升。为维持竞争优势，新的零售业态还会注重提升商品质量和服务质量，以满足消费者对品质的追求。

（5）市场饱和与衰退。随着时间的推移，旧的零售业态会面临市场饱和与竞争加剧的问题。当市场被充分开发，增长潜力有限时，旧的零售业态可能会进入衰退期，被更具创新性的新零售业态取代。

图1-9为零售轮转理论示意，该理论的意义在于揭示零售业态发展变化的周期性和规律性，它鼓励零售商不断创新，通过降低成本、提升服务质量和满足消费者需求来保持竞争力。同时，该理论也提醒零售商要警惕市场饱和与衰退的风险，及时调整经营策略以适应市场变化。

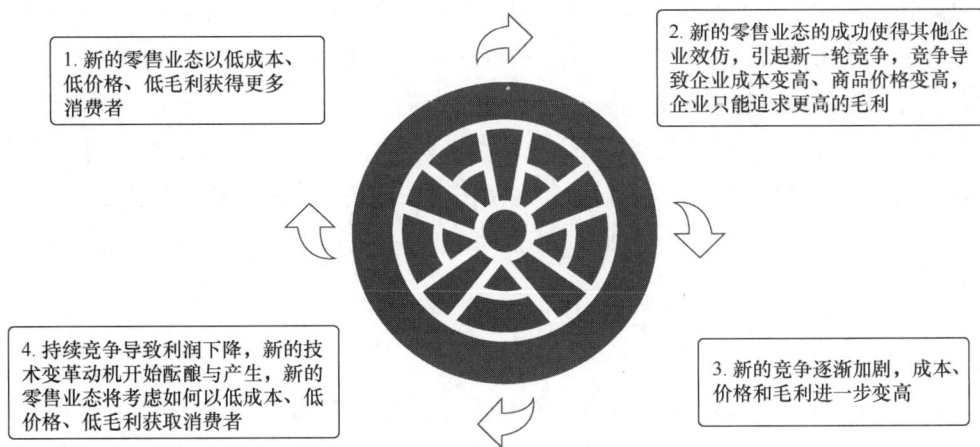

图1-9 零售轮转理论示意

（二）零售生命周期理论

零售生命周期理论由美国学者威廉·戴韦森 W.R.（William Davidson W.R.）、贝茨（Bates）、巴斯（Buss）于1976年提出，该理论认为零售机构会经历创新、成长、成熟和衰退等多个阶段，每个阶段都有其特征。这些阶段的变化不仅反映零售机构自身的发展状况，也揭示零售市场的发展趋势和规律。图 1-10 为以市场占有率和利润率为参考的零售生命周期理论示意。

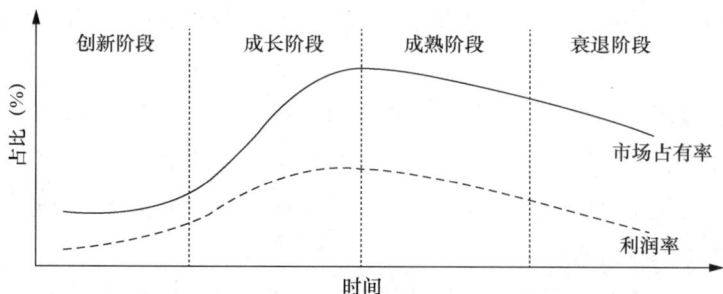

图 1-10　零售生命周期理论示意

（1）创新阶段。这一阶段的表现为，新的零售业态或经营模式出现，其经营特点尚未被消费者和业内充分理解。新的零售业态的市场占有率很低，开发成本、店铺投资与市场开拓费用较高，因此往往难以获得利润。新的零售业态可能受到业内的质疑和消费者的冷淡回应，但其创新性和独特性为未来的发展奠定了基础，企业的市场占有率和利润率都会迅速提高。

（2）成长阶段。这一阶段的表现为，新的零售业态开始被消费者接受并出现模仿者，导致行业竞争加剧，先进入者开始迅速扩张，市场占有率和利润率上升至最高水平。该阶段初期，新的零售业态往往被视为业内有力的竞争者，促使现存业态采取各种手段进行防卫。后期，同业态竞争成为主要竞争形式，各竞争者为获得差别优势而不断调整经营结构与内容，价格战和服务升级成为常见的竞争手段。

（3）成熟阶段。这一阶段的表现为，新的零售业态的市场占有率趋于稳定或下降，扩大消费者的可能性已不大。企业的销售额主要依赖现有消费者，利润率开始下降。行业中主要企业的市场占有率开始出现滑坡，新的零售业态的特征逐渐丧失。企业开始通过降低成本、提高效率和优化供应链等策略维持竞争力。

（4）衰退阶段。这一阶段的表现为，由于消费者购买行为的变化和更新的零售业态的出现，市场明显萎缩。新的零售业态在整个行业的地位下降，市场占有率和利润率持续下滑。一些企业开始退出市场，整个行业进入调整期。在这一阶段，企业需要寻找新的增长点或进行战略转型以应对市场变化。

⏰ 专家点拨

零售轮转理论能够较好地解释零售业态变革的周期性规律，对于理解零售业态的演变过程具有一定帮助；但该理论简化了零售业态变迁的复杂性，没有充分考虑消费者需求变化、技术创新等其他重要因素。零售生命周期理论具有更强的解释能力，能够更全面地解释零售业态在不同生命周期阶段的变化特征和原因；但该理论也没有明确指出零售业态发展、变迁的决定性因素，即为什么零售业态会变迁以及为什么存在生命周期等问题，未能充分考虑消费者反应及偏好对零售业态变迁的影响。

（三）零售手风琴理论

零售手风琴理论又称为综合—专业—综合循环理论、手风琴模式和伸缩模式，最早于1943年被提出，后来由E.布兰德（E.Brand）于1963年和S.C.霍兰德（S.C.Holland）于1966年加以发展。该理论用拉手风琴时风囊的宽窄变化来形象地比喻零售组织经营范围的变化，认为零售组织的经营范围是不断从综合化向专业化再向综合化方向循环发展的，每一次循环都赋予零售组织新的内涵，从而出现了不同的零售组织。图1-11为零售手风琴理论示意。

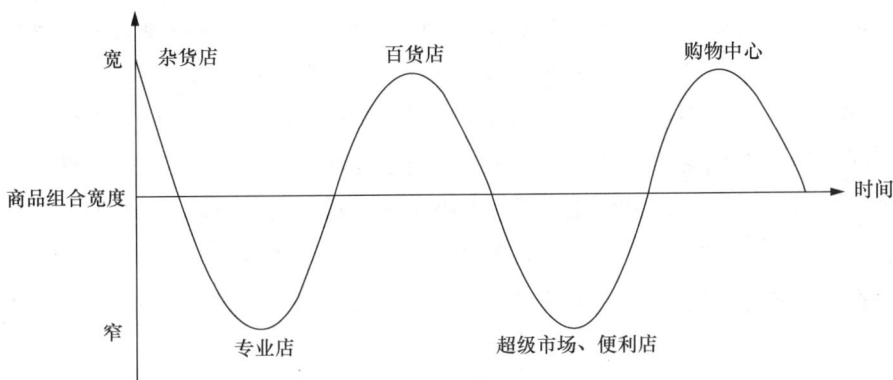

图1-11　零售手风琴理论示意

零售手风琴理论为理解零售业的演变提供了有力的分析依据，揭示了零售组织经营范围变化的周期性规律；但该理论简化了复杂的经济现象，认为商品组合宽度（指一个企业的产品组合中所包含的产品线的数目）的变化是决定零售业态演变的唯一因素。然而，零售业态的演变受到多种因素的影响，包括技术进步、消费者需求变化、市场竞争态势等。此外，该理论描述零售组织结构演变过程的准确性也取决于所选择的观察期和观察对象，因此其适用范围有一定的局限性。

（四）零售自然选择理论

零售自然选择理论又称零售自然淘汰理论或零售进化理论，由美国零售专家吉斯特（Gist）在1968年提出，其运用达尔文的生物进化论来分析零售组织的发展规律和变化。

零售自然选择理论认为，零售组织自诞生之日起就面临各种各样环境的变化，这些环境包括消费者行为、技术、竞争、法律政策等。零售组织必须准确地把握这些环境的变化趋势，并做出相应的调整，以保持其竞争力和生存能力。

为适应环境的变化，零售组织必须不断进行自我调整，这种调整可能包括改变商品组合、调整价格策略、改善购物环境、提升服务质量等方面。通过不断的自我调整，零售组织可以保持其市场地位和竞争优势。在自然选择的过程中，那些无法适应环境变化的零售组织将会被淘汰。同时，也会有新的零售组织诞生并因适应新的环境而生存下来。这种淘汰与新生的过程推动了零售业态的不断演化和升级。

零售自然选择理论揭示了零售组织与环境之间的相互作用关系，并强调适应环境对零售组织生存和发展的重要性。这一理论有助于零售组织制定更加科学合理的经营策略和发展规划，但该理论无法完全解释同一竞争环境下不同特点的零售业态共存现象。随着零售组织更加复杂化和多元化，在应用零售自然选择理论时更需要注意其适用性和局限性，应当结合实际情况进行综合分析。

（五）零售辩证过程理论

零售辩证过程理论是一种利用辩证思维来解释零售业态变迁和发展规律的理论，其强调零售业态在不断变化的市场环境中通过对立和融合来实现自我更新和发展的重要性。

在该理论的发展过程中，有学者曾基于黑格尔的辩证法，提出了零售业的辩证模型。辩证模型是指各零售组织面对竞争对手挑战时会相互学习并趋于相同。因此，当一个零售企业遇到具有差别优势的竞争者时，会采取战略和战术以获取这一优势，从而消除创新者的部分吸引力。同时，创新者也会根据竞争对手的情况改进或修正产品和设施。这种相互学习的结果是，两个零售企业逐渐在产品、设施、辅助服务和价格方面趋向一致，形成新的零售企业形态，即"合题"。这种新的零售企业形态又会受到新的竞争者的挑战，由此，辩证过程重新开始。辩证模型揭示了零售组织发展变化的一般规律，即从肯定到否定，再到否定之否定的变化过程。

斯卡尔（Schary）和凯尔伯（Kirby）则使用黑格尔哲学中的正、反、合原理来说明零售业态的变迁。其中，"正"指现存的零售业态，"反"指现存业态的对立面，"合"则是"正""反"的统一或混合，即新旧两种业态相互取长补短，形成更新的零售业态。他们认为，一种新型零售业态出现后，会带来另一种完全不同的零售业态。新出现的零售业态基本上是现存零售业态的否定形式或重新组合。

零售辩证过程理论不仅为零售业的发展提供了理论支持，还揭示了零售业态变迁的内在逻辑和规律。它帮助人们更好地理解零售业的竞争态势和发展趋势，为零售企业的战略规划和决策提供了有益的参考。但是，零售辩证过程理论也存在过于抽象、难以准确预测和解释所有变化、难以量化评估以及可能忽视创新的重要性等缺陷。在应用该理论时需要注意其局限性和适用范围，并结合实际情况进行具体分析。

（六）零售攀升理论

零售攀升理论也被称为商品攀升理论，是由美国市场营销专家巴里·伯曼（Barry Berman）和乔尔·R.埃文斯（Joel R. Evans）提出的。该理论主要从零售组织的产品线角度解释其发展变化，认为零售组织不断扩大其商品组合宽度的现象，即当零售组织开始销售相互不关联的或与原业务范围无关的商品时，就发生了商品攀升。商品攀升往往源于以下几个方面的原因。

（1）扩大销售规模。零售组织希望通过增加商品种类来吸引更多消费者，从而扩大销售规模。

（2）满足消费者需求。随着消费者购买习惯的变化，他们更倾向于一次购齐所需商品，零售组织因此增加商品种类以满足这种需求。

（3）减轻季节影响。通过增加不同季节性的商品，零售组织可以平衡销售波动，减轻季节变化对业务的影响。

（4）稳定消费者基础。当原有产品线需求下降时，零售组织通过增加新的商品种类来稳定消费者基础，防止消费者流失。

零售攀升理论揭示了零售组织在追求增长和满足消费者需求过程中商品组合的变化规律。它可以帮助零售组织理解市场趋势和消费者行为，从而制定更加合理的商品策略。同时，该理论也为研究零售业态的变迁和发展提供了新的视角和思路。但该理论存在解释范围有限、忽视市场细分和专业化趋势、难以预测长期趋势以及忽视成本和效率问题等缺陷。

任务实施

任务演练：分组调查不同类型的零售商

【任务目标】

分组调查不同类型的零售商，了解不同类型零售商的经营情况，包括经营模式、面临的挑战等。

【任务要求】

本次任务的具体要求如表1-2所示。

表1-2　　　　　　　　　　　　任务要求

任务编号	任务名称	任务指导
（1）	分组并确定调查对象	确认分组人数和需要调查的零售商
（2）	收集信息	通过官方网站、新闻报道、社交媒体、实地考察等渠道收集信息
（3）	分析零售商的经营情况	分析不同零售商的经营模式、竞争优势、面临的挑战与机遇
（4）	汇报并探讨调查结果	说明调查的基本情况，然后汇总讨论对零售商的认识

【操作过程】

1. 分组并确定调查对象

为高效完成本次调查任务，老李提出分组与确定调查对象的要求，如表1-3所示。

表1-3　　　　　　　　　调查任务分组与确定调查对象

项目	要求
分组	所有新进员工内部讨论，充分尊重员工的意愿，根据员工的兴趣和特长进行分组，确保各组成员能力均衡
	每组2~3人为宜，人数过多容易出现分工不明确、沟通不畅等问题，人数过少则难以快速完成调查任务

（续表）

项目	要求
确定调查对象	选择行业内有较大影响力、经营状况良好的零售商，以便更好地分析其经营模式和竞争优势
	选择具有研究价值的零售商，如发展历程曲折、经营模式独特的零售商
	确定 5 种不同类型的零售商，包括传统百货公司、连锁超市、便利店、电商平台和新零售零售商（如盒马鲜生、小米之家等）

2. 收集信息

小张和小组其他成员根据调查要求讨论并汇总了多种收集零售商信息的方法，如表 1-4 所示。

表 1-4　　　　　　　　　　　　　收集零售商信息的方法

渠道	方法
官方网站	访问零售商官方网站，获取零售商简介、发展历程、经营理念、商品结构、促销活动、会员服务、物流配送、支付方式、技术创新、消费者体验等信息
新闻报道	通过搜索引擎或新闻网站搜索相关新闻报道，了解零售商的经营状况、市场动态、发展策略、供应链管理等信息
行业报告	查阅相关行业报告，如艾瑞咨询、易观分析等机构发布的相关报告，了解零售商的行业地位、市场份额、发展趋势、竞争情况等信息
社交媒体	关注零售商的官方微博、微信公众号等社交媒体账号，了解其新动态、促销活动、消费者互动等信息
实地考察	前往零售商的实体店进行实地考察，观察店铺环境，获取商品陈列、服务、促销活动等方面的信息，并与店员和消费者交流，收集他们的需求、建议和意见

3. 分析零售商的经营情况

针对不同类型的零售商，小张与小组其他成员确定了分析内容，如表 1-5 所示。

表 1-5　　　　　　　　　　　　分析不同类型零售商的经营情况

类型	方法	内容
百货公司	经营模式分析	① 分析百货公司的定位，如高端百货、大众百货、特色百货等
		② 分析百货公司的商品结构，如服装、化妆品、珠宝首饰、家居用品等
		③ 分析百货公司的促销方式，如打折促销、会员积分、联合促销等
	竞争优势分析	① 分析百货公司的品牌优势，如品牌知名度、品牌形象等
		② 分析百货公司的商品优势，如商品种类丰富、商品质量好等
		③ 分析百货公司的服务优势，如优质的服务态度、专业的导购人员、便捷的支付方式等
	挑战与机遇分析	① 分析百货公司面临的挑战，如电商冲击、租金成本上升、消费者需求变化等
		② 分析百货公司的机遇，如消费升级、体验式消费兴起、数字化转型等

（续表）

类型	方法	内容
连锁超市	经营模式分析	① 分析连锁超市的定位，如大型超市、社区超市、便利店等 ② 分析连锁超市的商品结构，如日用品、生鲜产品、家电等 ③ 分析连锁超市的运营模式，如统一采购、集中配送、标准化管理、自助结账等
	竞争优势分析	① 分析连锁超市的价格优势，如规模效应、集中采购、供应链管理优化等 ② 分析连锁超市的便利优势，如遍布社区、24小时营业、提供多种便民服务等 ③ 分析连锁超市的服务优势，如会员优惠、积分兑换、商品退换货便捷等
	挑战与机遇分析	① 分析连锁超市面临的挑战，如电商冲击、租金成本上升、消费者需求变化等 ② 分析连锁超市的机遇，如消费升级、健康生活理念兴起、数字化转型等
便利店	经营模式分析	① 分析便利店的定位，如24小时便利店、社区便利店、加油站便利店等 ② 分析便利店的商品结构，如食品、日用品等 ③ 分析便利店的服务特点，如24小时营业、提供便民服务等
	竞争优势分析	① 分析便利店的便利优势，如遍布社区、24小时营业、位置便利等 ② 分析便利店的商品优势，如商品种类丰富、价格合理、品质保证等 ③ 分析便利店的服务优势，如提供送货服务等
	挑战与机遇分析	① 分析便利店面临的挑战，如电商冲击、租金成本上升、消费者需求变化等 ② 分析便利店的机遇，如消费升级、便利生活需求增长、数字化转型等
电商平台	经营模式分析	① 分析电商平台的模式，如B2C（Business to Customer，企业对消费者）、B2B（Business to Business，企业对企业）等 ② 分析电商平台的商品种类，如服装、家电、数码产品、家居用品等 ③ 分析电商平台的运营模式，如平台搭建、商家入驻、物流配送、支付结算等
	竞争优势分析	① 分析电商平台的价格优势，如规模效应、集中采购、去中间化等 ② 分析电商平台的便利优势，如无时空限制、送货上门等 ③ 分析电商平台的用户体验优势，如信息透明、个性化推荐等
	挑战与机遇分析	① 分析电商平台面临的挑战，如假货问题、消费者权益保护问题等 ② 分析电商平台的机遇，如消费升级、数字化转型、跨境电商发展等
新零售零售商	经营模式分析	① 分析新零售零售商的模式，如线上线下融合、全渠道零售、个性化定制等 ② 分析新零售零售商的技术应用，如大数据、人工智能、物联网等 ③ 分析新零售零售商的消费者体验，如沉浸式购物、个性化推荐、便捷支付等
	竞争优势分析	① 分析新零售零售商的创新优势，如技术应用、模式创新、体验升级等 ② 分析新零售零售商的数据优势，如用户数据、商品数据、销售数据等 ③ 分析新零售零售商的效率优势，如供应链优化、物流配送效率提升等
	挑战与机遇分析	① 分析新零售零售商面临的挑战，如技术投入成本高、数据安全问题、消费者习惯培养等 ② 分析新零售零售商的机遇，如消费升级、数字化转型、线上线下融合趋势等

4. 汇报并探讨调查结果

小张和小组其他成员按调查的零售商类型，对调查结果进行了汇报，内容如表1-6所示。

表 1-6   小组调查结果汇报

项目	内容
基本情况	概述研究对象的基本情况，包括简介、发展历程、经营模式、竞争优势、面临的挑战等
数据分析结果	通过收集和分析的数据总结零售商的情况，如市场份额、销售额、利润率、消费者满意度等
竞争优势	总结零售商的竞争优势，如品牌优势、商品优势、服务优势、技术优势等
挑战与机遇	总结零售商面临的挑战和机遇

在各小组汇报完各自调查的零售商情况后，所有参与调查的员工按以下内容进行讨论。

（1）零售商的优势和劣势。讨论零售商的优势和劣势，并分析其优势和劣势形成的原因。

（2）零售商的应对策略。讨论零售商为应对挑战所采取的策略，如技术创新、模式创新、服务升级等，并分析其效果。

（3）零售商的未来发展方向。讨论零售商的未来发展方向，如数字化转型、线上线下融合、供应链优化等，并分析其可行性。

（4）对零售业的启示。讨论零售商的经验教训对整个零售业的启示，如重视消费者体验、提升服务质量、加强技术创新等。

任务二　体验零售业态的运营过程

微课视频

体验零售业态的
运营过程

任务描述

经过对零售商的调查，小张和其他同事对零售业有了更深入的了解，为让他们更好地理解零售业态，老李准备让他们进一步考察便利店的运营情况。本次任务的具体情况如表 1-7 所示。

表 1-7   任务单

任务名称	考察便利店的运营情况	
任务背景	便利店是常见的零售业态，但不同类型便利店的构成要素有所不同，为全面了解便利店的运营过程，小张需要和其他同事实地考察便利店	
任务类别	■ 调查活动　　　□ 分析活动　　　□ 设计活动	
工作任务		
任务内容	任务说明	
任务演练：实地考察当地便利店的运营情况	① 制订考察计划 ② 实地考察当地不同类型的便利店 ③ 分析便利店的运营情况	
任务总结：		

知识准备

一、零售业态的含义与构成要素

中华人民共和国国家标准《零售业态分类》（GB/T 18106-2021）中对零售业态有明确定义：为满足不同的消费需求，商品零售经营者对相应要素进行组合而形成的不同经营形态。其中，"相应要素"指的是构成零售业态的各种要素，包括目标消费者、商品结构、服务方式、店铺环境、价格策略、购买便利性等。换句话说，零售业态的实质就是这些构成要素的各种组合，不同的组合形成了不同的零售业态。

（1）目标消费者，指不同的零售业态所选择的服务对象。

（2）商品结构，指不同的零售业态为满足目标消费者的需求所经营的各类商品的比例。

（3）服务方式，指不同的零售业态采取的售货方式和提供的服务内容。

（4）店铺环境，指不同的零售业态的内部装饰与商品展示所营造的购物环境。

（5）价格策略，指不同的零售业态所采用的价格高低策略。

（6）购买便利性，指不同的零售业态的地点和营业时间等是否方便目标消费者。

二、有店铺的零售业态

根据有无固定营业场所，零售业态可分为有店铺的零售业态和无店铺的零售业态两大类。其中，有店铺的零售业态是指零售商拥有商品陈列和销售所需的固定场所，消费者的购买行为主要在这一场所内完成的零售业态。有店铺的零售业态主要包括便利店、超级市场（以下简称超市）、折扣店、仓储会员店、百货店、购物中心、专业店、品牌专卖店、集合店和无人售货店10种。

（一）便利店

便利店是一种以满足消费者应急性、便利性需求为主要目的的零售业态。常见的便利店类型有社区型便利店、客流配套型便利店、商务型便利店和加油站型便利店，不同类型的便利店有不同的特点。

1. 社区型便利店

社区型便利店一般位于社区周边，主要消费者为社区内的常住人群，门店面积一般为50～199平方米。社区型便利店销售的商品通常以日常生活用品、饮料、食品和应急性商品为主，营业时间大多在16小时以上，可提供送货上门或自提服务，有些还提供线上订货等多种便民服务。美宜佳就是典型的社区型便利店。

2. 客流配套型便利店

客流配套型便利店位于火车站、公交站、码头、地铁站等公共交通枢纽，以及景点、商业中心等人流量较为密集的区域周边，主要消费者以上班族和出游人群为主，门店面积一般为50～120

平方米。客流配套型便利店销售的商品以饮料、即食品、休闲食品和报纸杂志为主，位于旅游景点的便利店还会销售旅游纪念品，提供的服务有手机充电、ATM（Automated Teller Machine，自动取款机）取款、打印、充值、上网等。7-ELEVEN 就是典型的客流配套型便利店。

3．商务型便利店

商务型便利店位于写字楼集中的区域及其周边，主要消费者为上班族，门店面积一般为 20～80 平方米，并且设置有简易的就餐设施。商务型便利店销售的商品以新鲜盒饭、即食商品、现冲饮料、新鲜水果、功能性饮料、蜜饯糖果、时尚小商品为主，提供的服务有信用卡还款、上网、打印、代收快递等。有些商务型便利店还提供线上订货服务。喜士多就是典型的商务型便利店。

4．加油站型便利店

加油站型便利店的地址设在加油站内，消费者以司乘人员为主，门店面积一般为 10～120 平方米。加油站型便利店销售的商品以食品、饮料、香烟、应急商品、汽车养护用品为主，提供的服务有 ATM 取款等金融服务以及洗车等汽车相关服务。昆仑好客就是典型的加油站型便利店。

素养课堂

进入便利店购物时，应展现出良好的个人素养，做到尊重他人、遵守公共秩序，共同营造一个和谐、愉快的购物环境。使用礼貌用语、爱护商品、排队付款等，这些行为都能体现良好的个人素养。

（二）超市

超市是指以消费者自选方式来经营生活日用品、生鲜食品等的大型综合性零售商店。按照营业面积的不同，超市有大型超市、中型超市和小型超市之分；按照商品结构的不同，超市有生鲜超市和综合超市之分。

1．大型超市

大型超市的营业面积在 6 000 平方米及以上，一般位于市、区商业中心或城乡接合部、交通要道及大型居住区，辐射半径在 2 000 米以上，消费者以居民和流动人群为主。大型超市销售的商品包括各类生活用品、包装食品及生鲜食品，消费者可一次性购齐。大型超市通常设置有不低于营业面积 40%的停车场，营业时间为 12 小时左右，可提供线上订货服务。沃尔玛就是典型的大型超市。

2．中型超市

中型超市的营业面积为 2 000～5 999 平方米，一般位于市、区商业中心及居住区，辐射半径为 2 000 米左右，消费者以商业区目标人群和居民为主。中型超市销售的商品包括日常生活用品、包装食品及生鲜食品，其单品数量少于大型超市，营业时间也是 12 小时左右，也可提供线上订货服务。永辉就是典型的中型超市。

3. 小型超市

小型超市的营业面积为 200～1 999 平方米，一般位于市、区商业中心及居住区，辐射半径为 1 000 米左右，消费者以居民为主。小型超市销售的商品有日常生活必需品、包装食品及生鲜食品，营业时间为 12 小时左右，通常可以提供便民服务及线上订货服务等。联华就是典型的小型超市。

4. 生鲜超市

生鲜超市一般位于社区周边或是作为大型购物中心的配套业态存在，其辐射半径为 2 000 米左右，消费者以商业区目标人群和周边居民为主。生鲜超市的营业面积一般为 200～6 000 平方米，销售的商品以生鲜食品、包装食品为主，配置有必需的非食品类商品，商品总经营品种有 0.7 万～1.5 万种，营业时间在 12 小时或以上，提供生鲜食品简单处理、加工服务，以及线上订货服务。盒马鲜生就是典型的生鲜超市。

5. 综合超市

综合超市是指经营品种齐全、满足消费者日常生活用品一次性购齐的超市，其非食品类商品数量占比较高。综合超市一般在市、区商业中心及居住区，其辐射半径为 5 000 米左右，消费者以商业区目标人群和周边居民为主。综合超市的营业面积一般为 2 000～10 000 平方米，销售的商品以非食品类商品为主，单品数量较多，经营品种齐全，品种数为 1.5 万～3 万种，营业时间在 12 小时或以上，可提供线上订货服务。百联就是典型的综合超市。

> ⏰ **专家点拨**
>
> 非食品类商品（简称"非食商品"）指零售店铺内除食品、饮料及烟草制品等商品之外的日用生活消费品。其中，食品指可供人类食用或饮用的物质，包括加工食品、半成品和未加工食品，不包括烟草或只作药品用的物质。

（三）折扣店

折扣店是一种以销售自有品牌和周转快的商品为主，限定销售品种，并以有限的营业面积、简单的店铺装修、有限的服务和低廉的经营成本，向消费者提供低价商品为主要目的的零售业态。

折扣店一般在居民区、交通要道等租金相对便宜的地区，辐射半径为 2 000 米左右，主要消费者为辐射区内的居民，其营业面积一般为 300～500 平方米，销售的商品平均价格低于市场平均水平，自有品牌占有较大的比例。折扣店用工精简，提供有限服务，有些可提供线上订货服务。好特卖就是典型的折扣店。

（四）仓储会员店

仓储会员店是一种以会员为目标消费者，实行储销一体、批零兼营，以提供基本服务、优惠价格和大包装商品为主要特征的零售业态。这种业态通过设置一定的会员费门槛，主要为中高收入人群和有集中采购需求的中小企业提供服务。

仓储会员店一般在城乡接合部的交通要道，辐射半径为 5 000 米以上，营业面积一般为 5 000

平方米，销售的商品以大众化衣、食、日用品为主，自有品牌占相当部分，商品通常有 0.4 万～1.2 万种，实行低价、批量销售。仓储会员店设有相当于营业面积的停车场，有些可提供线上订货服务。山姆会员商店就是典型的仓储会员店。

（五）百货店

百货店是指在一栋大建筑物内，根据不同商品部门设销售区，开展进货、管理、运营的零售业态。这种业态通过汇集众多商品种类和提供全面服务，满足消费者对时尚商品多样化、高品质的需求。

百货店一般设在市、区级商业中心、历史形成的商业集聚地，消费者多追求时尚和品质，营业面积一般为 10 000～50 000 平方米，销售的商品种类齐全，以服饰、鞋类、箱包、化妆品、家庭用品、家用电器为主。百货店注重服务，通常设有餐饮、娱乐、休闲等服务项目和设施。梅西百货就是典型的百货店。

（六）购物中心

购物中心又称为商业综合体，在现代城市或市镇中非常常见，集购物、休闲、文化、娱乐、饮食、展示及资讯等设施于一体。它是由企业有计划地开发、拥有、管理运营的各类零售业态、服务设施的集合体，具备向消费者提供综合性服务的能力。常见的购物中心有都市型购物中心、区域型购物中心、社区型购物中心、奥特莱斯型购物中心。

1. 都市型购物中心

都市型购物中心位于城市的核心商圈或中心商务区，建筑形态为街区型或封闭型建筑体，其辐射范围可覆盖甚至超出所在城市，能够满足消费者购物、餐饮、商务、社交、休闲娱乐等多种需求。都市型购物中心不包含停车场的建筑面积通常在 50 000 平方米以上，其购物、餐饮、休闲和服务功能齐备，时尚、休闲、商务、社交特色较为突出。都市型购物中心提供停车位、导购咨询、个性化休息区、手机充电、免费无线上网、ATM 取款等多种便利服务。杭州大厦购物城就是典型的都市型购物中心。

2. 区域型购物中心

区域型购物中心位于城市新区或城乡接合部的商业中心或社区聚集区，紧邻交通主干道或城市交通节点，建筑形态以封闭的独立建筑体为主，其辐射半径一般在 5 000 米以上，可以满足不同收入水平消费者的一站式消费需求。区域型购物中心不包含停车场的建筑面积通常在 50 000 平方米以上，其购物、餐饮、休闲和服务功能齐备，所提供的商品和服务种类丰富。区域型购物中心通常会提供停车位、导购咨询服务、个性化休息区、手机充电、免费无线上网、免费针线包、ATM 取款等多种便利服务。华润中心就是典型的区域型购物中心。

3. 社区型购物中心

社区型购物中心位于居民聚居区的中心或周边，交通便利，建筑形态以封闭的独立建筑体为主，其辐射半径在 3 000 米以内，以满足周边居民日常生活所需为主。社区型购物中心不包含停车场的建筑面积通常为 10 000~50 000 平方米，配备必要的餐饮和休闲娱乐设施，服务功能齐全。社区型购物中心提供停车位、休息区、手机充电、免费无线上网、免费针线包、ATM 取款等便利服务。万科城市广场就是典型的区域型购物中心。

4.奥特莱斯型购物中心

奥特莱斯型购物中心一般位于交通便利或远离市中心的交通主干道旁，或开设在旅游景区附近，建筑形态为街区型或封闭型建筑体，能够辐射所在城市或周边城市群，主要消费者为品牌拥护者。奥特莱斯型购物中心不包含停车场的建筑面积通常在 50 000 平方米以上，以品牌生产商或经销商开设的零售店为主体，以销售打折商品为特色，提供停车位。上海佛罗伦萨小镇就是典型的奥特莱斯型购物中心。

（七）专业店

专业店是指以经营某一大类商品为主，并且具备丰富专业知识的销售人员和提供适当售后服务的零售业态。专业店的形式多种多样，如办公用品专业店、玩具专业店、家电专业店、药品专业店、服饰专业店等。

专业店多开设在交通便利或远离市中心的交通主干道旁，或者市、区级商业中心以及百货店、购物中心内，主要消费者为有目的选购某类商品的流动人群，规模可大可小，根据商品特点而定。专业店以销售某类商品为主，体现专业性、深度，品种丰富，选择余地大，销售人员可提供专业建议。宜家就是典型的专业店。

（八）品牌专卖店

品牌专卖店是一种专门经营或授权经营某一主要品牌商品，集销售和服务于一体的零售业态。

品牌专卖店一般在市、区级商业中心、专业街以及百货店、购物中心内，消费者多为对品牌有高度认同感和忠诚度的人群，规模可大可小，根据商品特点而定。品牌专卖店以销售某品牌系列商品为主，销量少、质优、毛利高。品牌专卖店注重品牌声誉，销售人员专业知识丰富，可提供专业服务。李宁专卖店就是典型的品牌专卖店。

（九）集合店

集合店是指汇集多个品牌及多个系列商品的零售业态。作为一种新兴的零售业态，集合店近年来在市场上逐渐崭露头角并受到消费者的青睐。

集合店一般在市、区级商业中心、专业街以及百货店、购物中心内，主要消费者为品牌特定消费者，营业面积通常为 300~1 500 平方米，销售的商品间有较强的关联性。集合店注重品牌声誉，销售人员专业知识丰富。调色师、KKV（广东快客电子商务有限公司潮流零售集合品牌）就是典型的集合店。

（十）无人售货店

无人售货店是指在不存在人工干预的情况下，采用物联网、人工智能、大数据等先进技术手段，全自动完成商品销售过程的零售商店。

无人售货店一般位于大卖场周边、社区、办公楼周边、购物中心内等可以补充其他业态销售的区域，主要消费者为周边追求快捷、方便的人群，营业面积通常为 10～25 平方米，以饮料、休闲食品、应急性商品为主要销售商品，可 24 小时营业。便利蜂就是典型的无人售货店。

三、无店铺的零售业态

无店铺的零售业态是指不通过实体店铺销售商品，而是由厂家或商家直接将商品递送给消费者的零售业态。这种业态利用现代信息技术和物流手段，打破传统零售模式对物理空间的依赖，为消费者提供更加便捷、灵活的购物体验。无店铺的零售业态包括网络零售、电视/广播零售、邮寄零售、无人售货设备零售、直销、电话零售和流动货摊零售 7 种。

（一）网络零售

网络零售是指通过电商平台、物联网设备等开展商品零售的业态，是目前主流的无店铺零售业态。网络零售的主要消费者为追求便捷、省时和省力的人群，商品售卖方式为在线交易，提供送货到指定地点或指定自提点等服务。京东就是典型的网络零售业态。

（二）电视/广播零售

电视/广播零售是指以电视、收音机等设备作为商品展示渠道，并通过提供使用效果、方法等推介内容获取订单的零售业态。电视/广播零售的主要消费者为电视观众、收音机听众，其商品往往具有新、奇、特的特点。电视/广播零售通过电视、广播向消费者推介商品，然后消费者通过电话订购商品并享受送货到指定地点等服务。东方购物就是典型的电视零售业态。

（三）邮寄零售

邮寄零售是指以邮寄商品目录为主的方式向消费者进行商品展示，并通过邮寄等方式将商品送达消费者的零售业态。邮寄零售的主要消费者为商品目录或报纸、杂志的阅读者，商品比较适宜储存和运输。邮寄零售借助商品目录、报纸、杂志向消费者宣传商品，通过邮购或快递的方式将商品寄出，提供邮寄或快递到指定地点等服务。杂志乐购就是典型的邮寄零售业态。

（四）无人售货设备零售

无人售货设备零售是指通过售货设备、智能货柜或贴有支付码的货架等进行商品售卖的零售业态。无人售货设备零售的主要消费者以交通节点、商业区等的流动人群和固定区域（如办公区、生活区）的人群为主，商品以饮料、预包装食品和简单生活洗化用品为主，商品单品数量通常在 30 种以内。商品通过自动售货机、无人货架、智能货柜等设备售卖，消费者自助购买。友宝就是典型的无人售货设备零售业态。

（五）直销

直销是指在固定营业场所之外，由直销企业招募的直销员直接向最终消费者推销商品的零售业态。直销的主要消费者根据商品特点的不同而不同，商品具有系列化的特点。商品售卖方式为销售人员直接向消费者推销，商家提供送货到指定地点或自提等服务。安利就是典型的直销零售业态。

（六）电话零售

电话零售是指通过电话向消费者推销商品并将商品通过邮寄、快递等方式送达消费者的零售业态。电话零售的主要消费者根据商品特点的不同而不同，商品比较单一。商品售卖方式为通过电话完成销售，商家提供送货到指定地点等服务。1-800-Flowers 就是典型的电话零售业态。

（七）流动货摊零售

流动货摊零售是指通过移动售货车或其他用于展示、陈列商品的工具销售商品的零售业态。流动货摊零售的消费者为随机人群，商品单价较低，满足消费者即时性、冲动性购物的需求。商品售卖方式为面对面销售，交易后消费者可以立刻获得商品。夜市小贩就是典型的流动货摊零售业态。

任务实施

任务演练：实地考察当地便利店的运营情况

【任务目标】

通过实地考察，了解便利店这种零售业态的运营情况，包括目标消费者、商品结构、服务方式、店铺环境、购买便利性等方面，并分析其优势和劣势。

【任务要求】

本次任务的具体要求如表 1-8 所示。

表 1-8　　　　　　　　　　　　　　任务要求

任务编号	任务名称	任务指导
（1）	制订考察计划	包括考察日期、时间、考察对象、分组、考察内容等
（2）	实地考察不同类型的便利店	分组考察社区型便利店、客流配套型便利店、商务型便利店和加油站型便利店的运营情况
（3）	分析便利店的运营情况	分析不同便利店运营时的优势和劣势

【操作过程】

1. 制订考察计划

小张与其他同事首先制订了便利店的考察计划，如表 1-9 所示。

表 1-9　　　　　　　　　　　　　　便利店的考察计划

项目	内容
考察日期	2025 年 5 月 10 日星期六—2025 年 5 月 11 日星期日
考察对象	××小区的社区型便利店、××商业街的客流配套型便利店、××写字楼下的商务型便利店、××加油站的加油站型便利店

（续表）

项目	内容				
分组	共 4 组，每组 2～3 人				
准备工具	纸、签字笔、录音笔、相机等用于记录的工具				
考察项目	目标消费者	商品结构	服务方式	店铺环境	购买便利性
	考察目标消费者，例如社区居民、上班族、学生等，分析其购物需求、消费习惯等	记录商品种类，如日常生活用品、饮料、零食、生鲜食品等，分析商品种类是否满足目标消费者的需求	考察店员服务态度，以及便利店是否提供咨询服务，是否提供送货上门服务，是否有线上订货平台，是否提供其他便民服务（如充值话费、代收快递等）	考察店铺位置是否合理，记录店铺面积大小、店铺装修风格、商品陈列方式、店铺清洁卫生状况等	考察店铺营业时间是否方便消费者，是否提供多种支付方式，如现金、刷卡、移动支付等

2. 实地考察并分析便利店的运营情况

制订好考察计划后，小张和其他同事便根据计划开始实地考察便利店。考察结束后，他们整理、汇总并分析了不同便利店的运营情况，扫描右侧二维码可查看详细内容。

扫一扫

不同便利店的
考察结果

综合实训　分析并归纳不同零售业态的特点

实训目的：了解不同零售业态的特点和运营模式，总结并分析不同零售业态的优势和劣势，以便更全面和深入地理解零售与零售业。

实训要求：分析 7 种不同类型的零售业态，包括超市、购物中心、百货店、品牌专卖店 4 种有店铺的零售业态，以及网络零售、无人售货设备零售、流动货摊零售 3 种无店铺的零售业态。

实训思路：本次实训的具体操作思路可参考图 1-12 的内容。

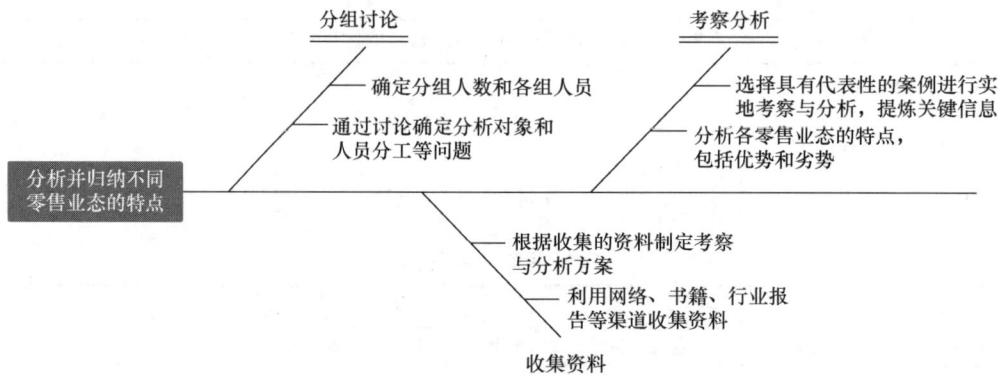

图 1-12　实训操作思路

分组讨论
—— 确定分组人数和各组人员
—— 通过讨论确定分析对象和人员分工等问题

考察分析
—— 选择具有代表性的案例进行实地考察与分析，提炼关键信息
—— 分析各零售业态的特点，包括优势和劣势

分析并归纳不同零售业态的特点

—— 根据收集的资料制定考察与分析方案
—— 利用网络、书籍、行业报告等渠道收集资料

收集资料

实训结果：本次实训完成的参考结果如下所示（以超市为例）。

考察与分析中国某二线城市的沃尔玛超市的结果

一、沃尔玛超市的优势

沃尔玛作为国际知名品牌，拥有良好的品牌形象和较高的消费者信任度，其规模庞大、采购成本低，具有价格优势，能够吸引价格敏感型消费者。就商品种类而言，沃尔玛超市商品种类丰富，完全可以满足消费者的一站式购物需求。另外，沃尔玛超市环境干净整洁，布局合理，提供购物车、收银台等完善的服务设施。

二、沃尔玛超市的劣势

沃尔玛超市面积较大，租金成本较高。其需要大量员工进行商品管理、收银等工作，运营成本较高，且商品的盈利空间有限。另外，沃尔玛超市在本土化方面仍有提升空间，如商品结构的优化、服务方式的提升等。电商平台的迅速发展对沃尔玛超市造成了冲击。

三、沃尔玛超市的发展趋势

沃尔玛超市将进一步加强线上线下融合，如发展"沃尔玛到家"等业务，提升购物便利性。为提升商品品质和竞争力，沃尔玛超市将引入本地特色生鲜，并加强生鲜经营。另外，沃尔玛超市将应用人工智能、大数据等技术，提升运营效率和购物体验，如使用智能收银台、无人货架等。

案例分析　百联集团在零售业的发展

百联集团是我国零售业的重要参与者，其发展历程可以反映我国零售行业的发展趋势和创新路径。

一、组建与品牌整合

百联集团成立于 2003 年 4 月，由原上海市第一百货集团（以下简称"一百集团"）、华联集团、友谊集团、物资集团合并组成。其中，一百集团是基于上海市第一百货商店改制成立的，1993 年 2 月在上海证券交易所上市；华联集团前身为 1918 年创立的永安公司，拥有 80 多年的历史。2003 年，一百集团与华联集团同时归于新组建的百联集团管理，合并的目的是通过联手提高市场竞争力，应对国际零售巨头进入中国市场的挑战。合并后，一百集团主营百货、五金交电、针纺织品、音像制品等多种商品，兼营油漆、汽配件、通信设备等，华联集团则专注于百货业态的连锁化发展，强化商品进货和销售管理。

二、发展与扩张

经过多年经营，百联集团逐步形成覆盖华东地区的百货连锁店网络，其通过不断在上海及周边地区开设新店，巩固了其在地区内的市场领导地位。此外，百联集团还积极拓展全国市场，通过跨区域连锁经营，提升品牌在全国的影响力。

面对市场变化和消费者需求的多样化，百联集团开始涉足超市领域，推出"华联超市"这一品牌，通过提供日常消费品，并注重便利性和性价比，逐渐赢得消费者的青睐。百联集团通过超市业务的转型，实现了从传统百货到现代零售业态的多元化发展。

三、数字化转型与升级

在电商冲击和消费习惯改变的背景下，百联集团加速了数字化进程，通过线上平台和移动支付等方式提升消费者体验。其还在超市业务中引入智能化管理系统，提高运营效率和商品管理能力，以适应新的市场需求。

与此同时，百联集团还实施线上线下融合的全渠道营销策略，利用电商平台和社交媒体推广和销售商品，增强与消费者的互动和提升服务能力。此外，其还与各大品牌合作开展联名活动，以增强市场影响力和竞争力。

四、未来展望与机遇

随着消费升级和城市化进程的推进，百联集团有望继续扩大市场份额，特别是在社区商业和便民生活圈建设方面。百联集团将充分利用数字化和技术创新，进一步提升运营效率和消费者满意度，保持其在零售行业中的领先地位，并探索更多增长机会。

百联集团的发展历程是一个从传统百货到现代零售业的多元化转型故事，其成功的关键在于对市场动态的敏锐洞察和商业策略的持续创新，为我国零售业树立了一个不断进取和创新的典范。

【案例思考】

1. 百联集团在发展历程中采取了哪些重要的发展与扩张策略？
2. 百联集团的成功转型对我国零售业有什么启示？

巩固提高

1. 简述零售业从传统零售到新零售的演变过程。
2. 什么是零售商？它在商品流通中具有哪些价值？
3. 什么是零售轮转理论？它如何解释零售业态的变革和演进？
4. 零售自然选择理论是如何运用达尔文的生物进化论来分析零售业态的发展规律的？
5. 零售业态有哪些类型？请列举并简要描述各类业态的特点。
6. 电子商务是如何改变传统零售业的运营模式的？请举例说明电子商务给传统零售业带来的优势和挑战。
7. 新零售有哪些特征？它是如何通过技术手段重塑零售业态结构与生态圈的？
8. 选择一个百货店，对其进行市场调研，了解它的经营模式、目标消费者、商品结构、服务方式等。

项目二
零售企业战略与组织结构

学习目标

【知识目标】

1. 了解零售企业战略的含义、主要内容和特点。
2. 掌握零售企业的总体战略和竞争战略。
3. 熟悉零售企业组织结构的作用与类型。
4. 掌握零售企业组织结构的设计要求和设计程序。

【技能目标】

1. 能够为零售企业制定合适的企业战略。
2. 能够为零售企业设计合理的组织结构。

【素养目标】

1. 在制定企业战略的过程中能够提升市场洞察力，帮助企业在复杂多变的市场环境中形成竞争优势。
2. 在设计组织结构时能够提升团队协作和沟通能力，从而通过有效的沟通和协作来提升组织的整体效能。

项目导读

在瞬息万变的零售行业中，企业战略与组织结构不仅是零售企业生存与发展的基石，更是推动其持续成长、塑造竞争优势的关键驱动力。零售企业战略是对未来的规划和布局，能为零售企业的进一步发展指明方向。合理的组织结构则是零售企业战略得以实施的重要保障。

老李所在的事业部接到集团下达的任务，需要为集团旗下的便利店制定一个清晰、明确的战略，以帮助便利店在众多竞争对手中脱颖而出，并确保便利店在复杂多变的市场环境中沿着既定的道路稳步前进；同时还需要根据企业战略设计便利店的组织结构，确保便利店与集团各部门、各层级之间顺畅沟通与协作，减少信息传递的障碍和延误，提升运营效率和响应速度。

引导案例

永辉超市的企业战略和组织结构

永辉超市作为中国商超行业的知名企业，其企业战略和组织结构体现了高度的前瞻性和灵活性。

从企业战略的角度来看，永辉超市采取了多种方式来保持和提升其市场地位。永辉超市自成立之初就注重差异化经营，这主要体现在生鲜商品方面。永辉超市通过直接采购、自建供应链等方式，确保生鲜商品的新鲜度和价格优势，从而在市场上形成了独特的竞争力。此外，永辉超市还不断创新商品结构和服务模式，以满足消费者日益多样化的需求，进一步巩固其差异化经营战略。面对新零售模式的浪潮，永辉超市积极拥抱数字化，通过数字化转型来提升竞争力。永辉超市构建了全渠道数字化零售平台，实现了线上线下的深度融合。通过数字化手段，永辉超市能够精准了解消费者需求，优化商品结构和服务模式。同时，永辉超市还加强了数字化系统的建设，包括商超门店选址流程、采购配送、商品溯源等方面的数字化处理，提升了整体运营效率。

在组织结构上，永辉超市具备较为完善的法人治理结构。股东大会作为企业的最高权力机构，负责决策重大事项。董事会作为决策机构，由多名董事和独立董事组成，下设战略委员会、薪酬委员会、提名委员会和审计委员会等专门委员会，旨在为董事会的决策提供支持。监事会则负责监督权力机构和执行机构的运作情况，确保企业依法合规经营。高级管理层在董事会的领导下，负责日常经营管理和实施企业决策。随着新零售模式的兴起，永辉超市不断优化业务结构，取消原有的部分业务部门，设立更加灵活的多品类商铺，以适应市场变化。同时，永辉超市还推行合伙人制度，取消传统的管理层角色，由联合创始人、主要合伙人等核心团队共同管理企业，很好地增强了凝聚力和执行力。

点评：永辉超市的企业战略和组织结构相互支撑、相互促进，共同推动其持续健康发展。通过数字化转型、全渠道融合、商品与服务优化等战略举措，永辉超市不断提升竞争力，满足消费者需求。永辉超市通过完善且高效的组织结构有效运转，确保了企业战略的顺利实施。

任务一　解析零售企业战略

任务描述

微课视频

解析零售企业战略

老李在部门会议上表明了集团准备进军便利店领域的意图，并先通过分析永辉超市的企业战略和组织结构向部门人员说明集团该决策的重要性，让事业部的所有人员明确工作重心，同心协力制定适合集团发展的总体战略和竞争战略。根据老李的要求，小张和同事整理了本次任务的清单，如表 2-1 所示。

表 2-1　　　　　　　　　　　　　　　　　　任务单

任务名称	解析零售企业战略	
任务背景	峰御集团希望在未来 5 年内，通过扩张和优化运营等举措在总部所在城市形成连锁经营的便利店网络，老李和小张等人需要以此为背景，制定适合集团发展的战略	
任务类别	□ 调查活动　　　　□ 分析活动　　　　■ 设计活动	
工作任务		
任务内容	任务说明	
任务演练：制定便利店的企业战略	① 制定总体战略 ② 分析竞争环境 ③ 选择竞争战略	
任务总结：		

知识准备

一、零售企业战略概述

战略是组织或个体在面对复杂、不确定的环境时，为实现其长远目标而制定的一系列具有全局性、长期性、方向性和竞争性的规划与行动方案。对于零售企业来说，战略非常重要，这不仅决定零售企业的市场定位、发展方向和竞争优势，还直接关系到零售企业的生存与繁荣。

（一）零售企业战略的含义及主要内容

零售企业战略包括总体战略、竞争战略等，是指零售企业为实现其长期目标和愿景而制定的一系列计划和决策，它涉及零售企业如何在竞争环境中定位自己，如何配置和部署资源以形成可持续的竞争优势。其内容主要包含以下 6 点。

（1）目标设定。明确零售企业追求的目标，这些目标应当是具体、可衡量的，并且与零售企业的愿景一致。

（2）市场分析。对行业环境、竞争对手、潜在消费者和市场趋势深入分析，以便了解外部机会和威胁。

（3）资源评估。识别并评估零售企业内部的优势（如技术、品牌、人力资源等）和劣势，以确定哪些资源可以支持战略目标的实现。

（4）战略规划。基于对目标的设定、市场的分析和资源的评估，制订长期计划，如市场进入策略、营销和销售策略、财务规划策略等。

（5）执行与控制。实施战略规划，同时建立监控和评估机制，确保目标得以实现，包括调整资源配置、优化流程，以及持续改进。

（6）调整与优化。在不断变化的市场环境中，零售企业战略需要保持一定的灵活性，能够适时调整和优化以应对新的挑战和机遇。

（二）零售企业战略的特点

零售企业战略的制定和执行是一个复杂的过程，需要高层管理者的领导、员工的参与以及跨部门的合作。零售企业战略往往具有以下特点。

（1）全局性。零售企业战略是对零售企业整体活动的规划，涉及零售企业的各个方面，包括市场、财务、运营、人力资源等，而不局限于某个单独的部门。

（2）长期性。零售企业战略关注的是零售企业在较长时期内的发展方向和目标，通常涵盖数年甚至更长时间，旨在为零售企业未来的发展奠定基础。

（3）指导性。零售企业战略为零售企业的日常运营和决策提供指导，它设定了零售企业的目标和实现这些目标的基本路径。

（4）动态性。零售企业战略不是一成不变的，它需要根据外部环境的变化和零售企业内部条件的变化进行相应调整。

（5）创新性。在快速变化的市场环境中，零售企业战略需要不断创新，以适应新技术、新商品、新市场的出现。

二、零售企业总体战略

零售企业总体战略是指站在零售企业总体高度对其发展进行的总体规划。常见的总体战略主要有扩张型战略、稳定型战略和紧缩型战略。

（一）扩张型战略

零售企业的扩张型战略是一种以增长为主要目标的战略，它鼓励零售企业持续发展，把握更多的市场机会。同时，这种战略还鼓励零售企业通过创造新需求或改变外部环境来适应自身发展。在实施扩张型战略的过程中，零售企业可以通过多种方式实现市场扩张，包括直营、并购、特许经营、联盟、自由连锁、管理输出等。

1. 直营

零售企业的扩张型战略中，直营是一种重要的战略手段，它指的是零售企业利用自有资金，通过构建新的零售业分公司或子公司来实现经营规模的扩大。这种扩张方式通常包括两种形式，即自主新建分店和租用式直营扩张。

（1）自主新建分店。这种形式涉及购买土地使用权、建造和装修购物场所、购置必要的经营设备和设施、调配管理人才和招聘员工等，需要较大的初期投资，但零售企业对新店拥有绝对的资金、人事、管理等方面的控制权，有利于实现统一管理和标准化运营。

（2）租用式直营扩张。这种形式则是租用所在地业主的房产，将其改建为分店，其在资金上更为节约，不仅可以缩短准备期，降低资金风险，并且有利于快速开办更多分店，加快扩张速度，缩短投资回收期。

北京华联集团通过自主新建分店和租用式直营扩张相结合的形式，在全国范围内迅速扩张。其精心选址，确保新店能够覆盖更广泛的消费群体，并通过统一的品牌形象、管理标准和运营流程，实现了快速而稳健的发展。租用式直营扩张的市场响应速度快，零售企业可以根据市场需求和竞争态势灵活调整扩张策略，快速占领市场；但是随着分店数量的增加，管理的难度也会相应增大，因此零售企业需要建立完善的管理体系和培训体系以匹配扩张速度。

2. 并购

并购是企业之间的兼并与收购行为，即企业通过资本运作来快速扩大经营规模和市场份额，这种扩张方式不仅有助于零售企业获得新的资源和渠道，还能使零售企业通过整合现有资源提升整体竞争力。

并购主要包括横向并购、纵向并购、混合并购等类型。其中，横向并购是指发生在同一行业、经营同一商品的零售企业之间的并购，这种并购有助于零售企业迅速扩大市场份额，增强市场竞争力；纵向并购是指发生在处于生产经营不同阶段、有投入产出关系的零售企业之间的并购，这种并购有助于零售企业完善产业链，降低交易成本，提高经营效率；混合并购是指发生在不同行业、市场和经营不同商品的零售企业之间的并购，这种并购旨在实现多元化经营，分散经营风险。例如，国美电器为进入并占领山西市场，选择并购山西北方电器这个家电连锁企业。并购后，国美电器保持了山西北方电器原有的品牌和运营模式，通过整合双方资源，进一步巩固其在山西大同市乃至山西市场的地位。这一并购不仅扩大了国美电器的经营规模，还提升了其在区域市场的竞争力。

虽然并购可以使零售企业迅速获得新的资源和市场，然而在并购过程中零售企业也会面临文化整合、管理协同等各种挑战，需要零售企业充分评估风险并制定合理的整合策略。

3. 特许经营

特许经营也就是加盟，是指特许人（拥有品牌、技术、商业模式等无形资产的零售企业）将其拥有的商标、商号、商品、专利、专有技术、经营模式等以特许经营合同的形式授予被特许人（受许人）使用，被特许人按合同规定，在特许人统一的业务模式下从事经营活动，并向特许人支付相应的费用。

常见的特许经营类型有商品分销特许、商业模式特许、经营模式特许等。其中，商品分销特许指受许人获得授权销售特许人的商品；商业模式特许指受许人获得授权使用特许人的整套商业模式进行经营；经营模式特许指受许人在特许人的指导下，按照其特定的经营模式进行经营。例如，永辉超市通过特许经营的方式实现扩张，其要求所有门店在品牌形象、服务质量、商品陈列等方面保持高度一致，严格考察和评估受许人的人力、物力和财力，并在发展过程中，不断加强自身的品牌建设和管理能力、优化供应链体系、完善利益分配机制，以及加强市场监测和风险控制等方面的工作，确保扩张顺利实现。

在特许经营这种扩张方式下，特许人和受许人能够通过资源共享和优势互补实现共赢。特许经营模式允许零售企业以较低的成本和较快的速度进入新市场，实现快速扩张。但在特许经营模式下，零售企业可能面临过分依赖资源、品牌形象受损、战略调整受限等风险。

4. 联盟

联盟是指两个或多个零售企业基于共同的目标和利益，通过签订合作协议、共享资源、协同运营等方式，实现规模扩大、市场份额扩大和竞争力增强的战略选择。

通过联盟这种扩张方式，联盟成员可以共享彼此的资源，如供应链、物流体系、销售渠道、品牌影响力等，从而降低运营成本，提高运营效率。在竞争激烈的市场环境下，联盟成员可以共同分担市场风险，通过协同作战来抵御外部威胁。另外，不同的零售企业在商品、服务、技术、管理等方面各有优势，通过联盟便可以实现优势互补，提升整体竞争力。例如，2015年，阿里巴巴与苏宁易购通过联盟的方式开展合作，阿里巴巴投资约283亿元人民币认购苏宁易购的非公开发行股票，占发行后总股本的19.99%。苏宁易购也投资了约140亿元人民币认购阿里巴巴的新发行股份。双方在多个层面开展合作，包括商品采购、物流服务等，通过联盟合作的方式增强线上线下融合，提升各自的市场竞争力。

联盟虽然具有共享资源、分担市场风险等优势，但也存在复杂性增加、不确定性因素多、利益分配难、文化和价值观有差异、依赖风险、法律和合规问题等劣势。因此，零售企业在建立联盟时需谨慎考虑这些因素，并制定合适的合作机制和规则以确保联盟的稳定性和合作效果。

5. 自由连锁

自由连锁允许不同资本的多个零售商店在保留各自资本所有权的基础上，通过协商和服务关系联合起来，实行共同进货、配送等连锁经营。各加盟店保持其资本所有权的独立性，这是自由连锁与直营和特许经营的主要区别之一。自由连锁形成的总部会制定统一的策略和标准，各加盟店在策略和标准上享有一定的自主权，需要向总部上交加盟金及指导费，总部也会返给加盟店部分利润。例如，某二线城市存在多家小型便利店，这些便利店面临着采购成本高、物流效率低、品牌影响力弱等问题。为应对市场挑战，这些便利店联合起来采用自由连锁的方式进行扩张。各便利店共同出资组建一个总部，其责任主要在于：负责整体运营管理和战略规划；与供应商谈判，实现统一采购，降低采购成本；负责统一配送，提高物流效率；加强品牌宣传和推广，提高品牌知名度和影响力，为各加盟店带来更多的客流量和销售额。

自由连锁的组织形式相对灵活，能够适应不同规模和类型的零售企业需求。在我国的零售企业中，自由连锁这种扩张方式的应用逐渐增多，为中小零售企业提供了更多的发展机会和空间，但是存在组织稳定性与凝聚力差、发展规模和地域局限性、经营管理难度增加以及竞争力削弱等劣势。在选择自由连锁作为扩张方式时，需要制定相应的应对措施。

6. 管理输出

管理输出是指外部管理咨询团队或专业管理团队接管某委托企业（零售企业）的部分或全

部经营管理权，而零售企业所有权和产权性质保持不变。这种方式允许管理咨询团队或专业管理团队按照与委托企业确定的协议条件行使经营管理权，并努力达成双方协议中确定的委托期间的经营管理目标，这有助于零售企业引入专业的管理经验和技能，提升经营效率。例如，某二线城市的中小型连锁超市——优佳生活超市在面临管理效率低下、供应链成本上升、消费者满意度下降等问题时，选择了一家具有丰富零售行业管理经验和成功案例的管理咨询公司作为合作伙伴。该管理咨询公司制定了一套详细的管理输出方案，经过一段时间的经营，优佳生活超市取得显著成效，供应链成本降低约10%，门店运营管理水平明显提升，消费者满意度和忠诚度显著提高，超市的销量和市场份额也有较大增长。

管理输出是零售企业扩张型战略中重要的扩张方式之一，通过引入专业管理团队和经验，零售企业可以实现快速扩张和经营效率的提升。但在实施过程中也需要注意解决沟通协作、文化冲突等问题。

（二）稳定型战略

稳定型战略又称防御性战略，是指零售企业在战略方向上没有重大改变，致力于在业务领域、市场地位和产销规模等方面保持现有状况，以安全经营为宗旨的战略。

1. 稳定型战略的特点

由于稳定型战略本质上追求的是在过去经验基础上的稳定，因此这种战略具有以下特点。

（1）维持现状。零售企业在实施稳定型战略时，会保持现有的业务领域、市场地位和产销规模不变，避免进行大规模的市场扩张或业务调整。

（2）风险规避。这种战略旨在通过维持现状来规避市场不确定性和潜在风险，从而确保稳定经营和持续发展。

（3）资源积累。在保持现有规模的同时，零售企业会加强内部管理，优化资源配置，提高运营效率，为未来的发展奠定基础。

（4）稳步增长。在战略期内，零售企业会努力实现稳步前进，每年的业绩按大体相同的比率增长，避免大起大落。

2. 实施稳定型战略的原因

稳定型战略是一种旨在保持现有市场地位和竞争优势的战略，零售企业实施这种战略的原因主要有以下几个方面。

（1）市场环境稳定。当市场环境相对稳定，没有明显的市场机会或威胁时，零售企业可能会选择稳定型战略来保持现有的市场地位和竞争优势。

（2）资源有限。如果零售企业的资源有限，难以支持大规模的市场扩张或业务调整，那么稳定型战略可能是比较合适的选择。

（3）内部管理能力不足。零售企业的内部管理能力可能不足以应对快速的市场变化或复杂的业务调整，因此选择稳定型战略以保持现有业务的稳定运营。

3. 稳定型战略的类型

稳定型战略的类型较多，零售企业应根据自身的实际情况和外部环境的变化来选择合适的战略类型。同时，稳定型战略并非一成不变，零售企业应根据市场环境和内部条件的变化适时地进行战略调整和优化。常见稳定型战略的类型如表 2-2 所示。

表 2-2　　　　　　　　　　　　　　稳定型战略的类型

名称	说明	特点	适用条件
不变战略	也称无变化战略，采用这种战略的零售企业通常认为其内外环境没有发生重大变化，且过去的经营相当成功，因此没有必要调整战略	零售企业保持现有的业务领域、市场地位和产销规模不变，继续沿用过去的成功经验和管理模式	零售企业内外部环境稳定，没有出现需要调整战略的重大变化
近利战略	也称维持利润战略，采用这种战略的零售企业以追求短期利润最大化为目标，甚至可能牺牲未来的长远利益来维持当前的利润水平	零售企业可能通过减少研发经费、停止设备维修、减少广告费等来提高短期利润	一般在经济形势不景气或零售企业面临暂时性经营困难时采用
暂停战略	零售企业在一段时间内放慢发展速度，临时性地降低增长目标，以便加强内部管理、优化资源配置或缓解资源紧张的状况	这是一种临时性的休整战略，旨在为零售企业未来的发展积蓄能量	零售企业经过一段时间的快速发展，可能会发现某些方面力量不足或资源紧张，此时可采用暂停战略进行调整
谨慎前进战略	也称谨慎实施战略，零售企业认为内外部环境不适合发展，应当谨慎经营	零售企业会放缓战略方案的实施进度，根据环境变化的实际情况谨慎调整战略规划和步骤	零售企业外部环境变化大且难以预测时，为确保零售企业的稳定发展而采用

4. 稳定型战略的实施

实施稳定型战略需要零售企业在保持现有竞争地位和经营水平的基础上，采取商品与市场策略、防御与竞争策略、内部管理策略以及灵活调整策略等，实现稳步增长。

（1）商品与市场策略。零售企业向市场提供与过去相同或基本相同的商品或服务，在商品创新上投入较少，以维持现有商品的稳定性和市场接受度，并通过维持现有的市场份额和客户关系，巩固其在市场中的竞争地位。

（2）防御与竞争策略。零售企业投入相应的资源，以充分显示其阻击竞争对手进攻的能力，并不断传播防御意图，塑造顽强的防御者形象，使竞争对手不战而退。当竞争对手的进攻发生后，零售企业应针对进攻的性质、特点和方向，采取相应的对策，向竞争对手施加压力，以维持原有的竞争地位和经营水平。

（3）内部管理策略。在稳定型战略下，零售企业需优化资源配置，确保资源得到有效利用，避免浪费；开展精细化管理，控制生产成本和运营成本，提高经济效益；保持人员安排上的相对稳定，充分利用已有的各方面人才，发挥他们的积极性和潜力。同时，零售企业还应建立有效的激励机制，激发员工的创造力和工作热情。

（4）灵活调整策略。虽然稳定型战略强调稳定，但零售企业也需保持一定的灵活性，可根据外部环境和内部实力的变化，适时对战略进行调整，并对可能面临的风险进行评估，制定相应的应对措施。

（三）紧缩型战略

零售企业的紧缩型战略是指在面对市场环境变化、经营压力增大或战略调整需要时，采取的一种从战略经营领域和基础水平上收缩和撤退的策略。这种战略通常显著偏离零售企业原有的战略定位，是一种较为消极但具有明确目的性的经营战略。

1. 紧缩型战略的类型

紧缩型战略通常是在市场环境恶化、行业竞争加剧、可用资源有限等情况下采用的，其常见类型如下。

（1）转向战略。当零售企业现有经营领域不能维持原有产销规模和市场规模时，不得不转向更有利可图的领域或市场，具体包括调整商品线、优化销售渠道、改变目标客户群体等措施。

（2）放弃战略。这种战略主要是指企业将一个或几个主要部门、经营单位、生产线或事业部转让、出卖或停止经营。对于零售企业来说，这可能涉及关闭部分门店、退出某些地区市场、放弃非核心业务等。

（3）清算战略。这是比较极端的紧缩型战略，涉及卖掉资产或停止运行，这表示终止零售企业的存在。这通常是在零售企业面临严重财务困境、无法继续经营的情况下采取的。

2. 紧缩型战略的适用条件

紧缩型战略有助于零售企业集中资源于核心业务或更有利可图的领域，可以降低零售企业的运营成本，提高经营效率，并减少亏损，缓解财务压力。当遇到以下情况时，零售企业可以考虑采用紧缩型战略。

（1）市场环境恶化，如经济衰退、行业竞争加剧、消费者需求减少等，导致零售企业销量下滑、利润减少。

（2）企业内部问题，如管理不善、成本高昂、商品滞销、财务状况恶化等，使得零售企业难以维持现有经营规模。

（3）战略调整需要，指零售企业为谋求更好的发展机会，需要调整和优化现有战略，通过紧缩型战略来集中资源、降低成本、提高效率。

三、零售企业竞争战略

竞争是零售企业发展不可或缺的动力。面对竞争，零售企业应保持积极的心态，勇于迎接挑战，通过不断创新和优化来提升竞争力，并制定出符合自身情况的竞争战略来实现可持续发展。

（一）竞争优势来源

零售企业的竞争优势主要来源于商品、价格、服务、沟通和渠道等方面，将这些方面做好，就能在市场中提升竞争力。

1. 商品能力

商品能力是零售企业核心竞争力的重要组成部分，涉及商品的选择、质量、多样性及差异化等方面。优秀的商品能力意味着零售企业能够精准把握市场需求，快速响应消费者偏好的变化，提供高质量、有特色且符合消费者需求的商品。这要求零售企业具备强大的市场洞察能力、供应商管理能力以及商品研发或定制能力，以确保商品在品质、设计、功能等方面具有竞争优势。

2. 价格能力

价格能力是零售企业在价格策略上的灵活性和有效性，涉及定价策略的制定、成本控制以及价格调整的敏感度。零售企业需通过精确的成本核算和市场竞争分析，制定出既能保证利润又能吸引消费者的价格策略。同时，零售企业还需具备根据市场反馈迅速调整价格的能力，以保持市场竞争力。另外，价格能力还体现在促销活动的设计和执行上，零售企业可以通过有效的促销策略吸引消费者，提升销售额。

3. 服务能力

服务能力是零售企业提升消费者满意度和忠诚度的重要手段，涉及售前咨询、售中服务、售后支持等多个环节。零售企业需建立专业的服务团队，提供个性化、专业化的服务。例如，提供详细的商品信息、耐心的购物指导、便捷的退换货服务等。此外，利用智能客服、智能推荐系统等数字化手段也能显著提升服务效率和消费者体验。

4. 沟通能力

沟通能力是零售企业与消费者建立良好关系的关键，这不仅涉及面对面的交流，还涉及通过社交媒体、电子邮件、短信等多种渠道与消费者保持沟通。零售企业需要建立有效的沟通机制，及时传达商品信息、促销活动、服务政策等，同时积极收集消费者反馈，不断优化商品和服务，这有助于增强消费者的信任感和归属感，并能有效提升品牌形象。

5. 渠道能力

渠道能力是指零售企业构建和优化销售渠道的能力。随着电商的兴起，多渠道销售已成为许多零售企业的必然选择，零售企业需要建立线上线下融合的销售渠道体系，包括实体店、官方网站、移动 App、社交媒体平台等，以实现全渠道覆盖。同时，零售企业还需不断优化渠道布局，提升渠道效率，降低渠道成本。此外，建立稳定的供应链体系，确保商品从生产到销售的顺畅流通，也是渠道能力的重要体现。

（二）竞争环境的分析

零售企业制定竞争战略之前，往往需要全面、深入地分析外部环境和内部环境，这有助于零售企业明确自身的优势和劣势，识别外部机会和威胁，从而制定符合实际情况的竞争战略。

1. 外部环境分析

外部环境有宏观环境和微观环境之分，进行宏观环境分析一般使用 PEST 分析法，进行微观环境分析一般使用波特五力模型分析法。

（1）宏观环境分析

PEST 分析法可以帮助零售企业识别并评估其外部宏观环境的主要影响因素。PEST 分别代表政治（Politics）、经济（Economy）、社会（Society）和技术（Technology）这 4 个方面的环境因素。通过对这些因素的深入分析，零售企业可以更好地理解其运营环境的现状和未来趋势，从而制定出更加符合市场需求的战略。

① 政治环境

政治环境是指一个国家或地区的政治制度、政策法规、政治稳定性、政府干预等方面的因素。利用 PEST 分析法分析政治环境，主要关注的是那些可能影响零售企业运营和发展的政治因素，如政策稳定性、行业政策、法律法规、国际贸易政策、外交关系、政府监管情况、政府采购情况等。分析时可通过政府网站、政策文件等获取最新的政策信息，对收集到的信息进行评估，判断政治环境对零售企业的影响程度，然后根据政治环境的变化趋势，制定相应的应对策略。

② 经济环境

经济环境是指一个国家或地区的经济状况、发展趋势、市场结构、消费者购买力等方面的因素。利用 PEST 分析法分析经济环境时，主要关注的是那些能够影响零售企业运营、市场需求、成本结构和盈利能力的宏观经济因素，如经济增长率、经济周期、通货膨胀率、利率、市场规模、市场集中度、国际贸易环境等。分析时可以利用官方统计数据、行业报告、市场调研等途径收集经济环境的相关数据，对收集到的数据进行趋势分析，了解经济环境的变化趋势和规律，分析经济环境对零售企业的影响程度，包括市场需求、成本结构、盈利能力和竞争态势等方面，然后根据经济环境的变化趋势，制定相应的市场策略、定价策略和投资策略等。

③ 社会环境

社会环境指的是一个国家或地区的社会结构、文化传统、价值观、生活方式、人口特征、受教育水平以及公众对零售企业和商品的认知等方面的综合因素。利用 PEST 分析法分析社会环境时，主要关注的是那些能够影响消费者行为、社会文化趋势、人口统计特征以及公众对零售企业和商品态度的因素，如年龄分布、性别比例、收入水平、受教育水平、价值观、生活方式、文化多样性等。分析时可以通过问卷调查、访谈等方式收集目标市场的消费者数据，对收集到的数据进行统计分析，然后制定符合社会文化趋势和消费者需求的营销策略。

④ 技术环境

技术环境是指一个国家或地区影响技术创新、研发、应用和推广的多种因素。利用 PEST 分析法分析技术环境时，主要关注的是影响技术创新、变革、合作、竞争等的因素，前面提到过的政治环境、经济环境、社会环境都有可能影响技术环境，如针对技术创新和研发的政策法规可能限制技术创新，也可能鼓励技术创新。分析时同样需要收集相关数据，然后对数据进行深入分析，以便更好地理解技术环境的现状和发展趋势，从而制定出符合零售企业实际情况的战略。

（2）微观环境分析

微观环境相比于宏观环境而言，是零售企业生存和发展的具体环境，能够直接给零售企业提供有价值的信息。分析微观环境时常用波特五力模型分析法，此方法是由战略管理学者迈克尔·波特（Michael Porter）在 20 世纪 80 年代初期提出的，是用于分析企业所处行业竞争态势的一种工具。该模型认为，一个行业中存在着五种力量，这些力量的综合作用决定行业竞争的激烈程度和行业的获利能力。

① 行业内现有竞争者的竞争能力，指行业内各零售企业之间的竞争程度和方式，如行业内零售企业的数量和规模、市场份额分布、竞争的激烈程度、商品或服务的差异化程度、品牌忠诚度、市场增长速度、市场饱和度等。

② 潜在竞争者进入的能力，指新进入者进入该行业的难易程度，如行业壁垒的高低、进入成本、投资回报率等。

③ 替代品的替代能力，指能够满足相同或相似需求的其他商品或服务对行业内商品或服务的威胁程度，如替代品的存在程度、替代品的性价比、消费者转而购买替代品的难易程度、消费者偏好变化等。

④ 供应商的讨价还价能力，指供应商通过抬高价格或降低质量等方式对购买者施加压力的能力，如供应商的集中度、原材料或关键组件的独特性与稀缺性、供应商对于本行业的重要性等。

⑤ 购买者的议价能力，指购买者通过压低价格、要求提高质量或提供更多服务等方式对企业施加压力的能力，如购买者的集中度、购买量大小、价格敏感度等。

2. 内部环境分析

内部环境分析对零售企业而言至关重要，因为它直接关系到零售企业如何有效利用现有资源来制定并执行具有竞争力的战略。其中，资源与核心能力分析是非常重要的一环，这可以帮助零售企业明确自身的内在实力，识别潜在优势与劣势，并据此制定合适的竞争策略。

（1）现有资源分析。零售企业的现有资源较多，归纳起来主要包括物质资源和人力资源两类。物质资源包括店铺位置、仓储设施、物流系统等。分析人力资源时，员工素质、技能水平等是重要的因素。

（2）资源使用效率分析。资源使用效率是衡量零售企业运营效果的重要指标之一。检查库存周转率、人员利用率等关键指标，可以评估零售企业在资源利用方面的效率水平。在评估资源使用效率的过程中，需要识别资源浪费和冗余的环节，并提出相应的改进措施。例如，优化库存管理策略、提高销售预测准确性、加强员工培训等方式，可以提高资源利用效率，降低运营成本。

（3）核心能力分析。核心能力是零售企业竞争优势的源泉，分析零售企业的品牌影响力、供应链管理能力、创新能力等核心能力，可以确定哪些能力是零售企业独有的或难以被竞争对手模仿的。其中，品牌影响力反映零售企业在消费者心中的形象和地位，供应链管理能力能够衡量商品质量和供应稳定性，创新能力则可以反映零售企业是否具备不断推出符合市场需求的新商品和新服务的能力。

（三）竞争战略的选择

零售企业竞争战略是零售企业在市场竞争中，为获得持续竞争优势而制定的一系列策略和行动方案，旨在帮助零售企业在商品、服务、价格、渠道等方面形成优势，以满足市场需求并实现经营目标。常见的竞争战略主要包括成本领先战略、差异化战略和目标集聚战略。

1. 成本领先战略

成本领先战略也称低成本战略，是指零售企业通过有效的途径降低经营过程中的成本，使零售企业以较低的总成本赢得竞争优势的战略。这种战略要求零售企业在生产经营中通过低成本优势取得行业领先地位，包括追求规模经济、专利技术、原材料的优惠待遇等。成本领先战略的核心在于通过持续的成本控制和管理，形成相对于竞争对手的持续的成本优势。

（1）成本领先战略的特点

就零售企业而言，成本领先战略要求其日复一日地实施成本控制，通过精细化的管理来降低各个环节的成本，这不仅要求零售企业关注采购环节的成本，还涉及市场营销、技术开发等环节的成本控制。成本领先战略通常要求零售企业具有先发制人的能力，通过率先实现低成本管理在市场上占据有利地位。这种战略的成功需要零售企业长期、持续地投入和努力，无法一蹴而就。

零售企业过度追求降低成本可能会牺牲商品质量，影响品牌形象和消费者满意度。如果陷入价格战的误区，则可能会削弱零售企业的盈利能力，甚至导致零售企业陷入困境。另外，零售企业如果长期专注于降低成本可能导致在创新方面投入不足，从而影响长期发展。

（2）适用情形

成本领先战略是零售企业在特定环境下的一种有效竞争策略，当零售企业面临以下情形或具备以下能力时，可以考虑使用此战略。

① 市场需求稳定且消费者对价格敏感。当市场需求相对稳定，且消费者对价格较为敏感时，零售企业可以实施成本领先战略，以较低的价格吸引消费者，扩大市场份额。

② 规模效应显著。具有显著规模效应的零售企业，如大型连锁超市、电商平台等，通过扩大规模可以降低单位成本。

③ 供应链管理能力强。零售企业具备强大的供应链管理能力时，可以通过优化采购、库存、物流等环节，降低运营成本。

④ 技术投入和创新。零售企业可以通过技术投入和创新来降低成本，如采用自动化、智能化技术提高运营效率，降低人力成本。

⑤ 市场竞争激烈。在市场竞争激烈的环境下，零售企业可以通过实施成本领先战略，以价格优势抵御竞争对手的进攻，保持市场地位。

2. 差异化战略

差异化战略，也称特色优势战略，是指零售企业力求在行业内消费者广泛重视的一些方面独树一帜，选择消费者重视的一种或多种特质，并赋予其独特的地位以满足消费者的需求。归根结底，差异化战略旨在通过提供与众不同的商品或服务，来满足消费者的特定需求，从而在市场上形成竞争优势。

（1）差异化战略的特点

差异化战略强调零售企业要根据市场环境的变化，灵活调整自身的商品或服务，以满足消费者的多样化需求。零售企业通过差异化战略，在市场中形成独特的竞争位势和定位，使自身与竞争对手区分开来。该战略的核心在于提供难以被竞争对手模仿的独特商品或服务，从而保持长期的竞争优势。因此，零售企业需要具备不断创新的能力，以持续推出新的差异化商品或服务，应对市场的变化。

为实现差异化，零售企业可能需要选用更优质的商品、采用更先进的技术或提供更独特的服务，但这些都有可能增加成本，如果成本过高，会影响零售企业的市场竞争力。零售企业提供的差异化商品或服务不一定会被市场广泛接受，这样会加剧竞争力的丧失。随着技术进步和信息传播速度的加快，竞争对手可能会模仿零售企业的差异化商品或服务，从而削弱零售企业的竞争优势。

（2）适用情形

零售企业在面临以下情形时可以考虑使用差异化战略。

① 市场需求多样化。当市场需求呈现多样化趋势时，零售企业可以通过提供差异化的商品或服务来满足不同消费者的需求。

② 竞争激烈。在竞争激烈的市场环境中，零售企业可以通过差异化战略来区分自身与竞争对手，形成独特的竞争优势。

③ 技术变革快速。随着新兴技术的快速发展，零售企业可以通过引入新技术、创新商品或服务来实现差异化。

④ 消费者需求升级。随着生活水平的提高和消费观念的转变，消费者对商品和服务的需求也在不断升级。零售企业可以通过提供更高品质、更具特色的商品或服务来满足消费者的需求。

3. 目标集聚战略

目标集聚战略是指零售企业根据自身的资源和能力，选择并专注于某一特定市场，通过集中资源和力量，提供满足该市场特定需求的商品或服务，以在该市场中建立竞争优势的战略。这种战略要求零售企业明确目标消费者，集中资源开发市场，以实现市场份额的扩大和效益的最大化。

（1）目标集聚战略的特点

目标集聚战略要求零售企业明确目标消费者，了解他们的需求和偏好，从而提供有针对性的商品或服务。零售企业需要将有限的资源和力量集中投入选定的市场，从而提高市场渗透力和竞争力。在特定市场上，零售企业可以更加深入地了解市场动态和消费者需求，从而提供更加专业化和精细化的服务。通过提供独特和有价值的商品或服务，零售企业可以在目标市场中与竞争对手形成差异化竞争。

由于零售企业将全部或大部分资源投入特定市场，因此对该市场的依赖性较强。一旦该市场发生不利变化，如需求减少、竞争加剧等，零售企业将受到较大冲击。此外，目标集聚战略可能导致零售企业面临的风险集中，如果针对目标市场的策略失误或市场环境发生不利变化，可能导致零售企业整体业绩下滑。由于零售企业专注于特定市场，因此在扩展新市场或商品线来实现多元化经营时可能难度较大。

（2）适用情形

目标集聚战略的风险较高，一般来说，零售企业面临以下情形时可以考虑采用。

① 市场需求细分明显。当零售市场存在明显的细分需求时，零售企业可以选择专注于某一细分市场，通过提供更加专业化和精细化的商品或服务来满足该市场的需求。

② 资源有限。对于资源有限的零售企业来说，集中资源和力量在特定市场上形成竞争优势，可以在资源有限的情况下实现较高的市场效益。

③ 竞争对手强大。在竞争对手强大的市场中，零售企业可以通过目标集聚战略来避免与竞争对手直接竞争。通过专注于特定市场，零售企业可以寻找并抓住市场中的空白点或增长点，从而实现市场份额的扩大和竞争优势的建立。

任务实施

任务演练：制定便利店的企业战略

【任务目标】

结合便利店的实际情况，制定一套合理、可行的企业战略。

【任务要求】

本次任务的具体要求如表2-3所示。

表2-3 任务要求

任务编号	任务名称	任务指导
（1）	制定总体战略	设定目标并选择总体战略
（2）	分析竞争环境	分析宏观环境、微观环境和内部环境
（3）	选择竞争战略	根据总体战略和竞争环境的分析结果选择合适的竞争战略

【操作过程】

1. 制定总体战略

集团总部位于某二线城市，业务涉及住宿、餐饮等，为进一步实现多元化发展，集团想要进军零售业。近年，随着居民生活节奏的加快，便利店发展迅速，考虑到便利店的体量、投入成本等因素，集团想在所在城市开设若干便利店。小张和同事们首先设定了目标，具体如下。

（1）在未来 1 年内，开设 5～10 家门店，将消费者满意度控制在 90% 以上。

（2）在未来 3 年内，成为该城市知名的便利店品牌，占据 20% 的市场份额。

（3）在未来 5 年内，实现跨区域扩张，进入周边城市，形成连锁经营网络。

结合设定的目标和实际市场环境，小张他们选择将扩张型战略作为总体战略，具体采用直营和特许经营两种方式。

（1）直营。选择人流量大、消费能力强的商圈，通过自主新建分店和租用式直营扩张相结合的方式，快速扩大经营规模。

（2）特许经营。制定详细的特许经营手册，吸引符合条件的加盟商，按照商业模式特许的方式让加盟商获得授权，使用集团制定的商业模式进行经营。

2. 分析竞争环境

为更好地应对竞争，小张和同事们制定了竞争环境的分析方案，具体如表 2-4 所示。

表 2-4　　　　　　　　　　　　　竞争环境的分析方案

项目	分析方案
宏观环境分析	使用 PEST 分析法分析，具体如下： ① 政治环境。政府鼓励多元化发展，特别是零售业的创新与发展。近期更是出台了一系列支持政策，如税收减免、租金补贴等，为便利店行业提供了良好的政治环境 ② 经济环境。该二线城市经济持续增长，全年人均 GDP 达到 8.6 万元，居民可支配收入稳步提高。同时，居民消费观念逐渐转变，更加注重便捷性和消费体验 ③ 社会环境。居民生活节奏加快，对便捷性服务的需求日益增加。年轻一代成为消费主力军，他们更加注重个性化、多样化的消费需求，为便利店提供了更多的发展机遇 ④ 技术环境。移动支付、大数据分析等技术得到广泛应用，这提高了便利店的运营效率和服务质量。物联网技术的发展也为便利店的智能化管理提供了可能
微观环境分析	使用波特五力模型分析法分析，具体如下： ① 行业内现有竞争者的竞争能力。城市已有若干知名便利店，如 7-Eleven、全家等。这些便利店拥有完善的供应链体系、丰富的产品线以及较高的知名度，具有较强的竞争能力 ② 潜在竞争者进入的能力。随着市场需求的不断增长，潜在竞争者进入市场的可能性较大。然而，由于当前市场的竞争较为激烈，潜在竞争者的进入速度可能较慢 ③ 替代品的替代能力。便利店的主要替代品包括超市、小型杂货店等，这些替代品在便捷性、服务质量等方面与便利店相比仍存在一定的差距，替代能力相对较弱 ④ 供应商的议价能力。便利店的供应商主要包括食品、饮料、日用品等的生产商和批发商。由于便利店对供应商的需求较为稳定且规模较大，因此供应商具有较强的议价能力 ⑤ 购买者的议价能力。由于便利店提供的是便捷性服务，且商品种类丰富、价格适中，因此购买者的议价能力相对较弱
内部环境分析	① 资源分析。集团拥有充裕的现金流，具备一支经验丰富的零售管理团队，已与多家供应商建立长期合作关系，并拥有先进的库存管理系统和数据分析平台 ② 资源使用效率分析。集团平均库存周转天数为 15 天，库存管理高效；资金利用率为 85%，高于行业平均水平 ③ 核心能力分析。集团在其他业务领域的品牌影响力有助于便利店项目的快速推广，长期积累的供应链管理经验确保了商品采购的低成本和高效性。集团注重技术创新和服务创新，能够不断推出符合市场需求的新商品和服务

3. 选择竞争战略

考虑到所在城市的竞争环境，小张和同事们选择了 3 种竞争战略以充分应对竞争，具体如表 2-5 所示。

表 2-5　　　　　　　　　　　　竞争战略的选择

战略	内容
差异化战略	① 商品差异化。根据市场需求和消费者偏好，引入特色商品和自有品牌商品，提供多样化的商品选择 ② 服务差异化。提供 24 小时营业、快速结账、送货上门等便捷服务，提升消费者购物体验 ③ 品牌形象差异化。通过统一的品牌形象、店面设计和员工服务标准，塑造独特的品牌形象
成本领先战略	① 优化供应链管理。与供应商建立长期合作关系，降低采购成本；优化物流配送体系，提高物流效率 ② 节能降耗。采用节能设备和技术，降低门店运营成本；实施精细化管理，控制各项费用支出
目标集聚战略	① 市场集中化。针对特定消费者群体（如上班族、学生等）和特定区域（如商务区、学校周边等），提供定制化的商品和服务 ② 商品集中化。专注生鲜商品、即食商品的开发和销售，形成商品优势

任务二　设计零售企业组织结构

微课视频

设计零售企业
组织结构

任务描述

制定相关战略后，为确保战略的顺利实施，老李和小张以及部门其他同事将搭建零售企业的组织结构，使开设的便利店能够顺利运营和快速发展起来。本次的任务清单如表 2-6 所示。

表 2-6　　　　　　　　　　　　任务单

任务名称	设计零售企业组织结构	
任务背景	为配合峰御集团制定的战略，老李将继续带领小张他们设计符合该战略的组织结构，以便更好地完成集团定下的目标	
任务类别	□ 调查活动　　　　□ 分析活动　　　　■ 设计活动	
工作任务		
任务内容	任务说明	
任务演练：设计便利店的组织结构	①选择组织结构类型 ②分析设计要求 ③完成设计	
任务总结：		

一、组织结构的作用与类型

组织结构是指零售企业在实现其经营目标的过程中，对企业内部各个层级、部门、岗位及其相互关系进行设计和安排的一种框架体系。

（一）组织结构的作用

组织结构可以明确零售企业内部各部门和岗位的职责、权限和相互协作关系，是确保零售企业高效、有序运行的基础。具体而言，组织结构具有以下作用。

（1）实现任务分解与协调。通过组织结构的划分，零售企业的整体任务可以分解为各部门、各岗位的具体任务，从而避免员工工作冲突和重复，提高工作效率。

（2）提高管理效率和决策效能。组织结构有助于企业建立清晰的管理层级和决策流程，确保上下级之间的信息流通和决策传导，提高管理效率和决策效能。

（3）激发员工的潜力和创造力。合理的组织结构可以明确员工的职责和权限，激发员工的潜力和创造力，提高员工的工作积极性。

（二）组织结构的类型

组织结构的类型较多，不同类型的组织结构各有优缺点，零售企业应根据自身情况进行设计。

1．直线制组织结构

直线制组织结构中，上下级之间形成直接的领导与被领导关系，中间没有职能机构作为同级领导者的参谋，如图 2-1 所示。这种组织结构具有集权、统一、命令易于贯彻执行等优点，对管理者的素质、专业知识、经验、精力与能力等要求较高。同时，管理职能几乎集中于一人，容易形成独断专行、组织缺乏弹性和应变能力等不良后果。

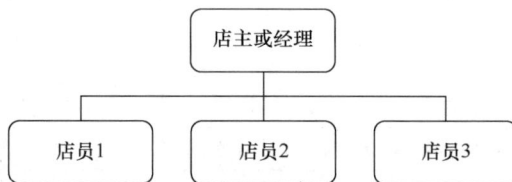

图 2-1　直线制组织结构

2．职能制组织结构

职能制组织结构是一种以职能部门为基础的组织结构，如图 2-2 所示。在这种结构下，零售企业根据不同的职能或业务领域被划分为多个职能部门，如商品部、财务部、市场部等。每个职能部门负责执行相关的任务，不同职能部门之间存在相对独立的工作流程，部门之间的沟通和协调通过跨部门的合作进行。职能制

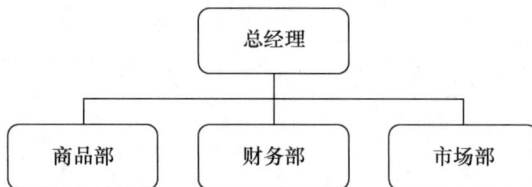

图 2-2　职能制组织结构

组织结构强调专业能力和分工合作，有助于激发员工积极性，提高组织管理效率，并明确管理者的职责，管理更加专业化。这有助于提高工作质量，减轻领导负担，但容易形成多头管理，造成职责不清。

3. 直线职能制组织结构

直线职能制组织结构是以直线领导为主，以发挥职能部门参谋作用为辅的一种组织结构，如图 2-3 所示。在直线职能制组织结构中，各管理层之间设置职能部门，但职能部门作为同层次领导的参谋，不直接指挥下级，只在业务范围内开展管理工作。这种组织结构既能保持统一指挥的特点，又可以

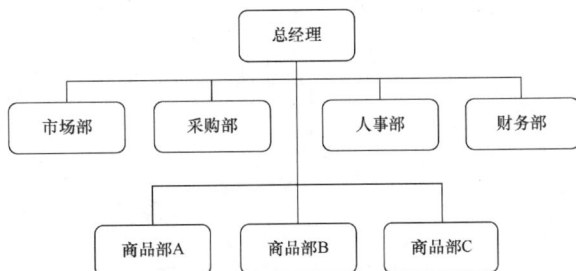

图 2-3　直线职能制组织结构

实现职能的专业化分工，集中领导、职责清楚，有利于提高管理效率。但部门之间横向联系差，信息传递路线长，容易造成矛盾。

4. 事业部制组织结构

事业部制组织结构是指零售企业面对不确定的环境，按照商品或类别、地域以及流程等不同的业务单位分别成立若干事业部，并由这些事业部进行独立业务经营和分权管理的一种分权式结构类型，如图 2-4 所示。在这种组织结构下，总部负责战略管理、资源规划等，各事业部拥有相对独立的运营权利，对损益指标负责。这种组织结构可以使高层管理部门摆脱日常繁杂的行政事务，专

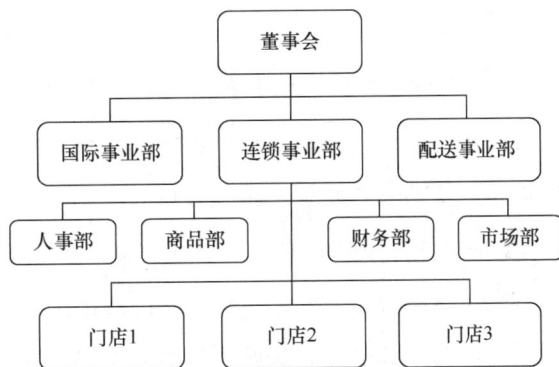

图 2-4　事业部制组织结构

注于零售企业的战略事务决策，使零售企业能够更灵活地以消费者需求为导向，有效整合内外部资源，迅速响应市场变化。然而，这种组织结构也可能导致管理费用增加，由于各事业部之间可能存在职能重叠，相互间的协调与合作面临挑战，这在一定程度上可能影响组织长期目标的实现。

5. 矩阵制组织结构

矩阵制组织结构是一种将按职能划分的部门与按项目（商品）设立的管理机构，通过矩阵的方式结合起来，项目的管理人员从职能部门抽调，项目完成后管理人员又回归职能部门的结构，如图 2-5 所示。这种组织结构实现了集权与分权的最优结合，但人员调动频繁，组织结构经常变动，稳定性差，且矩阵中的成员受到项目经理与职能部门经理的双重领导，容易产生矛盾。

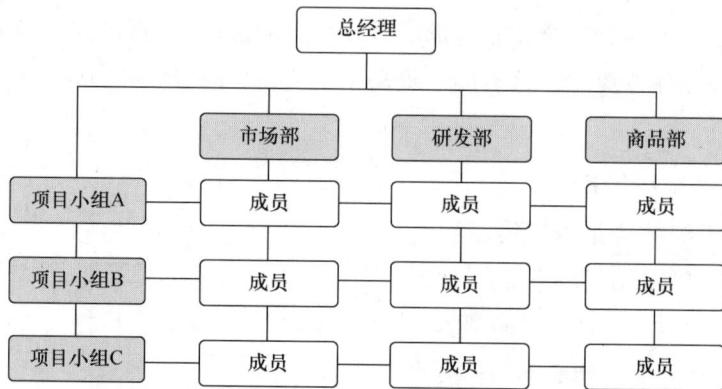

图 2-5　矩阵制组织结构

> **素养课堂**
>
> 　　无论哪种组织结构，企业中的相关人员都需要具备沟通能力、团队合作能力、责任心和自律性、学习能力和适应能力、创新思维和解决问题的能力等综合素养。这些素养有助于他们更好地适应组织环境、发挥个人优势、促进团队协作和实现组织目标。

二、组织结构的设计要求

　　零售企业的组织结构设计需要在满足市场、管理和员工需求之间找到平衡点，才能达到高效运营、使消费者和员工满意的目的。

（一）市场的需求

　　零售企业的组织结构应当紧密围绕市场的需求进行设计，以确保零售企业能够提供符合市场需求的商品和服务，快速响应市场变化，并有效执行营销和促销策略。这样的组织结构有助于提高消费者满意度，增强市场竞争力，从而支持零售企业的长期成功和可持续发展。具体应当考虑的市场需求如下。

　　（1）消费者接触点。零售企业的组织结构应确保有明确的消费者接触点，如销售部门、客服部门等，以便快速响应市场需求和消费者反馈。

　　（2）市场适应性。组织结构应当能够迅速适应市场变化，如季节性波动、流行趋势变化等。

　　（3）商品管理。组织结构中应有专门的部门或团队负责商品采购、库存管理和商品陈列，以满足目标市场的多样化需求。

　　（4）营销与促销。组织结构中应包含营销和促销部门，负责制定和执行吸引目标市场的营销策略和促销活动。

　　（5）定制化服务。对于需要提供高度定制化服务的企业，组织结构应能支持跨部门的紧密协作，确保商品和服务的全流程高效运行。

（二）管理的需求

零售企业的组织结构设计应当满足管理的需求，以确保零售企业能够高效运作，提高管理效率，增强竞争力。具体应当考虑的管理需求如下。

（1）战略目标。组织结构应紧密围绕零售企业的战略目标进行设计，确保各部门的工作都能为实现战略目标贡献力量。

（2）战略分解与落实。在设计组织结构时应将战略目标分解为具体的部门目标和岗位职责，确保战略得到有效执行。

（3）专业化分工与协作。组织结构应通过合理的部门划分和职责界定，实现专业化分工，同时建立高效的协作机制，确保业务流程的顺畅运行。

（4）决策效率。组织结构需建立明确的决策流程和进行合理的权限分配，避免决策迟缓或权力过于集中；同时应考虑简化决策流程，确保管理层能够迅速做出决策，提高决策效率。

（5）信息流通。组织结构应促进信息的流通和共享，确保管理层和员工都能够获取必要的信息来支持他们的工作。

（6）风险控制。组织结构应建立完善的内部控制体系，确保各部门在开展业务的过程中遵循有关规章制度，并设置专门的风险管理部门或岗位，负责监控和预警潜在风险。

（三）员工的需求

零售企业的组织结构设计应当满足员工的需求，以确保员工能够在高效的工作环境中发挥最大的潜力，这不仅有助于提高员工的工作满意度和忠诚度，还能够提升整个零售企业的生产力和竞争力。具体应当考虑的员工需求如下。

（1）清晰的职业发展路径。组织结构应为员工提供明确的职业发展规划和晋升路径，以激发其工作积极性和提升其忠诚度。

（2）合理的岗位职责与要求。组织结构应明确各岗位的职责和要求，确保员工能够胜任工作并发挥其优势。

（3）员工参与。组织结构应鼓励员工参与决策过程，提升员工的归属感和满意度。

（4）沟通渠道。组织结构应建立有效的沟通渠道，让员工能够表达意见和建议，并及时获得反馈。

三、组织结构的设计程序

零售企业的组织结构设计程序是一个系统而复杂的过程，它旨在确保零售企业能够高效地运营并达成战略目标。下面简要说明组织结构的设计程序。

（一）明确企业战略目标

首先，零售企业设计组织结构时需要明确其战略目标，包括市场定位、发展方向、竞争优势等。这些目标将作为组织结构设计的基础和导向，确保组织结构设计能够支持并推动零售企业战略目标的实现。例如，某大型连锁超市的战略目标是成为全国领先的生鲜零售品牌，提供高品质的生鲜商品和便捷的服务。为实现这一目标，其需要优化供应链管理、提升门店运营效率、加强品牌建设和提升消费者体验等。

（二）分析企业业务职能

明确目标后，再对零售企业需要履行的各项业务职能进行全面分析，如采购、销售、仓储、运输、加工、信息等，为后续的任务分解和职位设立提供依据。例如，某大型连锁超市的主要业务职能包括采购（生鲜商品的采购与供应商管理）、销售（门店销售与消费者服务）、仓储（生鲜商品的储存与保鲜）、运输（物流配送与库存管理）、加工（生鲜商品的初步加工与包装）、信息（商品信息、消费者信息、销售数据等）等。

（三）将业务职能分解为具体的工作任务

将每个业务职能进一步细化为具体的工作任务，如采购职能可能包括供应商选择、合同谈判、采购订单管理等。确保每个职能都有明确的工作内容和流程，便于后续设立职位和明确职责。以采购职能为例，超市可以将采购工作分解为以下具体工作任务：市场调研与供应商筛选、采购计划制订与执行、采购谈判与合同签订、采购订单管理、供应商评估与关系维护等。

（四）设立职位，明确职责

根据工作任务设立相应的职位，并明确每个职位的职责范围、权力大小和协作关系，确保每个职位都有清晰的职责定位，避免职责不清和权力冲突。同样以采购为例，超市可以根据工作任务设立相应的职位，如采购经理（负责整体采购策略的制定与监督）、采购专员（负责具体的采购工作，如与供应商联系、价格谈判等）、库存管理员（负责仓储与库存管理）等，每个职位都有明确的职责范围。

（五）构建组织结构图

根据职位设立情况，构建零售企业的组织结构图，明确各个部门和职位之间的层级关系和协作机制，形成一个高效、协调的组织体系，确保零售企业的各项工作顺利开展。例如，超市根据职位设立情况，构建了包括总部管理层（如总经理、副总经理等）、职能部门（如采购部、销售部、仓储部、运输部、加工部、信息部等）以及门店管理层（如店长、副店长、销售主管等）的组织结构，各部门和职位之间形成层级关系和协作机制。

（六）设计业务流程和管理流程

根据零售企业的业务特点和组织结构设置，设计合理的业务流程和管理流程，确保各项工作能够顺畅进行，以提高工作效率和管理水平，降低运营成本。例如，超市的采购流程可能包括需求预测、供应商选择、价格谈判、订单下达、商品验收、入库存储等环节，销售流程可能包括消费者接待、商品介绍、收银结算、售后服务等环节。

（七）构建组织文化体系

结合零售企业的战略目标和组织特点，构建符合零售企业实际情况的组织文化体系，包括价值观、行为准则等，目的在于增强员工的归属感和凝聚力，提高员工的工作积极性和创造力。例如，超市的组织文化强调"消费者至上、品质第一、团队协作、持续创新"等价值观，为营造这样的组织文化，可以通过培训、团队建设活动、内部沟通机制等方式来加强员工的归属感和凝聚力，提高员工的工作积极性和创造力。

扫一扫

了解组织文化

> 🕐 **专家点拨**
>
> 　　组织文化是一个企业或组织在长期发展过程中形成的，被其成员广泛接受并共同遵循的价值观、信仰、行为规范和习惯的总和，体现了企业的核心精神和独特个性，对企业的运营、管理和发展具有深远的影响。

（八）适时调整组织结构

根据零售企业内外部环境的变化和战略目标的调整，适时地对组织结构进行调整，从而确保组织结构能够始终适应零售企业的发展需要，保持零售企业的竞争力和活力。例如，如果超市决定拓展线上销售渠道，可能会增设电商部门并调整相关部门的职责和协作机制；如果超市发现仓储环节存在瓶颈，可能会增加仓储管理人员或优化仓储流程。

💻 任务实施

任务演练：设计便利店的组织结构

【任务目标】

针对集团旗下新开设的便利店，设计一套高效的组织结构，以便让集团根据该组织结构重新调配企业资源。

【任务要求】

本次任务的具体要求如表 2-7 所示。

表 2-7　　　　　　　　　　　　　　任务要求

任务编号	任务名称	任务指导
（1）	选择组织结构类型	分析情况并选择合适的组织结构类型
（2）	分析设计要求	通过分析市场需求、管理需求和员工需求来明确组织结构的内容
（3）	完成设计	按照组织结构的设计过程完成设计

【操作过程】

1. 选择组织结构类型

小张和同事们认为，集团的战略目标是在 5 年内形成连锁经营的便利店网络，作为零售行业的细分领域，便利店的特点在于规模不大、分布广泛、消费者需求多样化且希望得到更多的便捷服务。在这样的背景下，可选择直线职能制组织结构作为连锁便利店的组织结构类型，各管理层之间设置职能部门，但职能部门作为同层次领导的参谋，不直接指挥下级，只在业务范围内做管理工作。这样既能保持统一指挥的特点，又能实现职能的专业化分工，能够在保证管理效率的同时，提升业务的专业性和响应速度。

2. 分析设计要求

小张与其他同事通过分析市场需求、管理需求和员工需求，给出了组织结构的设计要求，如表 2-8 所示。

表 2-8　　　　　　　　　　　组织结构的设计要求

分析对象	分析内容
市场需求	连锁便利店需要确保快速响应消费者需求，提供便捷的购物体验，同时注重商品的新鲜度和多样性
管理需求	为实现高效管理，便利店需要明确的战略目标、专业化的分工与协作、高效的决策流程以及顺畅的信息流通
员工需求	提供清晰的职业发展路径、合理的岗位职责与要求，以及良好的沟通渠道，以提升员工的工作满意度和归属感

3. 完成设计

小张他们根据选择的直线职能制组织结构，结合相关设计要求开始完成组织结构的设计，设计过程如表 2-9 所示。

表 2-9　　　　　　　　　　　组织结构的设计过程

环节	设计内容
明确企业战略目标	连锁便利店的战略目标是成为热门的便利店品牌，因此需要向消费者提供便捷、新鲜、多样的商品和服务
分析企业业务职能	主要业务职能包括采购、销售、库存管理、物流配送等
将业务职能分解为具体的工作任务	① 采购：供应商筛选、价格谈判、订单管理、库存监控等 ② 销售：消费者接待、商品介绍、收银结算、消费者服务等 ③ 库存管理：库存盘点、过期商品处理、库存预警等 ④ 物流配送：供应商对接、配送计划制订、门店配送等
设立职位，明确职责	① 总部管理层：总经理、副总经理等，负责整体战略规划和资源调配 ② 职能部门：采购部、销售部、库存部、物流部、财务部等，负责具体业务执行 ③ 门店管理层：店长、副店长等，负责门店日常运营和消费者服务 ④ 店员：负责商品陈列、消费者接待、收银等具体工作
构建组织结构图	绘制直线职能制组织结构图，明确管理层级和职能部门之间的协作机制。管理层包括总经理、副总经理，职能部门包括采购部、销售部、库存部、物流部、财务部等，门店直接接受管理层的管理，如图 2-6 所示
设计业务流程和管理流程	① 采购流程：市场调研—供应商筛选—价格谈判—订单下达—商品验收—入库 ② 销售流程：消费者进店—商品选购—收银结算—消费者离店 ③ 库存管理流程：库存盘点—过期商品处理—库存预警—补货计划制订 ④ 物流配送流程：供应商发货—物流配送—门店收货—上架销售

（续表）

环节	设计内容
构建组织文化体系	强调"消费者至上、快速响应、团队协作、持续改进"的价值观。通过培训、团队活动、内部沟通等方式增强员工的归属感和凝聚力
适时调整组织结构	根据市场变化、消费者需求变化以及企业发展需要，定期评估并调整组织结构，如增设线上销售渠道时，可增设电商部门或拓展门店的线上服务功能

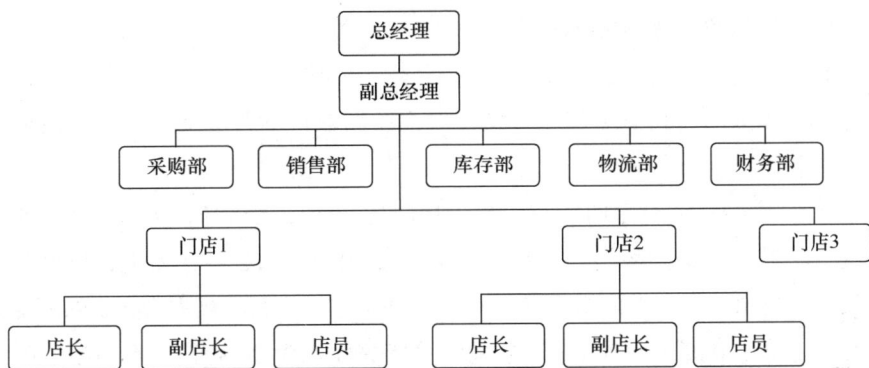

图 2-6 连锁便利店的组织结构

综合实训 设计超市的企业战略和组织结构

实训目的：掌握零售企业的战略制定和组织结构设计方法，理解企业战略如何指导组织结构的设计，以及组织结构如何保障企业战略的有效实施。

实训要求：以小型超市为设计对象，调研该超市的主营商品以及所在区域的市场环境、竞争对手、消费者需求及发展趋势，为超市制定明确的总体战略和竞争战略，然后根据企业战略，设计合理的组织结构，明确各部门职责和协作机制。

实训思路：本次实训的具体操作思路可参考图2-7。

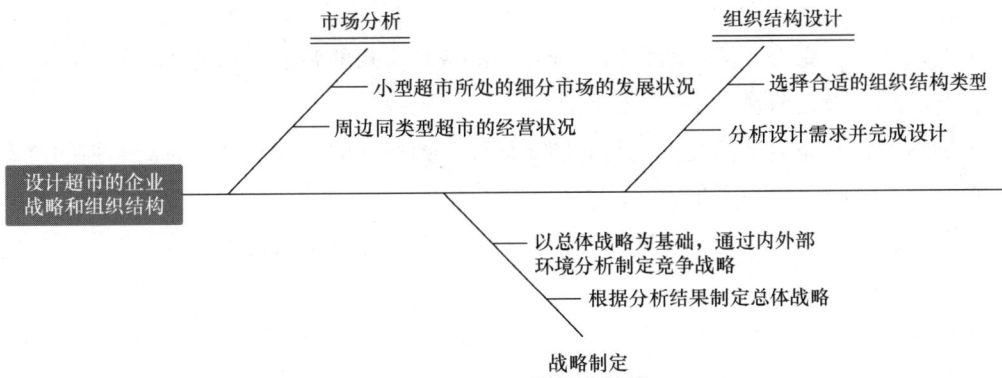

图 2-7 实训操作思路

实训结果：根据调查的小型超市的具体情况，选择合适的企业战略并设计合理的组织结构。

扫描右侧二维码可查看小型超市的企业战略与组织结构。

扫一扫

小型超市的企业
战略与组织结构

📊 案例分析　完美日记的扩张与发展

完美日记诞生于我国彩妆市场快速增长的时期，其目标消费者为追求个性、注重性价比的年轻女性。依托于正确的战略，完美日记在短时间内实现了扩张与发展，获得了市场和消费者的认可。

一、企业扩张

完美日记的总体战略为扩张型战略，其在线上市场取得不错成绩后，便开始将目光投向线下市场，以寻求新的增长点。

2019年1月，完美日记首家门店在广州正佳广场开业，之后陆续入驻深圳、佛山、成都、杭州、上海等多个城市，最高峰时一天新开4家店。2019年12月，完美日记母公司——广州逸仙电子商务有限公司宣布在上海奉贤区设立新零售总部，并表示接下来会加快开店速度。2020年6月，完美日记第100家店落户上海。据悉，该店总面积为90.3平方米，包括卖场、体验区、仓库等区域，其中体验区面积占70%以上。2023年9月，完美日记发布了全新的品牌定位——新一代专业美妆，同时进行全面的品牌改革，包括焕然一新的品牌Logo、引人注目的标志以及黑银配色的视觉设计和产品外观设计。这些变革不仅提升了品牌的整体形象，还为消费者带来了更加时尚、专业的美妆体验。在此基础上，2024年1月，完美日记结合这些核心要素，精心打造了"完美时刻"体验店。该体验店不同于以往开设的线下门店，其以"通天达地"的LED屏幕取代传统墙面，墙面宛如一扇通向虚拟世界的大门，为整个店铺营造出科技感、未来感和超现实的氛围。在店内，消费者可以详细了解完美日记的创新产品，店员亲切而恰到好处的响应式服务可以让消费者享受到自由且舒适的购物体验。

二、企业发展

在积极扩张的同时，完美日记还不断发展产品，在新品的研发与创新、品质把控、形象塑造等方面发力。

（1）新品研发。完美日记不断推出符合年轻消费者需求的新品，如名片口红、动物眼影盘等，丰富产品线，满足消费者多样化的需求。

（2）创新设计。完美日记注重产品的创新设计，如独特的包装设计、时尚感强的色彩搭配等，以提升产品的吸引力和竞争力。

（3）品质把控。完美日记与全球规模较大的色素生产商森馨科技集团等合作，设立实验室进行产品研发和品质把控。

（4）品牌形象塑造。完美日记努力打造独特的品牌形象和品牌价值，如强调品牌的个性化、时尚感和品质感等，提升消费者对品牌的认同感和忠诚度。

【案例思考】

根据案例内容，分析完美日记采取的是哪种扩张型战略，以及为什么采取该战略。

巩固提高

1. 扩张型战略有哪些实施方式？
2. PEST 分析法和波特五力模型分析法的作用分别是什么？
3. 请分析 3 种常见竞争战略的优缺点和适用条件。
4. 不同类型的组织结构分别有哪些特点？
5. 如何通过组织结构设计来激发员工的潜力和创造力？
6. 选择一家熟悉的百货店，分析其组织结构，并评价其优缺点。

学习目标

【知识目标】

1. 熟悉消费者画像的含义与作用。

2. 熟悉消费者忠诚度和 RFM 模型。

3. 掌握 Excel 2019 的基本使用方法。

4. 熟悉影响消费者购物决策的因素。

5. 熟悉消费者购物决策的过程。

【技能目标】

1. 能够通过数据分析了解消费者的行为特征。

2. 能够通过分析消费者购物决策来提升消费者的购物体验。

【素养目标】

1. 认识到诚信的重要性，在分析消费者行为时如实记录和分析数据，不夸大、虚构数据。

2. 坚持公平竞争原则，不采用不正当手段损害竞争对手或消费者的利益，共同维护良好的市场秩序。

项目导读

　　零售企业对零售消费者进行分析可以深入理解市场需求与消费者行为，以便精准把握市场动态，优化商品和服务，制定高效的营销策略。这一过程不仅有助于零售企业提升市场竞争力，还能通过满足消费者需求来提高消费者满意度与忠诚度，从而实现长远发展的目标。

　　为让集团旗下的便利店能够更好地服务于消费者，老李带领小张和其他同事准备对便利店的消费者进行分析。他们首先需要构建便利店的消费者画像，找到消费者的行为特征，然后再分析消费者的价值，以便对不同价值的消费者采取不同的维护措施；接着需要制作出消费者的购物决策分析报告，了解消费者在购买过程中的具体决策过程，为后续优化便利店的运营方式提供有力的支持。

引导案例

天猫商城对零售消费者的分析

阿里巴巴集团旗下的天猫商城是我国领先的综合性在线零售平台，提供服装、电子产品、家居用品等多个品类的商品。天猫商城凭借其庞大的消费者基础、先进的技术支持和对消费者行为的深入理解，实现了销售业绩的连续增长。

利用大数据分析技术，天猫商城可以收集消费者在平台上的浏览记录、搜索关键词、购买历史、评价反馈等方面的数据，并能通过社交媒体、市场调研等渠道获取外部数据，形成全面的消费者画像。利用专业的数据处理技术对数据进行深入分析，天猫商城可以识别出不同消费者的行为特征，如某些年龄段的消费者更倾向于在特定时间段购物，或对特定品牌和商品有更高的忠诚度等。另外，天猫商城还可以研究消费者在购买决策过程中的影响因素，如商品特性、消费者价格敏感度、商品品牌声誉、商品口碑等，并分析消费者在不同阶段的购物决策行为，如信息搜索、评估比较等，从而充分了解他们的决策路径和决策依据。

基于消费者行为特征和购物决策分析的结果，天猫商城能够向消费者提供个性化的商品推荐信息，这种推荐不仅可以提升消费者的购物体验和满意度，还可以促进销售转化率的提升。利用大数据分析的结果，天猫商城能够制定精准的营销策略，如定向广告投放、优惠券发放等。通过实施一系列措施，天猫商城不仅显著提升了销售额、消费者活跃度、复购率等关键指标，还赢得了更多消费者的信任和忠诚，进一步巩固了其在我国在线零售市场的领先地位。

点评：分析消费者行为特征和购物决策可以帮助零售企业精准把握市场需求与消费者偏好，为商品开发、定价及营销提供可靠依据；能够提升消费者体验，增强消费者黏性，促进销售转化，实现业绩增长；有助于零售企业优化商品设计与服务流程，满足消费者的多元化需求，提升市场竞争力。

任务一　分析零售消费者的行为特征

微课视频

分析零售消费者的行为特征

任务描述

在正式开始工作前，老李通过天猫商城的消费者分析案例为小张和其他同事说明了工作的重要性，接下来，老李准备详细介绍消费者行为特征的相关内容，并让小张和其他同事基于这些知识分析一段时间内进店购物的消费者的行为特征。根据老李的要求，小张和同事们整理出了本次任务的清单，如表3-1所示。

表 3-1   任务单

任务名称	分析零售消费者的行为特征	
任务背景	集团开设的两家便利店在经营一段时间后收获了一批消费者，现在需要分析消费者的行为特征，从而进一步对便利店的运营方式进行优化	
任务类别	☐ 调查活动 ■ 分析活动 ☐ 设计活动	
工作任务		
任务内容	任务说明	
任务演练 1：分析便利店的消费者画像	利用 Excel 计算和统计消费者行为特征数据，并以图表的形式对数据进行可视化呈现	
任务演练 2：分析便利店的消费者价值	① 利用 Excel 分析消费者忠诚度 ② 利用 Excel 细分消费者价值	
所需素材	配套资源:\素材文件\项目三\任务一\消费者数据.txt、消费者数据 1.xlsx、消费者数据 2.xlsx	

任务总结：

知识准备

一、消费者画像的含义与作用

消费者画像可以理解为通过收集与分析消费者的社会属性、生活习惯、消费行为等方面的数据后，抽象出来的消费者的商业特征。换句话说，消费者画像就是零售企业通过多个维度对消费者特征进行描述的结果。

消费者画像为零售企业提供了信息基础，能够帮助零售企业快速找到目标消费者，明确消费者需求等，其作用主要体现在以下两个方面。

（1）精准营销。明确消费者的基本特征，了解消费者的行为特征，洞察消费者，让营销更加精准。例如，零售企业可以向喜欢新品的消费者发送新品上架通知，引发消费者对新品的购买兴趣，没有消费者画像就很难实现这种精准营销。

（2）数据挖掘。通过消费者画像进一步挖掘消费者数据，提高服务质量，也可以为运营管理提供更有力的数据支持。例如，为活动策划提供依据，对销售业绩进行周期性预测、趋势性预测等。

二、消费者忠诚度的含义与计算方法

消费者忠诚度指的是消费者出于对零售企业或商品的偏好而产生重复购买行为的程度。影响消费者忠诚度的指标较多，购买频次、重复购买率是比较重要的两种。其中，重复购买率也叫复购率，是衡量消费者忠诚度的核心指标，需要结合购买频次进行计算，计算方法有以下两种。

（1）重复购买人数/消费者样本数量×100%。假设消费者样本数量为 100 人，其中 50 人重复购买（不考虑重复购买了几次），此时重复购买率=50/100×100%=50%。

（2）重复购买次数/消费者样本数量×100%。假设消费者样本数量为 100 人，其中 50 人重复购买，这 50 人中有 35 人重复购买了 1 次，有 15 人重复购买了 2 次，此时重复购买率=(35×1+15×2)/100×100%=65%。

三、RFM 模型的应用

RFM 模型是描述消费者价值的一种工具，该模型包含 3 个维度，分别是最近一次交易时间（Recency，对应 RFM 模型中的 R 维度）、交易频率（Frequency，对应 RFM 模型中的 F 维度）和交易金额（Monetary，对应 RFM 模型中的 M 维度）。

（1）最近一次交易时间，其需要与当前时间相减，从而转化为最近一次交易时间与当前时间的间隔。间隔越短，数值越高；间隔越长，数值越低。

（2）交易频率，指消费者在指定时期内重复购买的次数。次数越多，数值越高；次数越少，数值越低。

（3）交易金额，指消费者在指定时期内购物花费的金额。金额越多，数值越高；金额越少，数值越低。

利用 RFM 模型分析消费者数据时，需要先采集消费者的账户名称、最近一次消费时间、消费总额和交易次数等数据，然后以这些数据为基础得到 RFM 模型中 3 个维度的数据，再以指定的某个数据为参考对每个维度的数据进行评级，最后根据每位消费者在这 3 个维度的综合评价结果细分消费者价值，以便根据不同的价值制定相应的沟通和营销策略。图 3-1 所示为某个店铺使用 RFM 模型细分消费者价值的示例。

R	F	M	消费者价值细分	营销策略
高	高	高	重要价值型消费者	倾斜更多资源，提供VIP服务、个性化服务
低	高	高	重要唤回型消费者	提供各种合理的资源，通过新品唤回消费者
高	低	高	重要深耕型消费者	满足消费者不同需求，提供忠诚度计划，推荐其他商品
低	低	高	重要挽留型消费者	重点联系，尽最大能力挽留，推荐感兴趣的商品
高	高	低	潜力型消费者	通过各种优惠活动吸引消费者，推荐高性价比商品
高	低	低	新消费者	激发消费者的购买兴趣，扩大品牌知名度
低	高	低	一般维持型消费者	使用积分制吸引消费者，推荐热门商品，维持联系
低	低	低	低价值型消费者	尝试恢复消费者的兴趣，在资源有限的情况下可暂时放弃

图 3-1　使用 RFM 模型细分消费者价值的示例

四、Excel 2019 的基本使用方法

Excel 是一款优秀且普及率较高的电子表格制作软件，可以用来完成数据的处理与分析任务。掌握 Excel 的基础操作，有助于为后续使用该软件处理和分析数据打下基础。下面以 Excel 2019 为例，简要介绍该软件的使用方法。

（一）数据的输入与编辑

输入与编辑数据是处理和分析数据的前提，Excel 2019 中有多种输入与编辑数据的方法。

1. 输入数据

在计算机上安装并启动 Excel 2019，在欢迎界面选择"空白工作簿"选项，新建一个空白工作簿。选择工作表中需要输入数据的单元格，直接输入所需的数据或在编辑栏中输入数据，完成后按【Enter】键确认输入，如图 3-2 所示。

图 3-2　在编辑栏中输入数据

如果需要输入具有规律的一系列数据，如等差数据、等比数据时，可利用"序列"功能通过快速填充的方式实现。其方法为：在序列所在的起始单元格中输入起始数据，选择序列所包含的单元格区域（即连续的多个单元格组成的区域）；在【开始】/【编辑】组中单击 填充 下拉按钮，在弹出的下拉列表中选择"序列"选项，打开"序列"对话框；在"类型"栏中选中数据类型对应的单选项，如选中"等差序列"单选项，在"步长值"文本框中设置序列中每个数据之间的间隔（即步长），如"1"，完成后单击 确定 按钮。快速填充数据如图 3-3 所示。

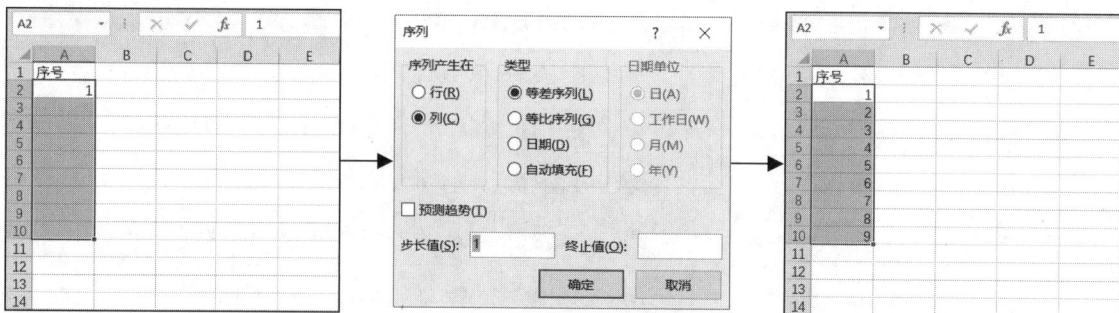

图 3-3　快速填充数据

⏰ **专家点拨**

　　在单元格中输入数据，如"1"，然后选择该单元格，按住【Ctrl】键的同时拖曳单元格右下角的填充柄（绿色小方块形状）可以填充步长值为"1"的等差序列，直接拖曳填充柄则可填充相同数据。

---

2. 编辑数据

　　编辑数据包括修改数据、删除数据、添加数据、复制数据等，其实现方法如下。

　　（1）修改数据。当需要修改单元格中的所有数据时，可选择该单元格，输入新的数据后按【Enter】键确认；当需要修改单元格中的部分数据时，可选择该单元格，在编辑栏中选择需要修改的部分，输入新的数据后按【Enter】键确认。

　　（2）删除数据。当需要删除单元格中的所有数据时，可选择该单元格后按【Delete】键；当需要删除单元格中的部分数据时，可选择该单元格，在编辑栏中选择需要删除的部分，按【Delete】键删除后按【Enter】键确认。

　　（3）添加数据。选择需要添加数据的单元格，在编辑栏中单击将插入点定位到需要添加数据的位置，输入新的数据后按【Enter】键确认。

　　（4）复制数据。选择需要复制的数据所在的单元格，按【Ctrl+C】组合键复制，选择目标单元格，按【Ctrl+V】组合键粘贴。若要复制其他文件中的数据，可打开该文件（如记事本），拖曳鼠标指针选择需要复制的数据，按【Ctrl+C】组合键复制，切换到工作表中，选择目标区域所在的起始单元格，按【Ctrl+V】组合键粘贴。

（二）数据的计算

　　在 Excel 2019 中完成数据的计算需要借助公式或函数这两种功能。公式是指能够完成一系列数学运算、逻辑判断和文本处理等操作，且能够计算并返回特定结果的对象；函数则是具备特定语法格式的预设好的公式，可以快速完成各种复杂的计算。

1. 使用公式

　　在 Excel 2019 中，公式需要以"="开头，在"="后根据需要输入常量、运算符、单元格地址或函数可以完成计算。图 3-4 为一个公式的示意，该公式表示将 100、C4 单元格中的数据相加，再减去平均值函数计算得到的结果。其中："="必须位于公式的开始处，这是区别普通数据与公式的标志；常量即不会变化的数据；运算符即进行运算的符号；单元格（区域）地址代表了参与公式运算的单元格中的数据；函数本身就是一个预先定义的特定计算公式，函数值为数据参与计算后函数返回的结果。

$$=100+C4-AVERAGE(A4:B4)$$

图 3-4　公式示意

输入与确认公式的方法为：选择目标单元格，在编辑栏中输入"="，然后依次输入公式的其他内容，如果需要引用单元格或单元格区域地址，可通过选择单元格或单元格区域快速引用，完成后按【Enter】键，或按【Ctrl+Enter】组合键，或单击编辑栏左侧的"输入"按钮✔。这里特别强调一点，如果输入的是普通数据，可以单击其他任意单元格确认输入，但若输入的是公式，一定不能按照这样的操作来确认输入，因为单击其他任意单元格会将该单元格的地址引用到公式中。

2. 使用函数

一个完整的函数由等号、函数名、参数括号和函数参数构成。其中：等号用于区别普通数据；函数名用于调用指定的函数；参数括号用于划分参数区域；函数参数用于参与函数计算，可以是常量和单元格引用地址，逗号用于分隔函数参数。函数示意如图 3-5 所示。

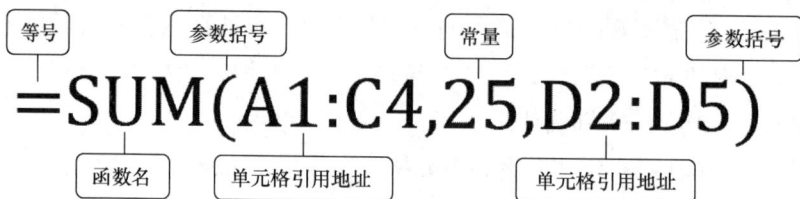

图 3-5　函数示意

如果对函数的语法结构比较熟悉，可以像输入公式一样，选择单元格后在编辑栏中直接输入函数内容。如果对函数的语法结构不熟悉，则可以通过插入函数的方式使用函数，其方法为：选择单元格，单击编辑栏左侧的"插入函数"按钮 fx，或单击【公式】/【函数库】组中的"插入函数"按钮 fx；打开"插入函数"对话框，在"或选择类别"下拉列表中选择函数所在类别，在"选择函数"列表框中选择所需的函数，单击 确定 按钮；打开"函数参数"对话框，在其中的参数文本框中引用单元格地址或输入内容，单击 确定 按钮。插入函数如图 3-6 所示。这个过程表示在 D2 单元格中使用 AVERAGE 函数计算 A2:C2 单元格区域中所包含的 3 个数据的平均数。

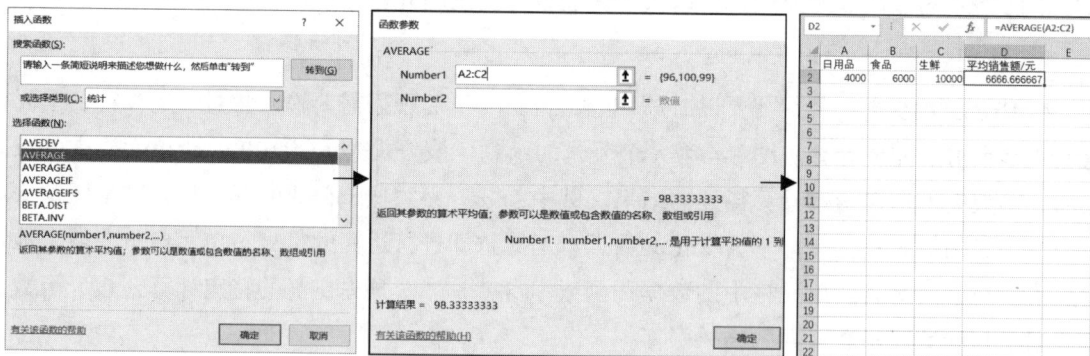

图 3-6　插入函数

（三）数据的排序

数据的排序是指按照特定的条件将数据重新排列，其目的在于获取到想要的信息。在 Excel 2019 中对数据进行排序的方法为：选择表格中作为排序依据的项目下任意包含数据的单元格，在【数据】/【排序和筛选】组中单击"升序"按钮可将数据以升序方式排列；单击"降序"按钮可将数据以降序方式排列。

如果排序依据中有相同数据，可以指定第二个排序依据，这称为多关键字排序。其方法为：选择表格中任意包含数据的单元格，在【数据】/【排序和筛选】组中单击"排序"按钮；打开"排序"对话框，在"排序依据"下拉列表中选择作为第一个排序依据的表格项目，在"次序"栏的下拉列表中选择所需的排列方式。单击添加条件(A)按钮，在"次要关键字"下拉列表中选择作为第二个排序依据的表格项目，在"次序"栏的下拉列表中选择所需的排列方式。如果还需添加排序依据，可继续单击添加条件(A)按钮，并按相似方法对排序依据进行设置，最后单击确定按钮。图3-7中设置的排序条件表示以销售额为第一个排序依据，从高到低排列数据，如果某些数据的销售额相同，则以销量为第二个排序依据，从高到低排列这些数据。

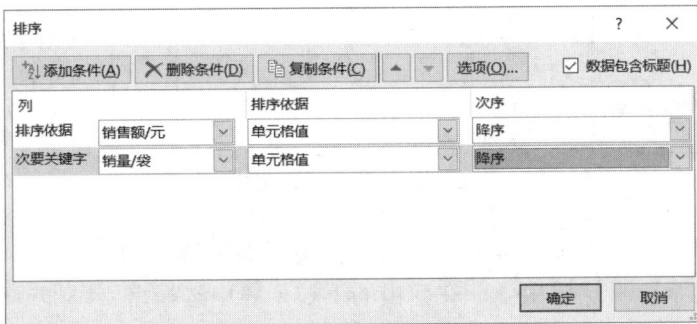

图 3-7 多关键字排序

（四）数据的可视化

数据的可视化在这里主要是指将数据通过各种图表的方式呈现，使数据的关系和内在联系更加直观地展示，从而提供更有价值的信息。Excel 2019 提供了丰富的可视化功能，其中图表的可视化功能尤为强大。

1. 创建图表

在 Excel 2019 中创建图表的方法为：选择图表的数据源所在的单元格区域，在【插入】/【图表】组中单击某种图表类型的下拉按钮，在弹出的下拉列表中选择需要的图表选项，如图3-8所示。

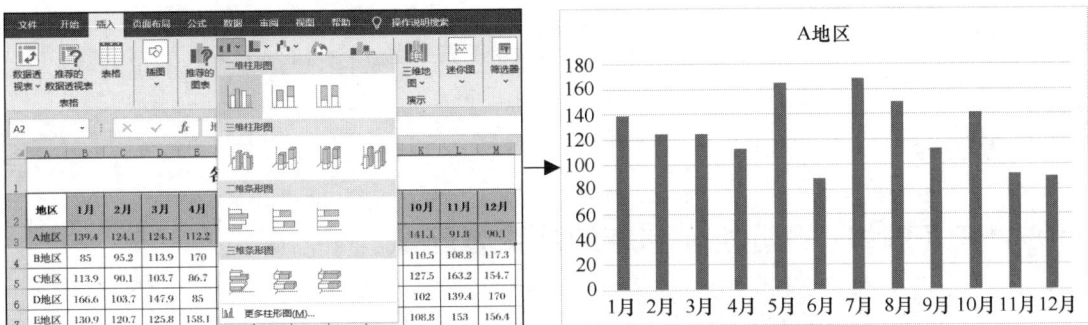

图 3-8 创建图表

2. 调整图表布局

调整图表布局是指对图表的组成部分进行设置，如调整组成部分的位置、大小，显示或隐藏某些组成部分等。若想快速实现对图表布局的调整，可利用 Excel 2019 提供的"快速布局"功能，具体方法为：选择创建的图表对象，在【图表工具 图表设计】/【图表布局】组中单击"快速布局"下拉按钮，在弹出的下拉列表中选择所需的布局选项，如图 3-9 所示。

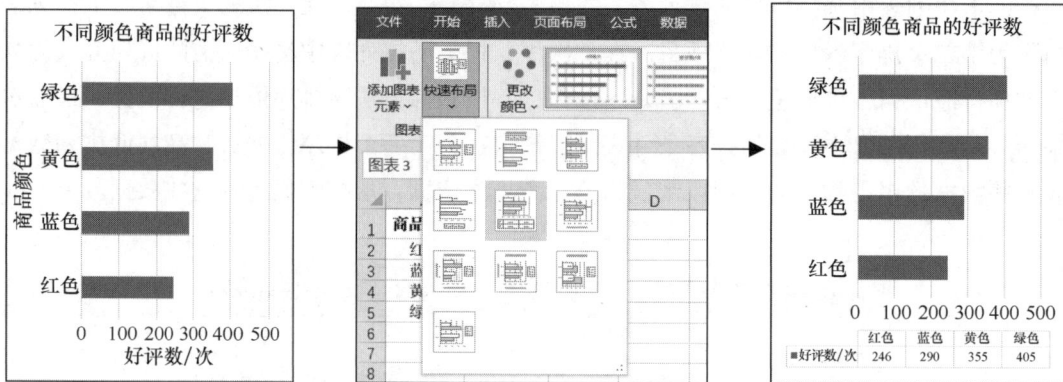

图 3-9　快速应用图表布局

如果需要单独调整图表中的某个部分，可在【图表工具 图表设计】/【图表布局】组中单击"添加图表元素"下拉按钮，在弹出的下拉列表中选择需要添加或隐藏的图表组成部分，然后在弹出的子列表中选择所需的选项，如选择【图表标题】/【无】选项，可将图表标题隐藏；若选择【图表标题】/【图表上方】选项，可使图表标题出现在图表的上方，如图 3-10 所示。

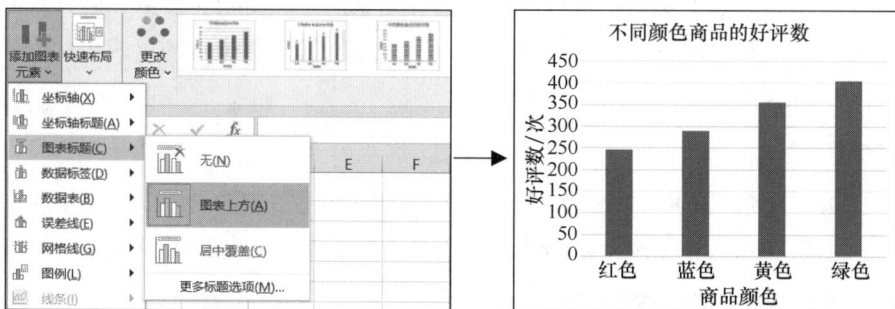

图 3-10　单独调整图表标题

任务实施

任务演练 1：分析便利店的消费者画像

【任务目标】

通过分析消费者行为特征数据，利用图表展现在特定时期内便利店所有消费者的画像。

【任务要求】

本次任务的具体要求如表 3-2 所示。

表 3-2　　　　　　　　　　　　　　　　　　任务要求

任务编号	任务名称	任务指导
（1）	统计消费者数据	利用公式和函数统计消费者的行为特征数据
（2）	可视化数据	以统计的数据为数据源创建柱形图来展示消费者画像

【操作过程】

1. 统计消费者数据

为了获得便利店消费者的画像，可利用公式和函数统计消费者的性别、年龄和购买的商品种类等数据，具体操作如下。

（1）输入数据。打开"消费者数据.txt"素材文件，选择其中的所有数据，按【Ctrl+C】组合键复制。打开"消费者数据 1.xlsx"素材文件，选择 A1 单元格，按【Ctrl+V】组合键粘贴消费者数据。

（2）选择 F2 单元格，输入"男性"，按【Enter】键确认输入。以相同方法在 F3:F9 单元格区域中输入需要统计的项目数据，此列专门用于统计消费者的特征，如图 3-11 所示。

（3）选择函数。选择 G2 单元格，单击编辑栏左侧的"插入函数"按钮*fx*，打开"插入函数"对话框，在"或选择类别"下拉列表中选择"统计"选项，在"选择函数"列表框中选择"COUNTIF"选项，单击 确定 按钮，如图 3-12 所示。

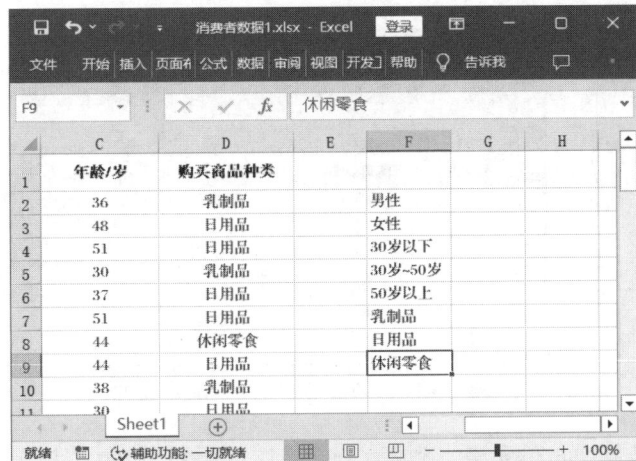

图 3-11　输入数据

图 3-12　选择函数

（4）设置函数参数。打开"函数参数"对话框，在"Range"文本框中单击定位插入点，然后在表格中选择 B2:B61 单元格区域，引用该单元格区域的地址。在"Criteria"文本框中单击定位插入点，输入"男"，单击 确定 按钮，如图 3-13 所示。

（5）统计数据。此时 G2 单元格中返回的结果即为男性消费者的人数，如图 3-14 所示。

零售基础
（微课版）

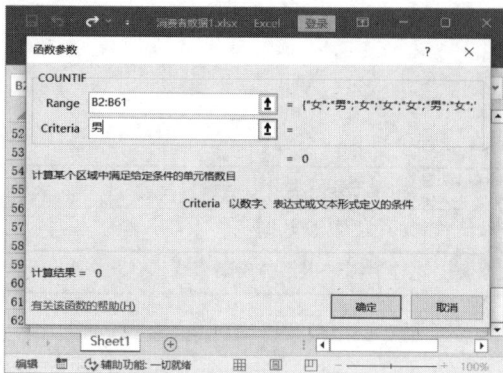

图 3-13　设置参数

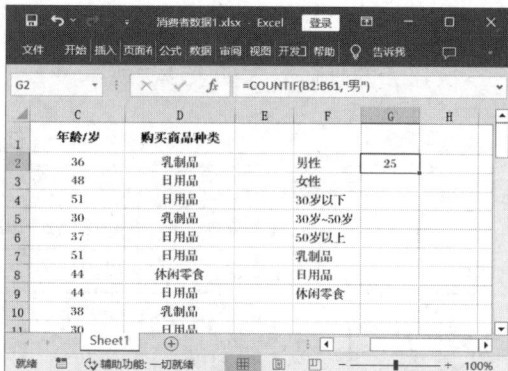

图 3-14　返回结果

> ⏰ **专家点拨**
>
> 　　COUNTIF 函数表示统计符合条件的单元格数量，其中第一个参数 Range 表示统计的范围，第二个参数 Criteria 表示条件。

（6）复制并修改函数。选择 G2 单元格编辑栏中的函数内容，按【Ctrl+C】组合键复制函数。选择 G3 单元格，在编辑栏中单击定位插入点，按【Ctrl+V】组合键粘贴函数，然后将函数中的"男"修改为"女"，按【Ctrl+Enter】组合键确认，统计女性消费者的人数，如图 3-15 所示。

（7）统计 30 岁以下消费者的人数。选择 G4 单元格，利用 COUNTIF 函数统计 30 岁以下消费者的人数，其中统计区域为 C2:C61 单元格区域，统计条件为""<30""，返回结果如图 3-16所示。

图 3-15　统计女性消费者的人数

图 3-16　统计 30 岁以下消费者的人数

（8）统计 50 岁以上消费者的人数。选择 G6 单元格，利用 COUNTIF 函数统计 50 岁以上消费者的人数，其中统计区域为 C2:C61 单元格区域，统计条件为"">50""，返回结果如图 3-17所示。

（9）统计 30 岁～50 岁消费者的人数。选择 G5 单元格，首先利用 COUNT 函数统计 C2:C61单元格区域的数量，然后减去 G4 单元格和 G6 单元格的统计结果，便得到 30 岁～50 岁消费者的人数，返回结果如图 3-18 所示。

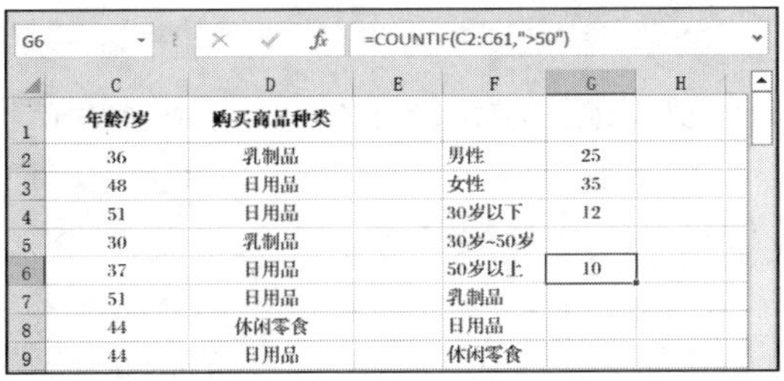

G6　=COUNTIF(C2:C61,">50")

	C	D	E	F	G
1	年龄/岁	购买商品种类			
2	36	乳制品		男性	25
3	48	日用品		女性	35
4	51	日用品		30岁以下	12
5	30	乳制品		30岁~50岁	
6	37	日用品		50岁以上	10
7	51	日用品		乳制品	
8	44	休闲零食		日用品	
9	44	日用品		休闲零食	

图 3-17　统计 50 岁以上消费者的人数

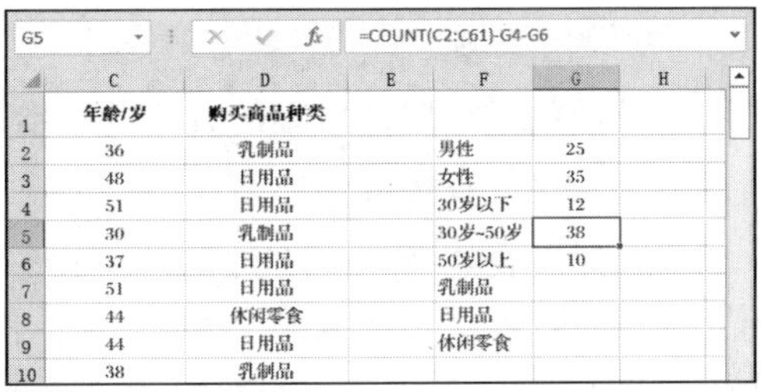

G5　=COUNT(C2:C61)-G4-G6

	C	D	E	F	G
1	年龄/岁	购买商品种类			
2	36	乳制品		男性	25
3	48	日用品		女性	35
4	51	日用品		30岁以下	12
5	30	乳制品		30岁~50岁	38
6	37	日用品		50岁以上	10
7	51	日用品		乳制品	
8	44	休闲零食		日用品	
9	44	日用品		休闲零食	
10	38	乳制品			

图 3-18　统计 30 岁～50 岁消费者的人数

专家点拨

COUNT 函数表示统计所选单元格区域中非空单元格的数量，其参数“Valuel”表示统计的内容或范围，其余参数“Value2”“Value3”等的作用相同，但非必需。

（10）统计购买乳制品消费者的人数。选择 G7 单元格，利用 COUNTIF 函数统计购买乳制品消费者的人数，其中统计区域为 D2:D61 单元格区域，统计条件为“"乳制品"”，返回结果如图 3-19 所示。

（11）统计购买日用品消费者的人数。选择 G8 单元格，利用 COUNTIF 函数统计购买日用品消费者的人数，其中统计区域为 D2:D61 单元格区域，统计条件为“"日用品"”，返回结果如图 3-20 所示。

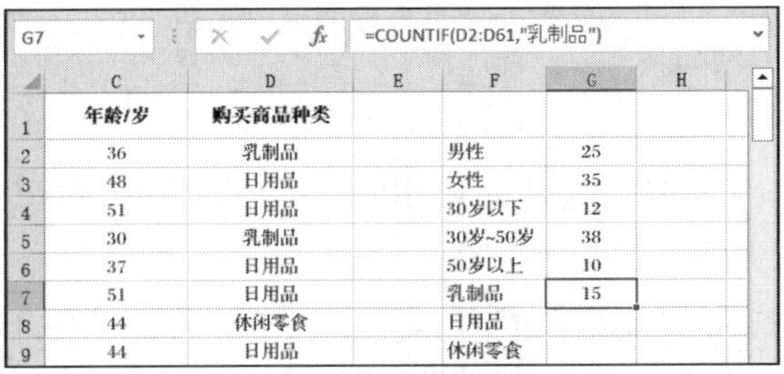

G7　=COUNTIF(D2:D61,"乳制品")

	C	D	E	F	G
1	年龄/岁	购买商品种类			
2	36	乳制品		男性	25
3	48	日用品		女性	35
4	51	日用品		30岁以下	12
5	30	乳制品		30岁~50岁	38
6	37	日用品		50岁以上	10
7	51	日用品		乳制品	15
8	44	休闲零食		日用品	
9	44	日用品		休闲零食	

图 3-19　统计购买乳制品消费者的人数

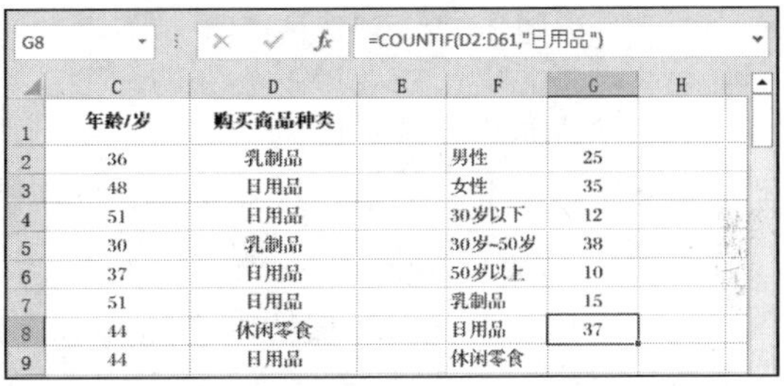

G8　=COUNTIF(D2:D61,"日用品")

	C	D	E	F	G
1	年龄/岁	购买商品种类			
2	36	乳制品		男性	25
3	48	日用品		女性	35
4	51	日用品		30岁以下	12
5	30	乳制品		30岁~50岁	38
6	37	日用品		50岁以上	10
7	51	日用品		乳制品	15
8	44	休闲零食		日用品	37
9	44	日用品		休闲零食	

图 3-20　统计购买日用品消费者的人数

（12）统计购买休闲零食消费者的人数。选择 G9 单元格，利用 COUNTIF 函数统计购买休闲零食消费者的人数，其中统计区域为 D2:D61 单元格区域，统计条件为“"休闲零食"”，返回结果如图 3-21 所示。

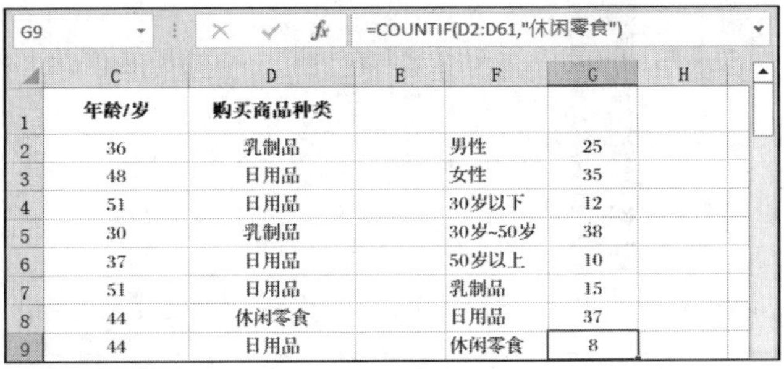

G9　=COUNTIF(D2:D61,"休闲零食")

	C	D	E	F	G
1	年龄/岁	购买商品种类			
2	36	乳制品		男性	25
3	48	日用品		女性	35
4	51	日用品		30岁以下	12
5	30	乳制品		30岁~50岁	38
6	37	日用品		50岁以上	10
7	51	日用品		乳制品	15
8	44	休闲零食		日用品	37
9	44	日用品		休闲零食	8

图 3-21　统计购买休闲零食消费者的人数

2. 可视化数据

将统计出的数据以柱形图的方式展示出来，以便更好地观察和分析消费者的行为特征，具体操作如下。

（1）选择图表类型。选择 F2:G3 单元格区域，在【插入】/【图表】组中单击"插入柱形图或条形图"下拉按钮 ，在弹出的下拉列表中选择"二维柱形图"栏中的第 1 种图表类型，如图 3-22 所示。

（2）调整图表布局。选择图表，在【图表工具 图表设计】/【图表布局】组中单击"快速布局"下拉按钮 ，在弹出的下拉列表中选择"布局 7"选项，如图 3-23 所示。

图 3-22 创建柱形图

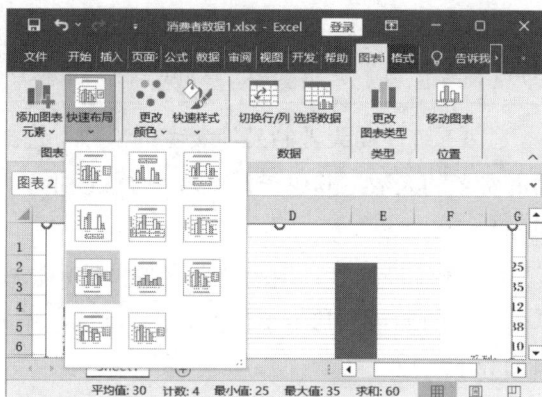

图 3-23 快速调整图表布局

（3）修改布局。选择图表右侧的"系列 1"图例，按【Delete】键删除。继续选择下方的横坐标轴标题，拖曳鼠标指针选择文本，将其修改为"消费者性别"。以相同方法将纵坐标轴的标题修改为"人数"，如图 3-24 所示。

（4）添加图表元素。保持图表的选中状态，在【图表工具 图表设计】/【图表布局】组中单击"添加图表元素"下拉按钮 ，在弹出的下拉列表中选择【数据标签】/【数据标签外】选项，如图 3-25 所示。

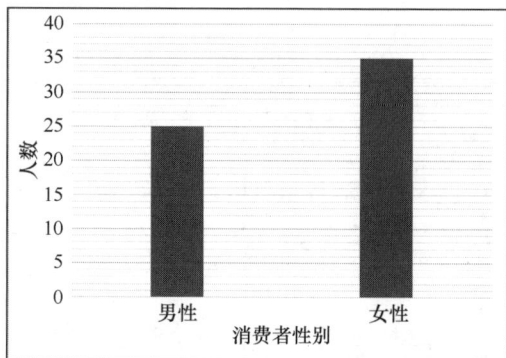

图 3-24 修改坐标轴标题

图 3-25 添加数据标签

（5）调整图表。拖曳图表右下角的白色控制点，适当调整图表大小，然后拖曳图表右下角的空白区域，调整图表位置，如图 3-26 所示。由图可知，在特定时期内，便利店消费者以女性居多，男女消费者的人数差距不算太大。

（6）分析消费者年龄。以 F4:G6 单元格区域为数据源，以相同方法创建并设置柱形图，效果如图 3-27 所示。由图可知，在特定时期内，便利店消费者的年龄主要为 30 岁～50 岁，这个年龄区间的消费者是便利店的主力消费者。

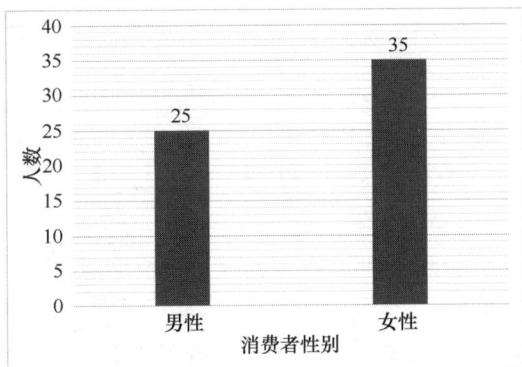

图 3-26　调整图表

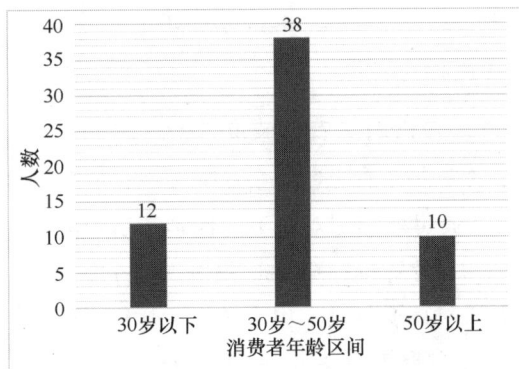

图 3-27　分析消费者年龄

（7）分析消费者购买的商品种类。以 F7:G9 单元格区域为数据源，以相同方法创建并设置柱形图，效果如图 3-28 所示（配套资源:\效果文件\项目三\任务一\消费者数据 1.xlsx）。由图可知，在特定时期内，便利店消费者购买较多的商品种类是日用品，表明这类商品较受消费者青睐。

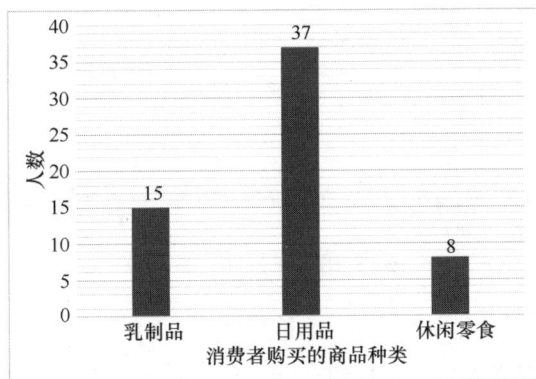

图 3-28　分析消费者购买的商品种类

任务实施

任务演练 2：分析便利店的消费者价值

【任务目标】

通过分析消费者的购买行为数据，了解在特定时期内便利店消费者的忠诚度和消费者价值。

【任务要求】

本次任务的具体要求如表 3-3 所示。

表 3-3　　　　　　　　　　　　　　　　　任务要求

任务编号	任务名称	任务指导
（1）	分析消费者忠诚度	计算不同性别的消费者的重复购买率，然后创建条形图查看
（2）	细分消费者价值	计算 RFM 模型中 3 个维度的数据，然后评价 3 个维度，再细分消费者价值

【操作过程】

1. 分析消费者忠诚度

通过计算消费者的重复购买率，了解男性消费者与女性消费者的忠诚度，并通过条形图对比不同性别消费者的忠诚度，具体操作如下。

（1）设置排序条件。打开"消费者数据 2.xlsx"素材文件，在【数据】/【排序和筛选】组中单击"排序"按钮，打开"排序"对话框，在"排序依据"下拉列表中选择"性别"选项；单击 添加条件(A) 按钮，在"次要关键字"下拉列表中选择"交易次数"选项，在"次序"栏下的下拉列表中选择"降序"选项，单击 确定 按钮。设置排序条件如图 3-29 所示。

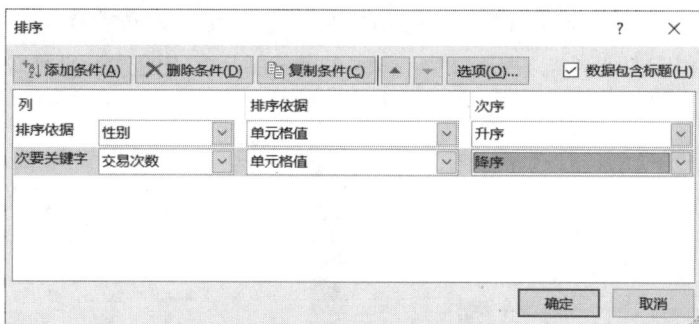

图 3-29　设置排序条件

（2）计算男性消费者的重复购买率。在 H2 单元格和 H3 单元格中分别输入"男性"和"女性"。选择 I2 单元格，在编辑栏中输入"=(COUNT(E2:E12)*2+COUNT(E13:E20))/COUNT(E2:E26)"，按【Ctrl+Enter】组合键返回计算结果。

（3）计算女性消费者的重复购买率。选择 I3 单元格，在编辑栏中输入"=(COUNT(E27:E37)*2+COUNT(E38:E46))/COUNT(E27:E61)"，按【Ctrl+Enter】组合键返回计算结果，如图 3-30 所示。

（4）创建图表。选择 H2: I3 单元格区域，在【插入】/【图表】组中单击"插入柱形图或条形图"下拉按钮，在弹出的下拉列表中选择"二维条形图"栏中的第 1 种图表选项。

（5）布局图表。在【图表工具 图表设计】/【图表布局】组中单击"快速布局"下拉按钮，在弹出的下拉列表中选择"布局 7"选项，然后将右侧的"系列 1"图例删除。

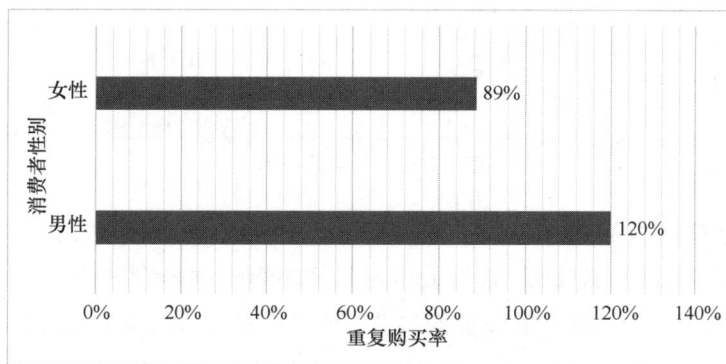

图 3-30　计算消费者的重复购买率

（6）修改坐标轴标题。选择纵坐标轴标题，拖曳鼠标指针选择文本，将其修改为"消费者性别"。以相同方法将横坐标轴的标题修改为"重复购买率"。

（7）添加数据标签。保持图表的选中状态，在【图表工具 图表设计】/【图表布局】组中单击"添加图表元素"下拉按钮，在弹出的下拉列表中选择【数据标签】/【数据标签外】选项，效果如图 3-31 所示（配套资源:\效果文件\项目三\任务一\消费者数据 2.xlsx）。由图可知，在特定时期内，该便利店男性消费者的重复购买率高于女性消费者，说明便利店的商品和服务更受男性消费者的青睐。

图 3-31　分析消费者的重复购买率

2. 细分消费者价值

利用 RFM 模型将便利店消费者购物的维度数据分为"高"和"低"两种评价，然后综合各个维度的评价来细分消费者价值，具体操作如下。

（1）计算交易间隔。在 H5 单元格和 I5 单元格中分别输入"终止时间"和"2025/6/2"。在 G1 单元格中输入"交易间隔/天"。选择 G2:G61 单元格区域，在编辑栏中输入"=$I$5-D2"，将终止时间减去上次交易的时间，按【Ctrl+Enter】组合键得到交易间隔数据，如图 3-32 所示。

微课视频

细分消费者价值

	A	B	C	D	E	F	G	H	I
1	序号	姓名	性别	上次交易时间	交易次数	购物金额/元	交易间隔/天		
2	6	蔡可	男	2024/7/28	3	648.0	309	男性	120%
3	11	路嘉	男	2025/2/21	3	612.0	101	女性	89%
4	15	邹德	男	2025/1/22	3	861.0	131		
5	16	禹寒纯	男	2025/3/3	3	771.0	91	终止时间	2025/6/2
6	17	常悦斌	男	2024/11/29	3	720.0	185		
7	23	华文	男	2025/3/14	3	540.0	80		
8	25	昌鹏灵	男	2025/3/16	3	630.0	78		

图 3-32　计算交易间隔数据

> **⏰ 专家点拨**
>
> 上述公式中出现的"$"为绝对引用符号。正常情况下，复制公式所在的单元格到另一个单元格，其中的公式会因为目标单元格的位置发生变动而产生相对变化，如将 C1 单元格（其中的公式为"=A1+B1"）复制到 C2 单元格，那么 C2 单元格中的公式会自动变为"=A2+B2"，添加"$"能防止公式自动变化，以便利用同一个终止时间进行计算。

（2）计算 E 列、F 列、G 列数据的平均值。在 D62 单元格中输入"平均值"。选择 E62:G62 单元格区域，在编辑栏中输入"=AVERAGE(E2:E61)"，按【Ctrl+Enter】组合键计算所有消费者交易次数、购物金额和交易间隔的平均值，如图 3-33 所示。

E62			✕ ✓ fx	=AVERAGE(E2:E61)			
	A	B	C	D	E	F	G	H
55	24	秦惠伦	女	2024/8/14	1	196.0	292	
56	28	苏亚伊	女	2025/2/19	1	299.0	103	
57	29	伍黛时	女	2024/9/12	1	297.0	263	
58	35	卢芸柔	女	2024/11/14	1	294.0	200	
59	41	柏淇依	女	2024/11/12	1	251.0	202	
60	46	尤美家	女	2024/9/21	1	282.0	254	
61	53	尹雪爽	女	2024/9/11	1	214.0	264	
62				平均值	2	506	209	

图 3-33　计算平均值

（3）建立表格项目。在 J1、K1、L1 单元格中分别输入"R""F""M"，用作列名。

（4）评价消费者交易间隔数据。选择 J2:J61 单元格区域，在编辑栏中输入"=IF(G2>$G$62,"低","高")"（将每位消费者的交易间隔数据与平均值进行对比，大于平均值判断为"低"，小于或等于平均值判断为"高"），按【Ctrl+Enter】组合键返回结果，如图 3-34 所示。

			✕ ✓ fx	=IF(G2>$G$62,"低","高")				
	E	F	G	H	I	J	K	L	M
1	交易次数	购物金额/元	交易间隔/天			R	F	M
2	3	648.0	309	男性	120%	低		
3	3	612.0	101	女性	89%	高		
4	3	861.0	131			高		
5	3	771.0	91	终止时间	2025/6/2	高		
6	3	720.0	185			高		
7	3	540.0	80			高		
8	3	630.0	78			高		

图 3-34　评价 R 维度的数据

> **⏰ 专家点拨**
>
> IF 函数表示根据设定的条件判断相应的数据，函数参数中，第 1 个参数"Logical_test"表示设定的条件，第 2 个参数"Value_if_true"表示当满足条件时返回的值，第 3 个参数"Value_if_false"表示当不满足条件时返回的值。

（5）评价消费者交易次数数据。选择 K2:K61 单元格区域，在编辑栏中输入 "=IF(E2>=$E$62,"高","低")"（将每位消费者的交易次数数据与平均值进行对比，大于或等于平均值判断为"高"，小于平均值判断为"低"），按【Ctrl+Enter】组合键返回结果，如图 3-35 所示。

	E	F	G	H	I	J	K	L	M
1	交易次数	购物金额/元	交易间隔/天			R	F		
2	3	648.0	309	男性	120%	低	高		
3	3	612.0	101	女性	89%	高	高		
4	3	861.0	131			高	高		
5	3	771.0	91	终止时间	2025/6/2	高	高		
6	3	720.0	185			高	高		
7	3	540.0	80			高	高		
8	3	630.0	78			高	高		

图 3-35　评价 F 维度的数据

（6）评价消费者购物金额数据。选择 L2:L61 单元格区域，在编辑栏中输入 "=IF(F2>=$F$62,"高","低")"（将每位消费者的交易金额数据与平均值进行对比，大于或等于平均值判断为"高"，小于平均值判断为"低"），按【Ctrl+Enter】组合键返回结果，如图 3-36 所示。

	E	F	G	H	I	J	K	L	M
1	交易次数	购物金额/元	交易间隔/天			R	F	M	
2	3	648.0	309	男性	120%	低	高	高	
3	3	612.0	101	女性	89%	高	高	高	
4	3	861.0	131			高	高	高	
5	3	771.0	91	终止时间	2025/6/2	高	高	高	
6	3	720.0	185			高	高	高	
7	3	540.0	80			高	高	高	
8	3	630.0	78			高	高	高	
9	3	714.0	290			低	高	高	

图 3-36　评价 M 维度的数据

（7）消费者价值细分。在 M1 单元格中输入"价值细分"。根据维度评价结果利用 IF 函数来判断消费者的价值类型。选择 M2:M61 单元格区域，在编辑栏中输入"=IF(AND(J2="高",K2="高",L2="高"),"重要价值型",IF(AND(J2="低",K2="高",L2="高"),"重要唤回型",IF(AND(J2="高",K2="低",L2="高"),"重要深耕型",IF(AND(J2="低",K2="低",L2="高"),"重要挽留型",IF(AND(J2="高",K2="高",L2="低"),"潜力型",IF(AND(J2="高",K2="低",L2="低"),"新消费者",IF(AND(J2="低",K2="高",L2="低"),"一般维持型","低价值型")))))))",按【Ctrl+Enter】组合键返回判断结果，如图 3-37 所示（配套资源:\效果文件\项目三\任务一\消费者数据 2.xlsx）。

M2 | =IF(AND(J2="高",K2="高",L2="高"),"重要价值型",IF(AND(J2="低",K2="高",L2="高"),"重要唤回型",IF(AND(J2="高",K2="低",L2="高"),"重要深耕型",IF(AND(J2="低",K2="低",L2="高"),"重要挽留型",IF(AND(J2="高",K2="高",L2="低"),"潜力型",IF(AND(J2="高",K2="低",L2="低"),"新消费者",IF(AND(J2="低",K2="高",L2="低"),"一般维持型","低价值型")))))))

	交易次数	购物金额/元	交易间隔/天			R	F	M	价值细分	
2	3	648.0	309	男性	120%	低	高	高	重要唤回型	
3	3	612.0	101	女性	89%	高	高	高	重要价值型	
4	3	861.0	131			高	高	高	重要价值型	
5	3	771.0	91	终止时间	2025/6/2	高	高	高	重要价值型	
6	3	720.0	185			高	高	高	重要价值型	
7	3	540.0	80			高	高	高	重要价值型	

图 3-37   细分消费者价值

⏰ **专家点拨**

上述公式中，AND 函数表示只有当所有参数为真时才返回真值。用 AND 函数作为 IF 函数的第 1 个参数，若 AND 函数返回真值，则 IF 函数返回真值，否则 IF 函数返回下一个 IF 函数的结果。

微课视频

调查零售消费者
的购物决策

任务二　调查零售消费者的购物决策

💻 **任务描述**

为进一步了解便利店消费者的购物情况，小张和同事们需要对一段时间内进店购物的消费者的购物决策进行调查和分析，并制作出分析报告。由此，小张和同事们整理出了本次任务的清单，如表 3-4 所示。

表 3-4　　　　　　　　　　　　　　　任务单

任务名称	调查零售消费者的购物决策	
任务背景	便利店的消费者越来越多，不同消费者购买前和购买后的行为看上去没有特别明显的规律，这对调查和分析消费者的购物决策带来了一定的影响，现在需要从购物决策这个角度调查和访问这些消费者，以便制作出分析报告	
任务类别	■ 调查活动　　　　□ 分析活动　　　　□ 设计活动	
工作任务		
任务内容	任务说明	
任务演练：制作便利店消费者购物决策分析报告	通过调查消费者的购物过程，了解到便利店购物的消费者的购物决策情况	
任务总结：		

一、影响消费者购物决策的因素

零售消费者的购物决策是指消费者在面临购买选择时，通过对商品、品牌或服务等属性进行评估和选择，以满足特定需求的过程。通过分析消费者的购物决策，零售企业可以了解消费者需求，调整商品结构和营销策略，找到潜在的市场机会。影响消费者购物决策的因素大致可以划分为个人因素、心理因素、社会因素、文化因素、经济因素和市场因素等。

1. 个人因素

影响消费者购买决策的个人因素如下。

（1）年龄。年龄不仅决定消费者的需求类型，还影响他们对商品信息的搜索和处理方式。年轻消费者可能更倾向于线上购物，受社交媒体影响较大，而年长的消费者可能更偏好实体店购物，注重售后服务。

（2）性别。性别差异导致购物偏好和决策风格的不同。例如，女性消费者在购买服装时可能比男性更加注重款式与时尚元素，而男性在购买电子产品时可能更加关注性能指标。

（3）职业。职业直接影响消费者的收入水平和生活方式，从而间接影响其消费模式。高收入群体可能更重视品牌和质量，低收入群体则可能更看重性价比。

（4）性格。性格会影响消费者的购物行为。例如，冲动型消费者容易受促销或广告影响，谨慎型消费者则会进行更多的信息搜索和比较。

2. 心理因素

影响消费者购买决策的心理因素如下。

（1）动机。动机是消费者做出购买行为的内驱力，可以是基本的生理需要，如口渴想要购买饮料，也可以是高层次的心理需求，如短跑运动员想要购买专业跑鞋以提升成绩、超越自我。

（2）感知。消费者对商品的感知受到品牌知名度、口碑和广告宣传的影响，这些因素共同塑造消费者对商品的印象。

（3）期望。消费者对商品有一定的期望，这些期望基于以往的经验和当前所拥有的信息，会影响他们的满意度和购买意愿。

（4）信念。消费者对某个品牌的忠诚和信任会直接影响其重复购买的可能性，同时也会影响周围人的购买决策。

素养课堂

通过深入了解消费者的心理，从业人员能够培养更强的同理心，即设身处地地理解消费者的需求和感受。这种同理心不仅有助于改善商品和服务，还能促进更深层次的消费者关系的建立。

---

3. 社会因素

影响消费者购买决策的社会因素如下。

（1）家庭影响。家庭成员尤其是配偶和子女的意见在消费决策中起着至关重要的作用，他们的偏好和需求常常决定购买方向。

（2）朋友和同事。朋友和同事的推荐和评论会影响消费者的购买选择，特别是在服装、食品等方面。

（3）社交媒体。社交媒体上相关意见领袖分享的使用体验和商品推荐信息等，会影响消费者的购物决策。

（4）消费观念。消费者的消费观念不同，会导致他们对价格和品牌的敏感度不同，这会影响他们的购买决策。

4. 文化因素

影响消费者购买决策的文化因素如下。

（1）文化背景。不同的文化背景会导致不同的消费习惯和偏好，如有的消费者追求时尚的服饰，有的消费者追求更为传统的服饰。

（2）价值观。价值观会影响消费者对商品重要性的认识，如环保意识的提升使得更多消费者倾向于购买绿色环保的商品。

（3）传统习俗。传统习俗会带来特定的消费需求，如春节期间对红包和年货的需求。

（4）地域差异。不同地区有其独特的消费模式和偏好，这与当地的历史文化和经济发展水平密切相关。

5. 经济因素

影响消费者购买决策的经济因素如下。

（1）经济状况。宏观经济状况如通货膨胀、失业率等会影响消费者的购买决策，经济不景气时消费者会减少对非必需品的购买。

（2）个人收入。个人收入决定消费者的购买力，高收入群体通常有更大的消费自由度。

（3）价格敏感度。对价格敏感的消费者在购买时会更关注折扣和促销活动，他们可能会为了性价比而牺牲品牌忠诚度。

6. 市场因素

影响消费者购买决策的市场因素如下。

（1）品牌影响力。影响力大的品牌能够增强消费者对产品的信任感和对品质的感知，从而影响其购买决策。

（2）营销活动。有效的营销活动如优惠券发放、赠品促销等能显著提升消费者的购买意愿。

（3）商品差异化。商品的独特性和创新性能够吸引消费者的注意，特别是与技术相关的商品或与时尚相关的商品。

（4）售后服务。优质的售后服务能提高消费者的满意度和忠诚度，特别是家电、家具等附带安装、清洗等服务的行业。

（5）渠道便利性。销售和分销渠道的便利性会影响消费者的购买决策，如便捷的线上购物平台就吸引了越来越多的消费者，成为现代消费者的主要购物渠道。

二、消费者购物决策的过程

消费者的购物决策过程是一个从需求识别到购后评价的过程，主要包括需求识别、信息收集、方案评估、购买执行和购后评价 5 个阶段。

（1）需求识别。这是消费者购买决策过程的起点，消费者意识到自身有某种需求需要满足。这种需求可能源于内部因素（如生理需求、心理需求）或外部因素（如广告、社交影响）。

（2）信息收集。在明确需求之后，消费者会开始收集与购买决策相关的信息。这些信息的来源包括个人来源（如亲朋好友）、商业来源（如广告、推销员）、公共来源（如大众媒体）或经验来源（如之前的使用经验）。

（3）方案评估。在收集到足够的信息后，消费者会评估各种购买方案。他们会考虑商品属性（如性能、质量、价格）、品牌价值、个人偏好等因素，以形成对各个方案的初步评价。

（4）购买执行。在评估各个方案后，消费者会做出购买决策。这个决策可能是立即购买、暂缓购买或不买。

（5）购后评价。购买后，消费者会检验和评价购买决策。他们会评估购买的商品是否满足自身需求，是否达到预期效果，以及是否对购买决策感到满意。

图 3-38 所示为张先生购买洗衣机的购物决策过程。

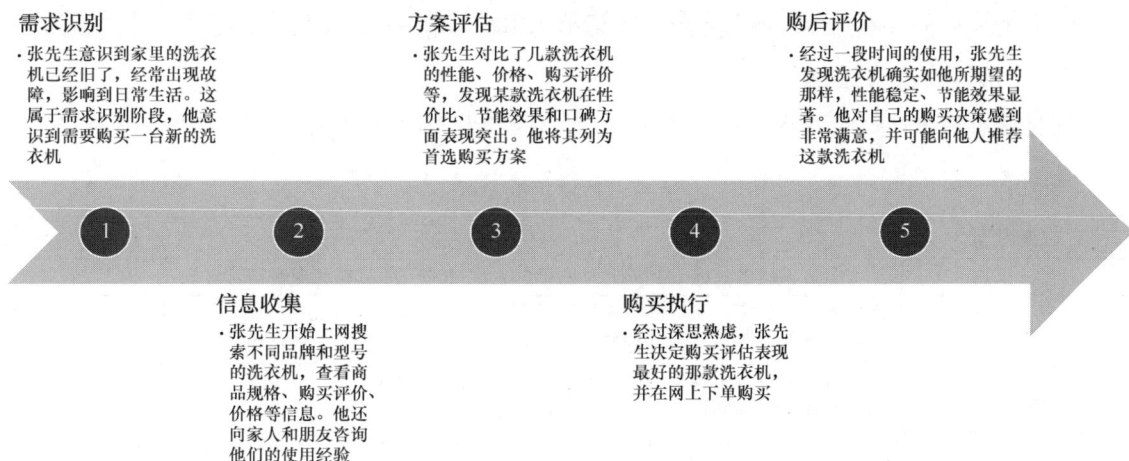

需求识别
· 张先生意识到家里的洗衣机已经旧了，经常出现故障，影响到日常生活。这属于需求识别阶段，他意识到需要购买一台新的洗衣机

方案评估
· 张先生对比了几款洗衣机的性能、价格、购买评价等，发现某款洗衣机在性价比、节能效果和口碑方面表现突出。他将其列为首选购买方案

购后评价
· 经过一段时间的使用，张先生发现洗衣机确实如他所期望的那样，性能稳定、节能效果显著。他对自己的购买决策感到非常满意，并可能向他人推荐这款洗衣机

信息收集
· 张先生开始上网搜索不同品牌和型号的洗衣机，查看商品规格、购买评价、价格等信息。他还向家人和朋友咨询他们的使用经验

购买执行
· 经过深思熟虑，张先生决定购买评估表现最好的那款洗衣机，并在网上下单购买

图 3-38 张先生购买洗衣机的购物决策过程

任务实施

任务演练：制作便利店消费者购物决策分析报告

【任务目标】

从购物决策的角度出发，对消费者进行调查和访问，制作便利店消费者购物决策的分析报告。

【任务要求】

本次任务的具体要求如表 3-5 所示。

表 3-5　　　　　　　　　　　　　　　任务要求

任务编号	任务名称	任务指导
（1）	统计调查结果	将调查结果罗列出来，其中的重点是消费者画像
（2）	分析购物决策过程	从购物决策过程的角度出发分析消费者的购物情况
（3）	提出结论与建议	以调查和分析的结果为基础，提出结论与建议

【操作过程】

1. 统计调查结果

本次调查的目标对象是在特定时期内集团旗下两家便利店进店购物的消费者，通过实地考察、访问等方式，调查了 1 200 人，具体的消费者画像如下。

（1）性别比例。男性消费者的占比为 55%，女性消费者的占比为 45%。

（2）年龄分布。18 岁～25 岁消费者的占比为 30%，26 岁～35 岁消费者的占比为 40%，36 岁～45 岁消费者的占比为 20%，45 岁以上消费者的占比为 10%。

（3）平均购物频率。每位消费者每月平均购物 2.5 次。

（4）平均消费金额。每位消费者平均每次消费金额约为 45 元。

2. 分析购物决策过程

通过调查和统计这些消费者的购物决策，将消费者购物决策的情况归纳到表 3-6 中。

表 3-6　　　　　　　　　　　　　　消费者购物决策汇总

决策过程	汇总情况
需求识别	绝大多数消费者的需求是即时且明确的，由日常生活习惯和即时需求触发
信息收集	消费者会对比需购买商品货架附近的同类商品，且对贴有促销标签的商品很感兴趣。便利店则通过商品陈列、促销标识等方式，有效引导消费者关注特定商品
方案评估	绝大多数消费者主要考虑商品的实用性（如口味、保质期）、价格以及个人偏好。便利店商品的多样性和促销策略在此阶段发挥重要作用
购买执行	消费者多选择以便捷的支付方式购买商品，绝大部分消费者还会使用会员卡，这种优惠策略进一步提升了消费者的购买意愿和忠诚度
购后评价	几乎所有消费者都满意自己的购物体验，且在这个特定时期内都成为便利店的回头客，部分消费者还在社交媒体平台中分享购物体验，吸引了更多潜在消费者

3. 提出结论与建议

通过分析消费者购物决策可知，便利店的地理位置、营业时间、商品种类等均为消费者提供了极大的便利。新鲜、多样、高品质的商品是吸引消费者的关键。同时，合理的定价和促销活动有效提升了便利店销量和消费者满意度。便捷的支付方式、友好的店员服务、舒适的购物环境都对消费者的购物决策产生积极影响。总体来看，消费者在便利店的购物决策过程受到多方面因素的影响，其中便利性、商品质量、价格策略和服务体验是关键因素。

便利店应当持续优化商品结构，满足消费者多样化的需求。同时可以考虑加大促销活动的管理与执行力度，并进一步提升服务质量，打造更加舒适的购物环境。

扫一扫

购物决策分析报告

综合实训　分析超市消费者的行为特征

实训目的：通过分析超市消费者的购物数据，掌握消费者购物的行为特征，并进一步熟悉 Excel 2019 的操作。

实训要求：充分借助 Excel 2019 的计算、排序和可视化等功能，分析超市消费者的画像、忠诚度和价值。

实训思路：本次实训的具体操作思路可参考图 3-39。

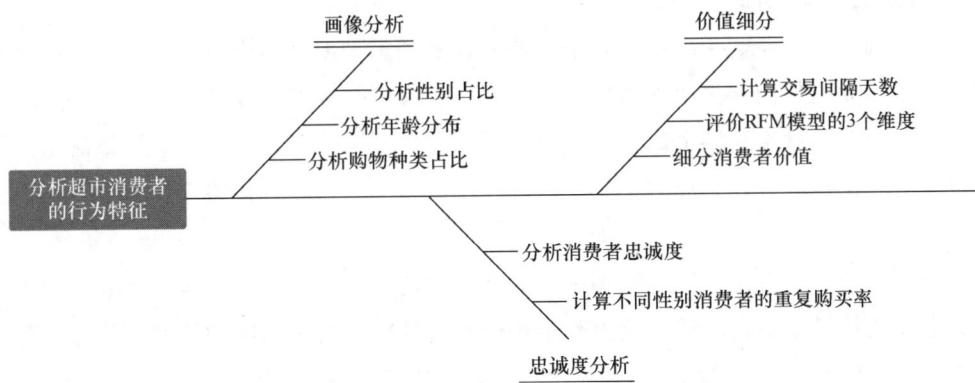

图 3-39　实训操作思路

实训结果：本次实训完成后的部分参考效果如图 3-40 所示。

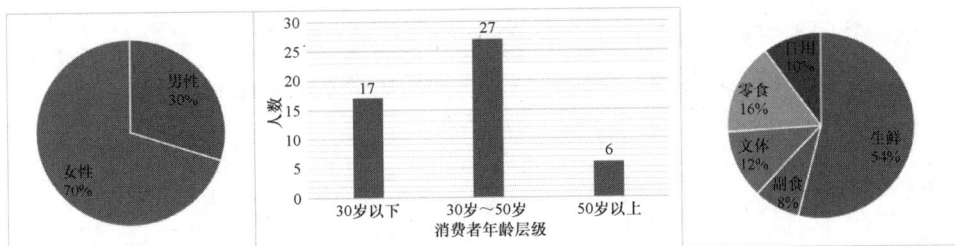

图 3-40　超市消费者行为特征分析效果（部分）

案例分析　泡泡玛特的消费者

泡泡玛特是我国的潮流玩具企业，专注于设计、生产和销售各类创意玩具。其凭借独特的商业模式和丰富的产品线吸引了大量年轻消费者的关注与喜爱。

一、泡泡玛特的消费者画像

泡泡玛特的消费者以年轻人为主，尤其是"90后""00后"。他们追求个性、时尚和潮流，对新鲜事物充满好奇心和购买欲望。在性别分布上，女性消费者占据较大比例，她们比较偏好可爱、萌系的设计元素。此外，泡泡玛特的消费者还普遍具有较强的消费能力和较高的购买频率，愿意为心仪的玩具支付溢价。

二、泡泡玛特的消费者忠诚度和客户价值细分情况

泡泡玛特通过精准的市场定位和营销策略，成功培养了一批高忠诚度的消费者，这些消费者不仅频繁购买泡泡玛特的商品，还积极参与品牌活动，分享购物体验。为了进一步提升消费者价值，泡泡玛特对消费者进行了价值细分，以识别出不同价值的消费者。例如，对于高价值消费者（重要价值型），泡泡玛特会提供更加个性化的服务和专属的优惠活动，以提升其忠诚度和购买意愿。

三、泡泡玛特消费者的购物决策情况

泡泡玛特的消费者在购买决策过程中，通常会受到多种因素的影响。首先，商品本身的独特性和设计感是吸引他们的重要因素之一。其次，品牌声誉和口碑评价会对他们的购买决策产生重要影响。此外，社交媒体上的推荐和分享是消费者获取信息和做出购买决策的重要渠道。在购物过程中，消费者会仔细比较不同商品的性价比和优惠活动，最终选择符合自己需求和预算的商品。

泡泡玛特消费者的行为特征和购物决策对泡泡玛特产生了深远的影响。首先，高忠诚度的消费者为泡泡玛特带来稳定的销售收入和市场份额。其次，通过精准的消费者价值细分和个性化的营销策略，泡泡玛特能够更有效地满足消费者的需求，进一步提升消费者满意度和忠诚度。最后，消费者的购物决策过程也为泡泡玛特提供了宝贵的市场反馈和数据支持，有助于泡泡玛特不断优化商品和服务，提升市场竞争力。

【案例思考】

1. 泡泡玛特的消费者有哪些特征？
2. 面对日益激烈的市场竞争，泡泡玛特应当如何更牢固地抓住消费者？

巩固提高

1. 消费者画像的含义与作用是什么？

2.　简述消费者忠诚度的含义，并列举两种计算重复购买率的方法。

3.　RFM 模型包含哪 3 个维度？请解释每个维度的含义。

4.　影响消费者购物决策的因素有哪些？请列举并简要说明。

5.　简述消费者购物决策的整个过程。

6.　通过市场调查、访问等渠道收集百货店的消费者数据，然后建立消费者画像。

项目四
零售商圈分析与商店选址

学习目标

【知识目标】

1. 熟悉商圈的含义、类型和影响商圈形成的因素。
2. 掌握商圈的划定方法和分析要点。
3. 熟悉选址的意义、原则和类型。
4. 熟悉选址的考虑因素和常用方法。

【技能目标】

1. 能够划定商圈的大致范围，并分析商圈的具体情况。
2. 能够使用多种方法完成便利店的选址任务。

【素养目标】

1. 在商圈分析和商店选址的过程中提高自身的数据分析能力，同时坚持诚信原则，确保数据的真实性和准确性。
2. 在通过团队合作完成商圈和选址分析的任务时，尊重团队成员的意见和贡献，共同为团队目标努力。

项目导读

零售商圈分析与商店选址是零售企业战略规划中不可或缺的两大关键要素，它们密切相关且相互影响。通过深入分析商圈，零售企业能够精准把握目标市场的潜力、消费者需求及竞争态势，为制定竞争策略和开展有效的市场营销活动提供坚实基础。同时，商店选址直接决定零售企业的曝光度、客流量及经营成本，是塑造品牌形象、提升市场竞争力的重要环节。

集团考虑在当地开设新的便利店，要求老李带领部门同事分析零售商圈，并为便利店选择理想的开店地址。老李接到任务后，计划先让小张和其他同事分析商圈，看看商圈是否具有一定的商业潜力，若该商圈具有一定的商业潜力，便在该商圈内为准备开设的便利店选址，使便利店能够在竞争激烈的市场环境中稳健发展，实现长期赢利与品牌价值的提升。

引导案例

盒马鲜生的商圈分析和选址策略

盒马鲜生创立于 2015 年，是国内的新零售商超，被视为阿里巴巴新零售战略的典范，其在商圈与选址上的独到见解与实践，可以为零售企业提供一些有价值的参考。

盒马鲜生深谙商圈分析的重要性，通过精心构建的消费者画像，确保所选商圈与品牌理念及目标消费者紧密契合。同时，它还会全面评估商圈的成熟状态、竞争格局及未来增长空间，力求在激烈的市场竞争中发掘潜力无限的细分市场，有效规避过度竞争及市场饱和风险。

在选址环节，盒马鲜生摒弃了传统"黄金地段至上"的固有观念，转而采用大数据与人工智能技术赋能的选址策略。通过对人流量、客群特征、交通便利性及未来发展潜力等多维度的综合评估，盒马鲜生精准锁定合适的开店位置。这种科学、全面的选址方法，不仅提高了选址的成功率，也为后续的运营与发展奠定了坚实基础。

以盒马鲜生在上海外环内的一家门店为例，其选址在一个社区型大型购物中心，该区域不仅人口密集，且消费者具备较强的购买能力，与盒马鲜生的目标消费者高度一致。此外，便捷的交通条件和充足的停车位进一步提升了消费者的购物体验。得益于精准的商圈分析与科学的选址策略，该门店迅速赢得市场的认可，实现了短期内的盈利目标，也从侧面展示了大数据与人工智能技术在现代零售业中的巨大价值。

点评：盒马鲜生通过深入的市场调研与科学的选址策略，成功实现目标市场的精准定位与高效运营，这不仅为其他零售企业提供了宝贵的参考与借鉴，更预示了大数据与人工智能技术在未来零售业中的广阔应用前景。随着技术的不断进步与市场的持续变化，零售企业应当不断创新选址思维与方法，以更好地应对市场竞争与消费者需求的变化。

任务一　分析零售商圈

任务描述

微课视频

分析零售商圈

通过分析盒马鲜生的案例，老李和部门同事对零售商圈的分析有了一定的思路，接下来，老李安排部门人员分析商圈，划定商圈范围，并考察商圈的人口、经济等情况。本次任务的具体情况如表 4-1 所示。

表 4-1　　　　　　　　　　　　　　　　任务单

任务名称	分析零售商圈		
任务背景	集团计划在城市新区开设一家便利店，该新区正处于快速发展阶段，有多个新建住宅区和商业配套设施，为确保选址合理，需要全面分析该区域的商圈		
任务类别	☐ 调查活动	■ 分析活动	☐ 设计活动
工作任务			

（续表）

任务内容	任务说明
任务演练：对新设便利店进行商圈分析	① 划定商圈范围 ② 分析商圈核心要素
任务总结：	

📖 **知识准备**

一、商圈的含义

商圈，也称为商业圈或商势圈，是指商店以其所在地点为中心，沿着一定的方向和距离扩展，吸引消费者的辐射范围。简单地说，商圈就是来店消费者所居住的地理范围。商圈的大小与商业业态、商店规模、经营商品的种类和商店的经营方式、经营水平及周围环境等密切相关。

> ⏰ **专家点拨**
>
> 随着电子商务的兴起和消费者购物习惯的变化，传统意义上的商圈概念也在逐步演变，线上商圈、虚拟商圈等新兴概念逐渐受到关注。这些新型商圈打破了地理界限，通过互联网将消费者与零售企业连接起来，形成全新的商业模式和消费者体验。淘宝、京东、拼多多等就是典型的线上商圈。

二、商圈的类型

商圈的类型可以根据不同维度进行划分，这些维度包括地理位置、功能特性、规模大小、消费者特征等。

（一）按地理位置划分

按照地理位置的不同，商圈可以分为城市中心商圈、区域商圈、社区商圈和郊区商圈。

（1）城市中心商圈，位于城市的核心区域，通常是商业活动比较集中、繁华的地段，拥有大量的百货商场、购物中心、写字楼、酒店等，可以吸引大量客流。

（2）区域商圈，分布在城市的各个区域，以满足该区域内居民的日常消费需求，规模适中，业态丰富。

（3）社区商圈，以社区为中心，服务于周边居民，主要包括便利店、超市、餐馆、理发店等满足居民日常生活需求的业态。

（4）郊区商圈，位于城市郊区或新兴开发区，随着城市化进程和人口迁移逐渐形成，往往以大型购物中心或综合商业体为核心。

（二）按功能特性划分

按照功能特性的不同，商圈可以分为商业零售型商圈、商务办公型商圈、文化旅游型商圈和交通枢纽型商圈。

（1）商业零售型商圈，以零售业态为主，包括百货商店、专卖店、购物中心等，满足消费者购物需求。

（2）商务办公型商圈，以商务办公为主要功能，聚集大量写字楼、会议中心、酒店等，服务于企业和上班人士等。

（3）文化旅游型商圈，融合文化、旅游资源，通常位于历史文化街区、旅游景区周边，集购物、休闲、娱乐等多种功能于一体。

（4）交通枢纽型商圈，位于交通枢纽（如火车站、机场、地铁站）附近，客流量大，以经营快速消费品、提供便捷服务为主。

（三）按规模大小划分

按照规模大小的不同，商圈可以分为大型商圈、中型商圈和小型商圈。

（1）大型商圈，占地面积大，业态丰富，集购物、餐饮、娱乐、休闲等多种功能于一体。

（2）中型商圈，规模适中，主要服务于一定区域内的居民和游客，业态相对齐全。

（3）小型商圈，以社区或街道为单位，规模较小，但贴近居民生活，提供居民日常所需的商品和服务。

（四）按消费者特征划分

按照商圈消费者特征的不同，商圈可以分为高端商圈、中端商圈和低端商圈。

（1）高端商圈，吸引高收入、强消费能力的消费者，以销售奢侈品、高端品牌为主。

（2）中端商圈，面向大众消费者，提供性价比高的商品和服务。

（3）低端商圈，主要服务于低收入群体，商品价格低廉，满足基本生活需求。

三、影响商圈形成的因素

商圈的形成是一个复杂的过程，受到多种因素的影响。这些因素可以分为外部因素和内部因素两大类。

（一）外部因素

影响商圈形成的外部因素主要包括交通地理条件、家庭和人口因素、竞争对手的位置、政策与规划等。

（1）交通地理条件。交通地理条件是影响商圈形成的重要因素之一。便利的交通条件能够缩短消费者与商店之间的距离，提升购物便利性，从而促进商圈的形成和发展。同时，地理位置的优越性也能够吸引更多的零售企业和消费者聚集，形成繁荣的商圈。

（2）家庭和人口因素。家庭数量、人口结构、收入水平等同样会影响消费者的购物需求和消费能力。例如，人口密度高、收入水平高的地区通常具有更大的消费市场潜力，能够吸引更多的零售企业入驻并形成商圈。

（3）竞争对手的位置。竞争对手的位置对商圈的形成产生影响。如果同一商圈内有多个竞争对手，由于群体竞争效应，消费者会因为有更多的选择而被吸引，商圈可能会因为竞争而扩大。

（4）政策与规划。政府政策和城市规划也对商圈的形成有影响。政府可以通过发布相关政策来引导商业发展、优化商业布局，城市规划则可以通过调整城市空间结构、完善交通网络等方式来促进商圈的形成和发展。

（二）内部因素

影响商圈形成的内部因素主要包括商店规模、经营商品种类、商店经营水平及信誉等。

（1）商店规模。商店规模的大小直接影响其市场吸引力和商圈的范围。一般来说，商店规模越大，其市场吸引力越强，越能吸引更远距离的消费者，商圈越大。

（2）经营商品种类。经营商品的种类也是影响商圈形成的重要因素。不同种类的商品具有不同的市场需求和消费者。例如，大型综合超市通常经营多种商品，能够满足不同消费者的需求，因此其商圈相对较大；而专业店或专卖店则主要面向特定消费者，其商圈可能相对较小但更为精准。

（3）商店经营水平及信誉。商店的经营水平及信誉是吸引消费者的关键。经营水平高、信誉好的商店能够提供较好的商品和服务，从而赢得消费者的信任和口碑，进而扩大商圈。

四、商圈分析

商圈分析对零售企业而言是一项至关重要的工作，它直接关系到零售企业的市场定位、选址决策、商品策略、营销策略等多个方面，准确的商圈分析是零售企业实现可持续发展的重要保障。

（一）商圈划定的方法

商圈的划定是零售企业进行规划和运营的重要环节，它涉及对目标消费者、地理位置、交通状况、竞争对手分布等多个因素的综合分析。常见的商圈划定方法主要有问卷调查法、雷利法则与康帕斯商圈界限模型、赫夫法则等。

1. 问卷调查法

通过科学的问卷调查和数据分析，零售企业可以准确地了解消费者需求和市场环境，从而精确地划定商圈，但此方法需要投入大量的时间和精力。使用问卷调查法划定商圈的主要步骤如下。

（1）明确商圈划定的目的与范围。首先需要明确商圈划定的目的和范围，这包括确定商圈的地理边界、目标消费者、主要商品或服务类别等。

（2）设计调查问卷。根据确定的商圈划定的目的和范围设计一份详细的调查问卷，内容包括受访者的基本信息、购物习惯、消费能力、交通状况等。其中，基本信息可以包含受访者的年龄、性别、职业、收入水平等，购物习惯可以包含受访者的购物频率、购物地点偏好、购物时间偏好等，消费能力可以包含受访者的月消费额、主要消费品类、消费决策因素等，交通状况可以包括受访者到达常去购物地点的交通方式、所需时间等。

（3）实施问卷调查。通过线上或线下的方式实施问卷调查。线上调查可以利用社交媒体、电子邮件、网站等，线下调查则可以选择商业区、居民区等人流量大的地方。为确保调查结果的全面性，样本应具备多样性和广泛性等特点。

（4）收集与分析数据。回收有效的问卷，整理和分析收集到的数据，得到受访者的画像、购物习惯、消费能力、交通状况等有价值的信息。

（5）确定商圈范围。根据分析结果，结合商圈划定的目的和范围，确定商圈的地理边界。商圈范围通常可以根据消费者的分布情况、购物行为及交通状况等因素综合确定。一般来说，商圈可以分为核心商圈、次级商圈和边缘商圈等不同层次，如图 4-1 所示。

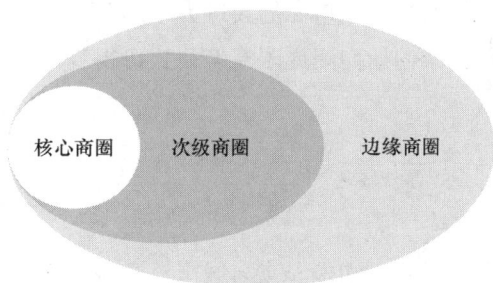

图 4-1　商圈层次

（6）持续优化。商圈划定是一个动态的过程，需要随着市场环境和消费者需求的变化进行持续优化。因此，零售企业应当定期收集和分析数据，评估商圈的发展变化情况和未来潜力，以便及时调整经营策略和商圈范围。

2. 雷利法则与康帕斯商圈界限模型

雷利法则也称雷利零售引力法则，是由美国学者 W.J.雷利（W.J.Reilly）于 1931 年根据牛顿力学的万有引力理论提出的，该法则解释了都市人口与零售引力的相互关系，用以分析城市商圈的吸引力。

雷利法则指出，一个城市对周围地区的吸引力，与它的规模（通常以人口数量来衡量）成正比，与它们之间的距离成反比。这种关系类似于物理学中的万有引力定律，其中城市人口取代了物体质量，城市之间的距离取代了物体之间的距离。

假设有 a、b、c 3 个城市，城市 c 位于城市 a 和城市 b 之间，且城市 a 和城市 b 的交通便利性相同、零售店的经营绩效无显著差异、人口分布相似，则雷利法则的公式可以表示为：

$$\frac{B_a}{B_b} = \frac{P_a}{P_b}\left(\frac{D_b}{D_a}\right)^2$$

上式中，B_a 表示城市 a 对城市 c 消费者的吸引力，B_b 表示城市 b 对城市 c 消费者的吸引力，

P_a 和 P_b 分别表示城市 a 和城市 b 的人口数量，D_a 和 D_b 分别表示城市 a 到城市 c 的距离以及城市 b 到城市 c 的距离。

在雷利法则的基础上，美国经济学者康帕斯（Kompass）在 1943—1948 年进一步研究得出"康帕斯商圈界限模型"，该模型主要用于分析两个或多个城镇间的商圈范围，以找出它们之间的商圈均衡点。该模型假设在两个城镇之间设立一个中介点，消费者在此中介点可能前往任何一个城镇购物，即在这一中介点上，两城镇的商店对中介点所在消费者的吸引力完全相同，那么这一中介点到两城镇之间的距离为两城镇的两商店吸引消费者的地理区域，即商圈。

康帕斯商圈界限模型用公式表示为：

$$D_{ab} = \frac{d}{1 + \sqrt{P_b / P_a}}$$

上式中，D_{ab} 表示城市 a 的商圈限度，即城市 a 往城市 b 方向到中介点的距离，d 表示城市 a 到城市 b 的距离，P_a 和 P_b 分别表示城市 a 和城市 b 的人口数量。

例如，城市 a 的人口为 16 万人，城市 b 的人口为 4 万人，城市 a 与城市 b 相距 30 千米，代入康帕斯商圈界限模型公式可得：

$$D_{ab} = \frac{30}{1 + \sqrt{4/16}} = 20 \text{（千米）}$$

$$D_{ba} = \frac{30}{1 + \sqrt{16/4}} = 10 \text{（千米）}$$

因此可知中介点与城市 a 和城市 b 的相对位置如图 4-2 所示，说明城市 a 能够吸引与中介点相距为 20 千米的消费者，城市 b 能够吸引与中介点相距 10 千米的消费者。中介点往城市 a 这个方向的消费者主要在城市 a 购物，中介点往城市 b 这个方向的消费者主要在城市 b 购物，零售企业根据这些信息就能在城市 a 和城市 b 之间划定商圈范围。

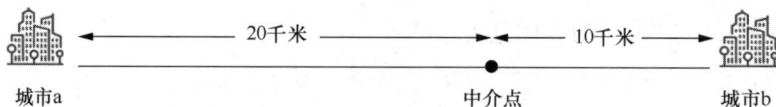

图 4-2　中介点位置

又如，有甲、乙、丙、丁 4 个地区，甲地区位于乙、丙、丁 3 个地区之间，有 50 万人口；乙地区距甲地区 8 千米，有 12 万人口；丙地区距甲地区 5 千米，有 9 万人口；丁地区距甲地区 3 千米，有 5 万人口，如图 4-3 所示。此时可以利用康帕斯商圈界限模型划定甲地区的商圈限度。

首先分别计算甲地区到其他 3 个地区的商圈限度：

$$D_{甲乙} = \frac{8}{1 + \sqrt{12/50}} \approx 5.4 \text{（千米）}$$

$$D_{甲丙} = \frac{5}{1 + \sqrt{9/50}} \approx 3.5 \text{（千米）}$$

$$D_{甲丁} = \frac{3}{1+\sqrt{5/50}} \approx 2.3（千米）$$

接着将计算出的 3 个中介点的位置连接起来，得出甲地区的商圈范围，如图 4-4 所示，在此范围内居住的消费者通常都愿意前往甲地区购物。

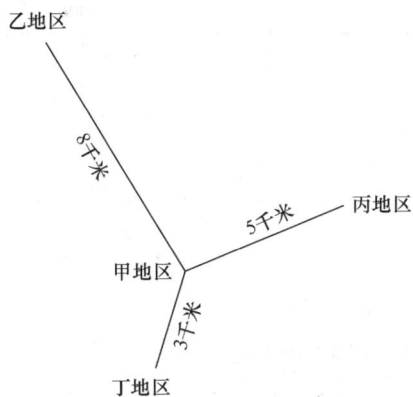

图 4-3　各地区的位置与距离情况

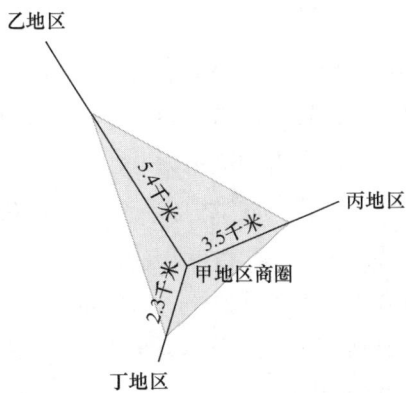

图 4-4　甲地区商圈范围

> **⏰ 专家点拨**
>
> 　　雷利法则的理论构建方式在逻辑上具有较强的说服力，且计算简便，数据易得，适用范围广，能够引导零售企业合理布局。但是，雷利法则只考虑了城市之间的里程距离，未考虑实际交通状况的差异、商品特性、消费者行为、广告和品牌影响力等其他因素，存在局限性，这会削弱法则的有效性。

3. 赫夫法则

赫夫法则是由美国经济学教授戴维·赫夫（David Huff）于 20 世纪 60 年代提出的用于分析商业区或商店商圈的数学模型。该法则主要从不同商业区的商店经营面积、消费者从住所到该商业区或商店所花的时间，以及不同类型消费者对路途时间不同的重视程度这 3 个方面出发，对一个商业区或商店的商圈进行分析。

赫夫法则用公式可以表示为：

$$P_{ij} = \frac{S_j / T_{ij}^{\lambda}}{\sum_{j=1}^{n} S_j / T_{ij}^{\lambda}}$$

上式中，P_{ij} 表示 i 地区消费者在 j 商业区或商店购物的概率，S_j 表示 j 商店的规模（营业面积）或 j 商业区内某类商品的总营业面积，T_{ij} 表示 i 地区消费者到 j 商业区或商店的时间距离或空间距离，λ 表示消费者对时间距离或空间距离的敏感性，S_j / T_{ij}^{λ} 表示 j 商业区或商店对 i 地区消费者的吸引力，Σ 表示同一区域内所有商业区或商店对消费者的吸引力。

例如，某区域内有 3 家超市，假设 $\lambda = 1$，某消费者到这 3 家超市购物的时间距离以及这 3 家超市的规模如表 4-2 所示。

表 4-2   消费者到各超市的时间距离和超市规模

超市	时间距离/分	规模/米²
甲超市	20	30 000
乙超市	40	50 000
丙超市	60	70 000

那么每个超市对消费者的吸引力分别为：

甲超市对消费者的吸引力＝$S_甲 / T_甲$＝30 000/20＝1 500

乙超市对消费者的吸引力＝$S_乙 / T_乙$＝50 000/40＝1 250

丙超市对消费者的吸引力＝$S_丙 / T_丙$＝70 000/60≈1 166.67

则消费者到每个超市购物的概率分别为：

消费者到甲超市的概率 $P_甲$＝1 500/(1 500+1 250+1 166.67)≈0.38

消费者到乙超市的概率 $P_乙$＝1 250/(1 500+1 250+1 166.67)≈0.32

消费者到丙超市的概率 $P_丙$＝1 166.67/(1 500+1 250+1 166.67)≈0.30

计算出 P_{ij} 后，还可以进一步计算出 i 地区消费者到 j 商业区或商店人数的期望值，以及在 j 商业区或商店购物的期望值，分别用公式可以表示为：

$$E_{ij} = P_{ij} \times C_i$$

$$E(A_{ij}) = E_{ij} \times B_i$$

上式中，E_{ij} 表示 i 地区消费者到 j 商业区或商店人数的期望值，C_i 表示 i 地区的消费者人数，$E(A_{ij})$ 表示 i 地区消费者在 j 商业区或商店购物的期望值，B_i 表示 i 地区消费者每人平均在 j 商业区或商店购物的金额。

假设 i 地区的消费者人数为 1 000 人，每人平均购物金额为 100 元，则：

消费者到甲超市人数的期望值 $E_甲$＝0.38×1 000＝380（人）

消费者到乙超市人数的期望值 $E_乙$＝0.32×1 000＝320（人）

消费者到丙超市人数的期望值 $E_丙$＝0.30×1 000＝300（人）

消费者到甲超市购物的期望值 $E(A_甲)$＝380×100＝38 000（元）

消费者到乙超市购物的期望值 $E(A_乙)$＝320×100＝32 000（元）

消费者到丙超市购物的期望值 $E(A_丙)$＝300×100＝30 000（元）

专家点拨

赫夫法则通过数学模型对商圈进行量化分析，使得商业区或商店的吸引力能够用具体的数值来表示，为商业决策提供了较为客观的依据。该法则的考量方式更为综合，使得分析结果更为全面和准确。但是，赫夫法则中的参数 λ 需要通过实际调研或计算机程序计算得出，如果参数设置不当，可能导致分析结果出现偏差。赫夫法则对该参数的依赖性较强，且同样忽略了影响消费者购物行为的其他因素，如购物目的、购物习惯、消费能力等。

（二）商圈分析的要点

商圈分析涉及多个方面的要点，主要包括人口统计分析、经济基础和购买力分析、竞争状况分析和经济设施状况分析。通过这些分析，零售企业可以准确地把握市场需求和竞争态势，为制定科学合理的商业决策提供有力支持。

1. 人口统计分析

人口统计分析是零售企业进行市场需求预测、商业选址与布局、竞争态势分析的重要依据。分析要点如下。

（1）人口密度与分布。了解商圈内的人口密度、人口增长率、人口的地理分布，这有助于判断商圈的潜在市场规模和消费者基础。

（2）人口构成。分析商圈内人口的年龄结构、性别比例、职业分布、收入水平等，这对制定有针对性的营销策略和商品定位至关重要。

（3）人口流动性。考察商圈内人口的流动性，包括流动人口的数量、来源、停留时间等，这有助于评估商圈的活跃度和吸引力。

2. 经济基础和购买力分析

经济基础和购买力分析不仅能够帮助零售企业了解商圈的商业环境和市场趋势，还能为零售企业的经营策略和市场定位提供有力的支持。分析要点如下。

（1）经济基础。研究商圈所在地区的经济发展水平、产业结构、就业状况等，这些因素直接影响消费者的购买力和消费习惯。

（2）购买力。通过计算商圈内居民的可支配收入总和、零售总额以及具有购买力的人口数量，来评估商圈的购买力指数。购买力指数=（$A \times 50\% + B \times 30\% + C \times 20\%$），其中 A 表示商圈内可支配收入总和，B 表示商圈内零售总额，C 表示具有购买力的人口数量。

（3）消费习惯。分析商圈内消费者的消费习惯、消费偏好、消费趋势，这有助于零售企业了解市场需求，调整商品结构和服务方式。

3. 竞争状况分析

竞争状况分析有助于零售企业明确市场定位、评估市场竞争强度、制定竞争策略，也能帮助零售企业预测市场趋势、把握市场机遇。分析要点如下。

（1）竞争对手数量与分布。调查商圈内同类型零售企业的数量、规模、分布情况，以及它们的市场占有率，这有助于零售企业评估自身的竞争地位和市场机会。

（2）竞争对手经营策略。分析竞争对手的商品定位、价格策略、促销手段、服务质量等，这有助于零售企业制定差异化的竞争策略，提升市场竞争力。

（3）商圈饱和度。计算商圈饱和指数（IRS）可以评估商圈的饱和度，指数越高，零售企业在该商圈成功的可能性越大。$IRS = C \times RE / RF$，其中，IRS 表示某地区某类商品的商圈饱和指数，C 表示某地区购买某类商品的潜在消费者人数，RE 表示某地区单位时间内每位消费者的平均购买额，RF 为某地区经营同类商品的商店营业总面积。

4. 经济设施状况分析

经济设施状况分析可以帮助零售企业认识商圈的繁荣程度、商业活动的效率。分析要点如下。

（1）交通设施。分析商圈内的公共交通网络、道路状况、停车设施等，这些设施的完善程度直接影响消费者的出行便利性和购物体验。

（2）商业设施。考察商圈内的商业设施种类、数量、规模、经营状况，这有助于零售企业了解商圈的商业氛围和潜在的合作机会。

（3）基础设施。关注商圈内的供水、供电、供气、通信等基础设施的完善程度，这些基础设施是企业正常运营的重要保障。

任务实施

任务演练：对新设便利店进行商圈分析

【任务目标】

以城市新区为分析区域，划定该区域未来商圈的大致范围，并对商圈的核心要素进行调查分析，确定是否可以在该商圈开设便利店。

【任务要求】

本次任务的具体要求如表 4-3 所示。

表 4-3   任务要求

任务编号	任务名称	任务指导
（1）	划定商圈范围	使用康帕斯商圈界限模型划定商圈范围
（2）	分析商圈核心要素	分析商圈的人口、经济基础、购买力、竞争状况、经济设施状况等要素

【操作过程】

1. 划定商圈范围

城市新区包含 A、B、C 3 个住宅区，且其中有一处政府重点打造的商业配套设施，小张与部门同事决定以该商业配套设施为商圈核心，使用康帕斯商圈界限模型来划定具体的商圈范围。

（1）计算商圈限度。根据城市新区内各住宅区的人口数量，以及与商业配套设施的距离，利用康帕斯商圈界限模型计算商业配套设施对各住宅区的中介点位置。新区内的 A、B、C 3 个住宅区，每个住宅区包含若干小区，A 住宅区有 10 000 人，B 住宅区有 6 000 人，C 住宅区有 4 000 人，A 住宅区到商业配套设施的距离为 2 千米，B 住宅区到商业配套设施的距离为 1.5 千米，C 住宅区到商业配套设施的距离为 1 千米。预计商圈每天客流量为 10 000 人，根据康帕斯商圈界限模型，商业配套设施与 A、B、C 住宅区的中介点位置分别如下。

$$D_{商A} = \frac{2}{1+\sqrt{10\,000/10\,000}} = 1.00\;（千米）$$

$$D_{商B} = \frac{1.5}{1+\sqrt{6\,000/10\,000}} \approx 0.85\;（千米）$$

$$D_{商C} = \frac{1}{1+\sqrt{4\,000/10\,000}} \approx 0.61\;（千米）$$

由此可知，商业配套设施往 A 住宅区方向可以辐射 1 千米的距离，往 B 住宅区方向可以辐射 0.85 千米的距离，往 C 住宅区方向可以辐射 0.61 千米的距离。

（2）确定商圈范围。根据各住宅区与商业配套设施的位置、距离，以及商业辐射距离，确定以商业配套设施为核心的商圈范围，如图 4-5 所示。

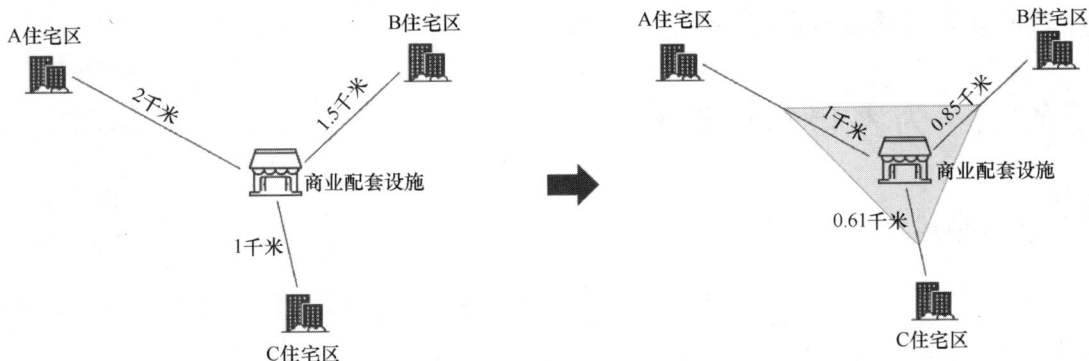

图 4-5　商圈范围

2. 分析商圈核心要素

划定商圈范围后，小张他们又进一步对商圈以及各住宅区的人口情况、经济基础、购买力、竞争状况和经济设施状况做了调查和分析，并得到统计结果，具体情况如表 4-4 所示。

表 4-4　　　　　　　　　　　　商圈核心要素分析情况

分析对象	分析结果
人口统计分析	① 人口密度与分布。新区总人口约为 20 000 人，人口密度适中，分布均匀 ② 人口构成。以年轻家庭为主，年龄结构偏向中青年，收入水平中等偏上，职业多样 ③ 人口流动性。工作日早晚高峰流动性较强，周末流动性相对减弱
经济基础和购买力分析	① 经济基础。新区处于快速发展阶段，有较多的新兴企业和产业园区，就业状况良好 ② 购买力。根据问卷结果，居民平均每月可支配收入为 5 000～8 000 元，具有较强的购买力，结合零售总额和具有购买力的人口数量，计算得出该区域的购买力指数比其他同类商圈高 ③ 消费习惯。偏好方便快捷的购物方式，对价格敏感但注重品质，经常在便利店购买日常生活用品
竞争状况分析	① 竞争对手数量与分布。目前新区内已有两家小型便利店，分别位于 B 住宅区和 C 住宅区附近，但规模较小，商品种类有限 ② 竞争对手经营策略。这两家便利店主要采取低价策略吸引消费者，但缺乏特色商品和服务 ③ 商圈饱和度。根据对商圈饱和指数的计算，新区便利店市场的饱和度较低，仍有较大的发展空间

（续表）

分析对象	分析结果
经济设施状况分析	① 交通设施。新区内公共交通网络完善，有多条公交线路和多个地铁站点，道路状况良好，停车设施充足 ② 商业设施。新区内已有多个大型超市、购物中心和餐饮娱乐场所，商业氛围浓厚。但便利店数量相对较少，存在市场空缺 ③ 基础设施。水、电、气、通信等基础设施完善，可以为便利店的正常运营提供有力保障

综合以上分析，小张与同事们认为，该城市新区具备开设便利店的良好条件，新区内各住宅区对商圈的需求较大；人口统计分析结果表明，目标消费者明确且购买力较强；竞争状况分析结果显示，市场饱和度低，目前竞争压力较小；经济设施状况分析结果进一步证实该区域具有良好的商业环境和基础设施。

任务二　为零售商店选址

微课视频

为零售商店选址

任务描述

确定商圈后，小张和同事们将进一步在商圈中为集团将要新设的便利店选址。本次任务的具体情况如表 4-5 所示。

表 4-5　　　　　　　　　　　　　　　任务单

任务名称	为零售商店选址	
任务背景	小张和同事们分析得出了大致的商圈范围后，老李要求他们在该商圈中为便利店选择一个具有竞争力的地址，确保便利店营业后有稳定的销售业绩	
任务类别	□ 调查活动　　■ 分析活动　　□ 设计活动	
工作任务		
任务内容	任务说明	
任务演练：为新设便利店选址	① 使用需求与供应密度分析法选址 ② 使用多因素组合分析法选址	
任务总结：		

知识准备

一、选址的意义与原则

零售商店选址是指在开设商店之前，对地址进行论证和决策的过程，以便找到有利于商店运营和发展的地址。

（一）选址的意义

选址对于零售企业的意义主要表现为以下 4 个方面。

（1）进行长期性投资。选址是一项长期性投资，一旦确定就难以变动。选址得当，零售企业可以长期受益，形成稳定的经营基础。

（2）影响经济效益。选址直接关系到零售企业的经济效益。优越的地理位置能够吸引更多消费者，提升销售额和利润。

（3）为制定经营目标和策略提供依据。选址过程中需要考虑众多因素，如地区经济、人口密度、消费习惯等，这些因素可以为零售企业制定经营目标和策略提供重要依据。

（4）形成竞争优势。占据优越的位置是零售企业获得竞争优势的重要途径，这种优势不易被其他竞争者模仿，有助于零售企业在市场竞争中脱颖而出。

（二）选址的原则

顺利实施并完成选址任务，需要遵循以下原则。

（1）有利于消费者购买。零售商店应尽可能开设在交通便利、人流量大的地方，以方便消费者购买。

（2）有利于商品运送。零售商店的选址应考虑商品运送的便捷性和成本，选择靠近运输枢纽或物流中心的地点，可以降低运输成本，提高物流效率。

（3）有利于适应市场需求。零售商店选址应考虑市场需求和消费者行为。例如，在居民区附近开设超市或便利店，以满足居民日常购物的需求；在旅游景点附近开设特色商品店，以吸引游客购买纪念品；等等。

（4）有利于竞争。选址时应充分考虑竞争对手的情况，避免在同一区域内过度竞争。另外，零售企业若能通过选址形成自己的特色和优势，则可以更好地提高市场竞争力。

（5）有利于网点扩充。对于计划扩张的零售企业来说，选址还应考虑未来网点的扩充和布局，因此可以选择具有发展潜力的地区，为企业的长远发展奠定基础。

二、选址的类型

零售商店选址的类型多种多样，这主要取决于商店的定位、目标消费者和市场环境等因素，如文具店、书店、休闲食品店等可以选择开设在学校、图书馆等文化教育机构周边，以及消费群体以学生为主的文教区。下面按照孤立店、自然形成的商业区和人为规划的商业区为分类标准，详细说明选址的类型。

（一）孤立店

孤立店也称孤立商店或独立店区，是指邻近没有同类型商店的地理区位，一般位于公路旁或街道旁，不直接与同类型商店相接。孤立店在其周边没有直接的同类型竞争对手，具有相对独立的市场空间。在经营上，孤立店可以根据自身需求和市场需求灵活调整经营策略。由于位置相对独立，孤立店的租金成本通常较低，有利于成本控制。

孤立店以单体式零售店为主，不形成商业集群效应。孤立店需要依靠自身的商品种类、品质和服务来吸引消费者，形成稳定的消费者群体。由于周边没有同类型竞争对手，孤立店需要面对更多的市场挑战，例如，如何吸引远距离的消费者、如何提升消费者忠诚度等。

（二）自然形成的商业区

自然形成的商业区是指在没有人为强制规划或外部干预的情况下，由于市场需求、地理位置、交通条件、人口分布等多种自然因素综合作用而自发形成的商业活动集中区域。自然形成的商业区可以划分为多种类型，如中心商业区、次级商业区、邻里商业区和商业街等。这些商业区根据辐射范围、服务对象、规模体量及功能定位等因素的不同，具有不同的特点。

1. 中心商业区

中心商业区（Central Business District，CBD）是一个城市中商业活动比较集中的地区，通常位于城市的中心地带，是城市经济活动的核心，也是城市现代化、国际化、商业化发展的重要标志，如图4-6所示。

中心商业区通常拥有完善的交通网络，包括地铁、公交、出租车等多种交通方式，能确保人流和物流的高效流动。该区域是第三产业的高度聚集地，汇集商业活动、金融机构、商务服务、会展及旅游、娱乐等多种业态。

作为城市的经济中心，中心商业区对周边地区乃至整个城市的经济发展都具有强大的辐射和带动作用。它吸引了大量的投资、人才和技术资源，推动了城市产业结构的优化和升级。随着全球化的深入发展，

图4-6 中心商业区

中心商业区的国际化程度也越来越高，往往汇聚了来自世界各地的企业和机构，形成了国际化的商务环境和文化氛围。

2. 次级商业区

次级商业区（Secondary Business District，SBD）是一座城市内无规划的购物区域，通常位于两条主要街道的交叉处，且处于中心商业区的外围或边缘地带。

每个次级商业区至少有一家小型百货商店、几家专业店和多家便利店或杂货店，这些商店与中心商业区的商店相比，往往规模更小、经营商品的品种更少，以便利商品为主。次级商业区提供的商品和服务虽然不如中心商业区丰富，但基本能满足周边居民的日常需求，是城市商业活动的重要组成部分。

随着城市化进程的加快和居民生活水平的提高，次级商业区也在不断发展变化。一方面，次级商业区的企业会根据市场需求不断调整经营策略，引入更多符合消费者需求的商品和服务；另一方面，政府也会加强对次级商业区的规划和管理，提升其整体形象和吸引力。

3. 邻里商业区

邻里商业区是指位于住宅区周边，主要为周边居民提供日常购物、餐饮、娱乐、休闲等服务的商业区域。

邻里商业区通常位于住宅区的主要街道上，以一家超市或杂货店为核心，由若干小店组成，其零售业态包括干洗店、美容店、理发店、小型饭店等，可以满足居民多样化的生活需求。有的邻里商业区还涵盖商业设施、休闲场所、医疗机构、图书馆等公共机构，形成综合服务中心。

邻里商业区作为社区商业的重要组成部分，在满足居民日常生活需求、提升生活品质方面发挥着重要作用。

4. 商业街

商业街是由众多商店、餐饮店、服务店等共同组成的繁华的商业街道，是一种多功能、多业态的商业集合体。

商业街商店门类齐全，客流量大，往往融合传统与现代的文化元素，通过建筑风格、景观设计等方式展现出独特的文化氛围。

商业街作为城市商业活动的重要载体，具有独特的魅力和价值。随着市场的不断变化和消费者需求的升级，商业街将更加注重文化、历史、地域等元素的融合，并利用大数据、云计算等先进技术提升管理和服务水平，为消费者提供更加便捷、个性化的购物体验。

（三）人为规划的商业区

人为规划的商业区是指通过政府或开发商的规划和建设，集中多种商业业态、服务设施和公共空间的商业区域。这些区域通常位于城市或片区的核心位置，具有显著的商业聚集效应和较强的辐射能力。

人为规划的商业区在选址、布局、业态配置等方面都经过严格的规划和设计，以确保其符合城市发展的整体战略和市场需求。这种商业区通常包含多种商业业态，如零售、餐饮、娱乐、休闲等，以满足消费者的多样化需求，能够吸引大量人流、物流和信息流，形成显著的商业聚集效应，推动周边区域的发展。

人为规划的商业区不仅是商业活动的场所，也是城市公共生活的重要组成部分，承载着社交、文化、娱乐等多重功能。具有特色的商业区能够成为城市的标志性建筑和景点，提升城市的知名度和美誉度。

随着城市化进程的加快，人为规划的商业区内业态众多、人流量大，管理难度大，需要相关部门建立完善的管理制度和监管机制，确保商业区的正常运营和秩序稳定。同时，除追求经济效益外，商业区还需要注重环境保护和社会责任，实现可持续发展。

三、选址的考虑因素

选址的考虑因素涉及客流规律、交通状况、商业环境、城市规划、成本与效益等，这些因素共同决定某个地点是否适合作为特定用途的场所。

（一）客流规律

客流规律指的是消费者流动的时间、空间、数量及其购买行为等方面的规律。在选址时，了解并遵循客流规律，有助于零售企业精准定位目标消费者，优化商店布局和制定营销策略，从而提高销售业绩和消费者满意度。

客流规律包括时间规律、空间规律、数量规律和购买行为规律，具体如表 4-6 所示。

表 4-6   客流规律

类型	细分	内容
时间规律	季节性变化	某些商品或服务的需求会随季节变化而波动，如夏季对冷饮、防晒衣、空调等的需求会增加。选址时需考虑这种季节性变化对客流的影响
	日常时段	工作日与周末、节假日的客流高峰时段不同，零售企业应根据自身经营特点确定合适的开业时间和促销活动时段
空间规律	商圈范围	每个商圈都有其特定的消费者和辐射范围，选址时需明确目标商圈的范围和特征
	消费者流动路径	分析消费者在商圈内的流动路径，找到消费者容易到达且停留时间较长的位置
数量规律	客流量	通过实地调研或数据分析，了解目标地点的客流量大小及其变化趋势
	客群结构	分析消费者的年龄、性别、职业、收入水平等结构特征，以便更好地满足目标消费者的需求
购买行为规律	购买动机	了解消费者的购买动机，如购买日常用品、休闲娱乐、社交聚会等
	购买习惯	分析消费者的购买习惯，如品牌偏好、价格敏感度、购物频率等

素养课堂

在通过实地调研或数据分析获取有价值的数据时，需要具备严谨的工作态度和高尚的职业道德。一方面，在调查时应当征得被调查者的同意，确保被调查者的个人信息不被泄露，避免问题的偏颇和误导，保证调查结果的客观性；另一方面，不能出现编造数据、篡改数据的行为，以确保数据的真实性。

（二）交通状况

交通状况直接关系到人流、物流的顺畅流通程度，进而影响零售企业的客流量、物流成本和运营效率。选址时，交通状况因素需要考虑交通网络的完善程度、交通拥堵情况、交通便捷性、交通规划与未来发展，具体如表 4-7 所示。

表 4-7 交通状况

类型	细分	内容
交通网络的完善程度	道路网络	考察目标地点周边的道路网络是否完善,包括主干道、次干道、支路的布局和通行能力,完善的道路网络能够确保人流、物流的顺畅流通
	公共交通	评估周边的公共交通设施,如公交车、地铁、轻轨等站点的数量和覆盖范围,便捷的公共交通设施能够吸引更多的消费者,降低交通成本
交通拥堵情况	高峰时段	了解目标地点在上下班高峰时段、节假日等特殊时期的交通拥堵情况,长期的交通拥堵会影响消费者的购物体验,也会增加物流成本和时间成本
	历史数据	参考当地交通管理部门发布的历史交通数据,了解目标地点的交通拥堵状况和变化趋势
交通便捷性	距离与通达性	考察目标地点与主要交通枢纽(如机场、火车站、长途汽车站等)的距离和通达性
	停车设施	评估目标地点周边的停车设施是否足够,充足的停车位能够有效避免消费者因停车难而放弃购物的情况
交通规划与未来发展	政策导向	了解当地政府在交通方面的规划,这有助于预测目标地点未来的交通状况
	发展潜力	评估目标地点在未来是否有望成为新的交通枢纽或商业中心,以及其带来的商业机会

(三)商业环境

商业环境直接影响零售企业的客流量、销售额、品牌形象等多个方面。选址时应重点考虑目标地点的繁华程度、品牌聚集度、竞争状况、市场细分情况、消费者的消费能力、商业设施以及相关的政策环境等。

(四)城市规划

城市规划是一个至关重要的考虑因素,选址应符合城市的总体发展战略和规划方向,确保商店与城市发展相协调、相促进。城市规划具体表现为土地利用总体规划、城市基础设施规划、城市环境保护规划、历史文化保护规划、防灾减灾规划,具体如表 4-8 所示。

表 4-8 城市规划

类型	细分	内容
土地利用总体规划	用地性质	确保选址用地符合土地利用总体规划中的用地性质要求,避免违规用地
	开发强度	根据规划要求,合理确定目标地点的开发强度和建筑密度,确保与周边环境协调
城市基础设施规划	交通规划	考察目标地点周边的交通网络,包括道路、公共交通等,确保交通便利,同时避免对城市交通造成过大压力
	市政设施	了解目标地点周边的水、电、气、热等市政设施配套情况,确保商店后续建设能够顺利接入和使用
城市环境保护规划	环保要求	确保目标地点符合城市环境保护规划的要求,避免对周边环境造成污染或破坏
	生态红线	特别注意生态红线的划定,避免目标地点位于生态红线内

（续表）

类型	细分	内容
历史文化保护规划	文物古迹	如果目标地点内有文物古迹或历史文化街区，需要确保项目不会对它们造成破坏或影响
	风貌保护	遵循历史风貌区保护规划，保持区域的历史文化特色
防灾减灾规划	安全距离	确保目标地点与防灾减灾设施（如消防站、避难所等）保持适当的安全距离
	风险评估	对目标地点进行地质灾害、洪水等风险评估，以确保商店安全

（五）成本与效益

分析成本与效益有助于零售企业评估不同选址方案的经济合理性和可行性，通过全面评估不同选址方案的成本与效益因素，零售企业可以做出更加明智和合理的决策以实现可持续发展。

成本与效益方面需要考虑的内容如表 4-9 所示。

表 4-9　　　　　　　　　　成本与效益

类型	细分	内容
成本因素	租金成本	对于租赁场地，租金是主要的成本之一，需要考虑不同地段的租金水平，以及租金与业务收益的平衡。过高的租金可能给经营造成过大压力
	购地成本	如果计划购买土地，购地成本将是一笔大额支出，因此需要评估土地价格、可获得的体量、土地属性（如面积、形状、平整度）以及未来可扩张空间等因素
	建设与装修成本	不同地段的施工条件和要求可能不同，这会影响建设和装修的成本。例如，一些地区可能需要进行更多的地基处理或环境保护工程
	运营成本	包括水、电、气、通信、物业管理、维护、保险等方面的费用，这些成本在不同地段可能存在显著差异
	人力成本	不同地区的劳动力价格和劳动力可用性会影响人力成本，需要评估目标地区的劳动力市场和招聘难度
	税收与政策成本	不同地区的税收政策可能不同，包括城镇土地使用税、房产税、企业所得税等。此外，一些地区可能提供税收优惠政策以吸引投资。政策的变化也可能对选址产生影响，需要关注政策导向和稳定性
效益因素	市场潜力与需求	评估目标市场的规模和增长潜力，以及商品或服务在该市场的需求情况，一个具有广阔市场和强烈需求的地段将有利于商店的长期发展
	客流量与曝光度	选址在繁华商业区或人口密集区域，可以带来稳定的客流量和曝光度，提高品牌知名度和扩大市场份额
	产业集聚效应	如果商店所在地区具有产业集聚效应，如上下游产业链完善、供应商和消费者集中等，将有助于降低采购成本和物流成本，提高经营效率
	政策支持与资源配套	一些地区可能提供政策支持、资金补贴、资源配套等优惠条件，以吸引投资并促进产业发展，这些条件将有利于商店顺利开业和长期发展

四、选址的常用方法

选址是一个复杂而重要的决策过程，在综合考虑多个因素的基础上，还需要运用正确的方法进行分析和判断。

（一）需求与供应密度分析法

需求与供应密度分析法是一种在选址、商业规划及市场策略制定中常用的分析方法，它综合考虑了市场需求和供应密度，以评估不同区域的商业潜力和可行性。

1. 需求密度分析法

需求密度指的是某一区域内消费者对特定商品或服务的需求强度。需求密度分析法在选址中的应用主要体现在对区域的需求密度进行定量分析，实现科学、合理的选址。使用该方法选址的具体过程如下。

（1）区域划分与数据收集。将目标区域划分为多个网格，每个网格的尺寸可以根据实际需要进行调整。通过调查和数据采集，了解每个网格内的人口密度、居民消费能力、竞争对手分布、交通状况等信息。

（2）需求密度计算。统计每个网格内居民的购物频率、消费金额等指标，计算出每个网格的需求密度。例如，某网格每天有 100 人次消费，平均每次消费金额为 50 元，则该网格的需求密度为 5 000（100×50）元/天。

（3）过滤低密度区域。根据实际业务需求和市场容量设定一个最低需求密度阈值，如管理层认为需求密度不能低于 4 000 元/天，否则可能影响业绩和品牌推广效果，那么可以将低于该阈值的网格过滤，不再考虑将其作为选址的目标区域，如图 4-7 所示。

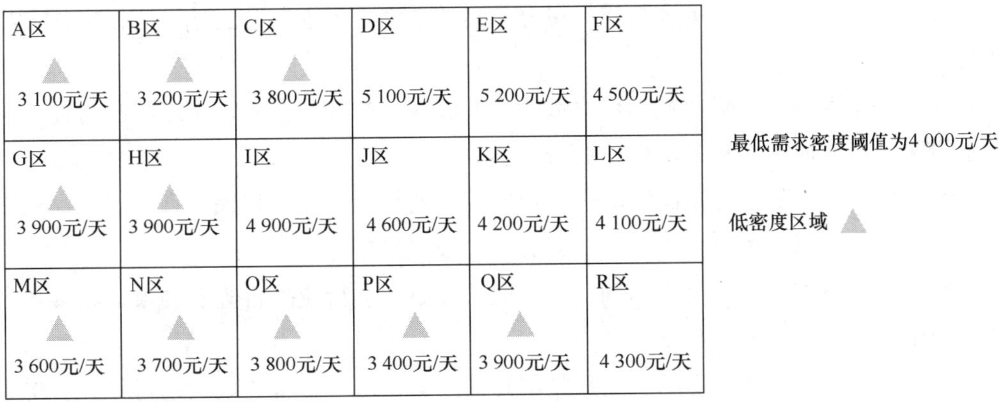

A区 3 100元/天	B区 3 200元/天	C区 3 800元/天	D区 5 100元/天	E区 5 200元/天	F区 4 500元/天
G区 3 900元/天	H区 3 900元/天	I区 4 900元/天	J区 4 600元/天	K区 4 200元/天	L区 4 100元/天
M区 3 600元/天	N区 3 700元/天	O区 3 800元/天	P区 3 400元/天	Q区 3 900元/天	R区 4 300元/天

最低需求密度阈值为4 000元/天

低密度区域 ▲

图 4-7 过滤低密度区域

（4）高精度位置筛选。结合商圈的情况进一步分析，初步筛选出高需求密度区域，评估其商业潜力，如交通便利性、人流密集度、周边商业配套、人口分布、消费习惯等因素，找出合适的位置。

（5）优化与确认。对筛选出的候选地点进行综合评分，量化租金成本、预期收益、发展潜力等各项指标，根据评分结果，选择综合指标最优的地点作为开店地址。

2. 供应密度分析法

采用需求密度分析法可以找出高需求密度的区域，这些区域也就是零售企业可开店的地址，接下来零售企业可以进一步从竞争对手的角度出发，利用供应密度分析法分析不同区域的供应潜力。利用供应密度分析法可以把现有竞争对手的开店地址和零售企业可开店的地址标记在相应的区域，从而得出供应密度分布，如图 4-8 所示。零售企业可开店的地址所在的区域如果没有竞争对手的商店，那么该区域则是比较理想的开店地址，如图 4-8 中的 D 区和 F 区。

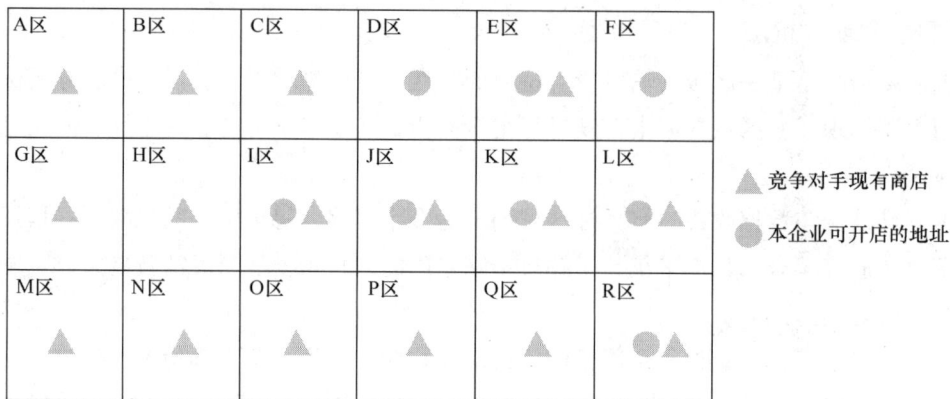

图 4-8　供应密度分布

（二）多因素组合分析法

多因素组合分析法是一种将多个影响选址的因素进行综合考虑和评估的方法。它通过确定每个因素的重要程度，并对各个备选地址在这些因素上的表现进行评分，最终得出一个综合得分，以此来比较不同地址的优劣，并选择得分最高的地址作为理想开店地址。使用该方法选址的具体过程如下。

（1）确定影响因素。明确影响选址决策的主要因素，如人口密度、交通状况、商业氛围、竞争对手情况、土地成本、政策环境、城市规划等。

（2）设定权重。为每个确定的影响因素设定相应的权重，以反映该因素在选址决策中的重要性。权重的设定可以参考历史数据、专家意见、公司战略等。

（3）数据收集与整理。通过市场调研、政府统计数据、行业报告等多种渠道收集各个备选地址在各个影响因素上的具体数据。

（4）评分与计算。根据设定的权重和收集到的数据，对各个备选地址进行评分。将每个地址在每个因素上的得分加权求和，得出每个地址的综合得分。

（5）结果分析与决策。比较各个备选地址的综合得分，选择得分最高的地址作为理想开店地址。

任务实施

任务演练：为新设便利店选址

【任务目标】

综合使用需求与供应密度分析法和多因素组合分析法为新设的便利店选择理想的地址。

【任务要求】

本次任务的具体要求如表 4-10 所示。

表 4-10   任务要求

任务编号	任务名称	任务指导
（1）	使用需求与供应密度分析法选址	利用需求密度分析法筛选低密度区域，并结合供应密度分析法进一步选出备选地址
（2）	使用多因素组合分析法选址	利用多因素组合分析法综合计算多个重要因素的得分，选择理想地址

【操作过程】

1. 使用需求与供应密度分析法选址

老李带领部门人员进一步考察商圈，将商圈划分为 36 个区域，然后利用需求与供应密度分析法选出了 3 个备选地址。

（1）需求密度分析。按划分出的不同区域统计相应的购物频率和消费金额等指标，计算得出每个区域的需求密度。结合设定的最低需求密度阈值，过滤不适合开店的低密度区域。

（2）供应密度分析。根据调查得到的竞争对手的开店位置，结合筛选出的可开店的区域，选出适合开店的备选地址，如图 4-9 所示。由图可知，7 号、12 号和 26 号区域是较好的开店地址，这 3 个区域既有较高的需求密度，又没有竞争对手的店铺。

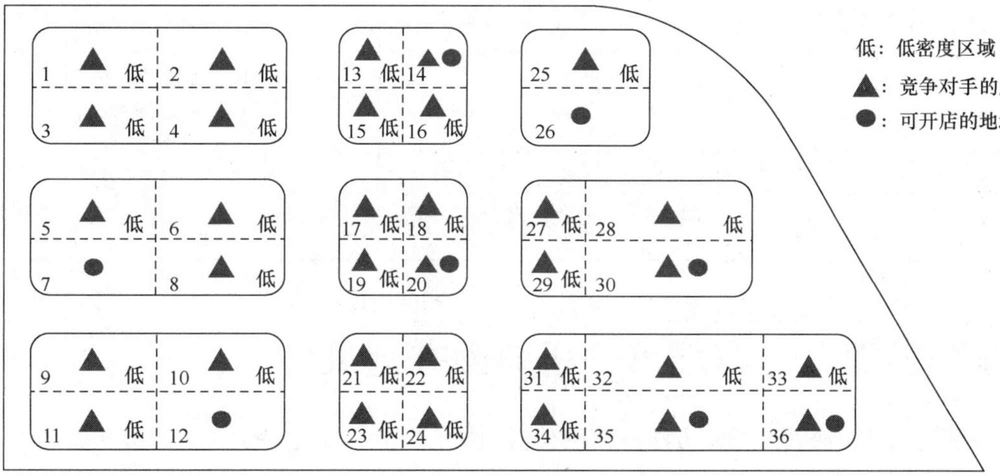

图 4-9   选择备选地址

2. 使用多因素组合分析法选址

小张他们使用多因素组合分析法对选出的 3 个备选地址进行了调查，各地址的情况分别如下。

（1）7 号地址。每平方千米大约有 8 000 人，交通十分便利，商业氛围非常浓厚，商品房价和租金较高，且享受政府的招商优惠政策。

（2）12 号地址。每平方千米大约有 6 000 人，交通便利性良好，商业氛围较为浓厚，商品房价和租金一般，可以享受一般性政策。

（3）26 号地址。每平方千米大约有 5 000 人，交通便利性一般，商业氛围一般，但商品房价和租金较低，无特别政策支持。

大家继续为不同的因素赋予不同的权重，并对 3 个备选地址进行评分，再得到各个备选地址的综合得分，最终选择得分最高的 7 号地址作为开店地址，如表 4-11 所示。

表 4-11 多因素组合分析地址

选址因素	权重	7 号备选地址	得分/分	12 号备选地址	得分/分	26 号备选地址	得分/分
人口密度	0.2	8 000 人/千米²（8 分）	1.6	6 000 人/千米²（6 分）	1.2	5 000 人/千米²（5 分）	1.0
交通便利性	0.2	优秀（9 分）	1.8	良好（7 分）	1.4	一般（5 分）	1.0
商业氛围	0.2	浓厚（8 分）	1.6	较浓厚（6 分）	1.2	一般（4 分）	0.8
土地成本	0.2	较高（6 分）	1.2	适中（8 分）	1.6	较低（9 分）	1.8
政策支持	0.1	享受政府的招商优惠政策（9 分）	0.9	可以享受一般性政策（6 分）	0.6	无特别政策支持（4 分）	0.4
周边环境	0.1	绿化好，宜居区（8 分）	0.8	环境一般（5 分）	0.5	位于学校、医院等公共设施附近（7 分）	0.7
综合得分			7.9		6.5		5.7

综合实训　为新超市分析商圈并选址

实训目的：巩固商圈的划定方法及商圈分析的核心要素，制定科学合理的选址决策，提升实战能力。

实训要求：以学校附近已有的商圈为目标，选定商圈附近的住宅区、学校或其他人口数量较多的成熟区域，利用康帕斯商圈界限模型划定商圈，然后通过问卷调查的方式分析商圈的人口、经济基础、购买力、竞争状况和经济设施状况，最后综合应用需求与供应密度分析法和多因素组合分析法，在划定的商圈中为主营生鲜和日用品的小型超市选址。

实训思路：本次实训的具体操作思路可参考图 4-10。

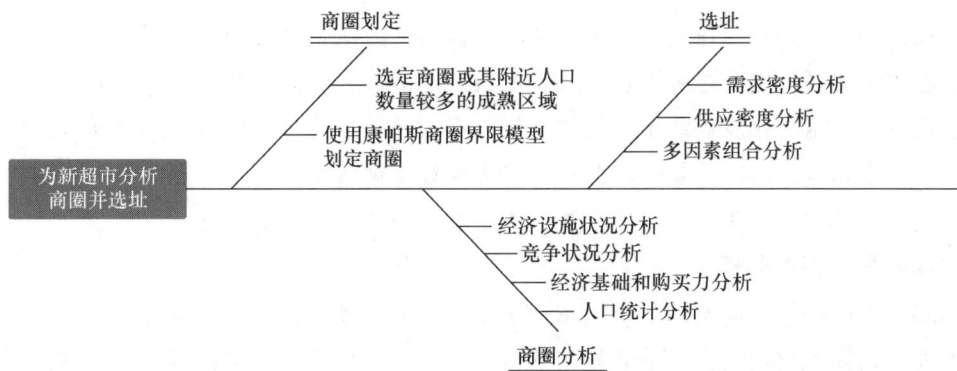

图 4-10 实训操作思路

实训结果：本次实训采取分组的形式完成，每组可选出 2～3 个备选地址，再汇总问卷调查的数据结果，然后对各备选地址进行评分，参考结果如表 4-12 所示。

表 4-12　　　　　　　　　　各备选地址得分情况

选址因素	权重	备选地址 1	得分/分	备选地址 2	得分/分	备选地址 3	得分/分
人口密度	0.2	10 000 人/千米²（10 分）	2	8 000 人/千米²（8 分）	1.6	6 000 人/千米²（6 分）	1.2
交通便利性	0.2	优秀（9 分）	1.8	良好（7 分）	1.4	一般（5 分）	1
商业氛围	0.15	浓厚（8 分）	1.2	较浓厚（6 分）	0.9	一般（4 分）	0.6
竞争对手数量	0.1	2 家（8 分）	0.8	5 家（5 分）	0.5	8 家（3 分）	0.3
消费者购买力	0.15	高（8 分）	1.2	中（6 分）	0.9	低（4 分）	0.6
停车便利性	0.1	充足（9 分）	0.9	一般（6 分）	0.6	紧张（3 分）	0.3
周边居民消费习惯	0.1	频繁购物（8 分）	0.8	偶尔购物（6 分）	0.6	较少购物（4 分）	0.4
综合得分			8.7		6.5		4.4

📊 案例分析　小米之家线下体验店的人气由来

小米之家作为小米公司新零售战略的重要组成部分，其线下体验店在短短几年内迅速崛起，吸引了大量消费者的关注。其成功秘诀在于精准的策略规划和有效执行，其中，商圈分析和选址策略便是一项非常重要的策略。

一、商圈选择

小米之家的目标消费者主要是年轻科技爱好者等。通过对周边人群的消费习惯和需求进行分析，小米之家能够精准把握目标市场，提供符合消费者需求的商品和服务。小米之家在深圳、南京、武汉、西安都开设了体验店，这些体验店坐落于人流量大的繁华商圈，门店面积大，且引入了智能家居体系。小米之家选址在成熟度较高的商圈，因为这些区域已经形成较为完善的商业生态系统。小米之家发展线下零售的目的，不仅是销售商品，更重要的是通过领地战略进一步提升小米生态链的品牌形象。因此，小米之家线下体验店往往会考虑部署于集购物、休闲娱乐等功能于一体的人流密集、体验丰富的大型购物中心或者商业中心。

二、商圈核心要素分析

小米之家对商圈核心要素的分析，主要集中在人口密度与分布、人口构成、经济基础与购买力等方面。选择人口密度大、分布均匀的区域，能够确保小米之家拥有更多的潜在消费者。通过市场调研，小米之家了解到其目标消费者主要是年轻科技爱好者，因此选择在年轻人聚集的区域设立体验店。除此之外，小米之家还会关注商圈内居民的经济基础和购买力水平，确保商品定价与消费者需求相匹配。

三、选址策略

留心观察过小米之家线下体验店的人很容易发现一个有趣的现象：许多小米之家开在星巴克、华为等品牌实体店的周围。小米之家之所以会如此选址，一是因为小米的目标消费者与这些品牌的消费者高度重合，二是因为这些品牌所在店铺位置的人流量通常比较大，这可以为小米低毛利的营销策略提供基础的数据支撑。

小米之家在选址过程中，还会充分利用大数据和人工智能技术，对潜在商圈进行多维度分析。通过对人流量、消费者特征、交通便利性、物业条件及未来发展潜力等因素的综合评估，小米之家能够精准锁定合适的开店位置。

小米之家线下体验店的成功，得益于其精准的商圈分析和科学的选址策略。在大数据和人工智能技术的赋能下，小米之家能够精准锁定目标消费者，并在合适的位置设立体验店。同时，小米之家注重提升消费者的购物体验和满意度，确保店铺在竞争激烈的市场环境中保持领先地位。

【案例思考】

小米之家在选址时有什么策略？

巩固提高

1. 商圈的含义是什么？商圈的大小主要受哪些因素影响？
2. 商圈可以按哪些维度进行划分？请简要说明每种类型的特点。
3. 商圈分析对于零售企业的重要性体现在哪些方面？
4. 简述雷利法则和赫夫法则在商圈分析中的应用。
5. 选址的原则是什么？
6. 选址需要考虑哪些因素？
7. 选址的常用方法有哪些？

8. 某科技企业致力于为消费者提供高品质、高性能的智能设备，产品涵盖智能手机、平板电脑、可穿戴设备、智能家居产品等，核心理念为"以科技引领生活"，目标消费者主要是追求科技潮流、注重生活品质的年轻人，以及需要高性能电子产品来满足工作、学习需求的商务人士和家庭用户。该科技企业在市场上以时尚、科技、高品质的形象著称，注重产品的设计感与用户体验，产品采用前沿的科技创新技术，如人工智能、5G 通信、高清显示、高效能电池等技术，为消费者提供便捷、智能的使用体验。假设你是该科技企业的市场经理，该科技企业当前想要开设一家线下体验店，你准备如何为店铺选址？

项目五
零售商品管理

✎ 学习目标

【知识目标】

1. 熟悉零售商品的采购、分类、组合与结构优化。
2. 掌握零售商品的定价策略和方法。
3. 掌握零售商店的布局，以及零售商品的陈列与展示。
4. 熟悉零售商品的促销计划与销售促进策略。

【技能目标】

1. 能够制订商品的采购计划。
2. 能够分类组合商品并优化商品结构。
3. 能够合理地为商品定价并制定价格调整方案。
4. 能够设计便利店的总体布局和商品的展示环境。
5. 能够制订完整的商品促销计划。

【素养目标】

1. 培养消费者导向思维，始终将消费者利益放在首位，提升服务质量，提高消费者满意度和忠诚度。
2. 培养创新意识和应变能力，能够根据市场变化灵活调整商品策略，创新商品组合和促销方式，以适应不断变化的市场需求。
3. 树立正确的价值观，自觉尊重和保护知识产权。

📖 项目导读

零售商品管理是零售业务中不可或缺的环节，在零售业务中占据着举足轻重的地位，它直接关系到零售企业的竞争力、消费者满意度和零售企业的经营效益。

为更好地管理便利店的商品，提升销售额和市场竞争力，老李与小张等人准备对集团旗下的便利店商品进行全盘管理。他们计划先优化便利店的商品采购与组合策略，为消费者提供更加理想的商品；接着为商品定价并制定价格调整策略，在实现利润最大化的同时，提升品牌形象；然后为便利店设计商品布局、对商品进行陈列和展示，营造舒适、美观的购物环境，提升商品的附加值；最后为商品制订有效的促销计划，以刺激消费者的购买欲望，进一步提高销售额。

引导案例

永辉超市的商品管理之道

永辉超市作为我国零售业的知名企业，其商品管理策略堪称典范，尤其是在采购与分类、定价、展示及促销方面表现突出。

在采购与分类上，永辉超市采取了灵活多变的策略，确保商品种类的丰富性。通过主动采购与合作采购相结合的方式，永辉超市既能够快速响应市场变化，又能与供应商建立长期稳定的合作关系，从而优化库存结构，满足消费者多样化的需求。精细化的商品分类则使得消费者在购物过程中能够迅速找到所需商品，例如，生鲜类商品细分到具体的品种和产地，如"云南高山蔬菜""山东优质苹果"等，从而有效提升消费者的购物体验。

定价方面，永辉超市坚持性价比原则，通过深入的市场调研和成本分析，制定了既具有竞争力又能保证利润的价格策略。这种合理的价格策略不仅增强了永辉超市的市场竞争力，还提升了其品牌形象，使永辉超市成为消费者心中的高性价比选择。

展示设计是永辉超市吸引消费者的又一法宝。永辉超市非常注重购物环境的营造，会通过精心的货架布局、色彩搭配和灯光效果，打造舒适、整洁的购物氛围。同时，永辉超市还会根据商品特性和销售数据优化陈列方式，将热销商品置于显眼位置，以提高商品的曝光率和销量。

此外，永辉超市非常擅长运用促销策略刺激消费。其通过打折、满减、赠品等多种促销方式，成功吸引了大量消费者的目光，促进了销售额增长。另外，永辉超市还充分利用社交媒体、移动应用等渠道进行宣传和推广，扩大促销活动的影响力。这些促销活动不仅可以清理积压商品，降低库存成本，还能增强消费者的黏性和提升消费者的忠诚度。

点评：永辉超市通过精细化的商品管理策略，在采购与分类、定价、展示及促销等方面取得了显著成效。这些策略不仅提高了超市的销售额和利润率，还提升了其品牌形象和市场竞争力，为永辉超市的可持续发展奠定了坚实的基础。

任务一　零售商品采购与分类

任务描述

微课视频

零售商品采购与分类

通过分析永辉超市的商品管理策略，小张和同事对完成老李下达的任务非常有信心。当下，他们需要分析集团旗下的一家便利店，以便精准地完成商品采购、组合和结构优化操作。本次任务的具体情况如表5-1所示。

表 5-1   任务单

任务名称	零售商品采购与分类	
任务背景	集团旗下的一家便利店位于城市繁华商圈，目标消费者主要为周边的上班族及附近居民。便利店面积约为 80 平方米，现有商品结构较为单一，为提升销售额和消费者满意度，需重新进行商品采购、组合及结构优化	
任务类别	☐ 调查活动　　　■ 分析活动　　　☐ 设计活动	
工作任务		
任务内容	任务说明	
任务演练：为便利店采购、组合商品并优化商品结构	① 采购商品 ② 组合商品 ③ 优化商品结构	
任务总结：		

知识准备

一、零售商品的采购

零售商品采购是零售企业在调查研究市场的基础上，为满足消费者需求，选择商品和办理商品购买手续，并取得商品所有权的一种经营活动。

（一）商品采购流程

零售商品采购流程是零售业核心竞争力的重要组成部分，一个高效、有序的采购流程能够确保零售企业充分满足消费者需求，获得稳定的供货，并且有效控制采购成本。商品采购流程如图 5-1 所示。

01	02	03	04	05	06	07
建立采购组织	制订采购计划	确定供应商	签订合同	进货与验收	补货与退货	评估与优化

图 5-1　商品采购流程

1. 建立采购组织

采购组织是指因采购任务而建立的一种组织结构或管理体系，不同零售企业在建立采购组织时，需要根据自身的业务特点、规模大小、商品种类、供应链复杂程度等因素进行综合考虑。例如，百货店通常会在总部设立专门的采购部门，按照商品大类（如家电、服饰、日用百货等）

或品牌进行细分，设立不同的采购小组或部门；超市大多会在总部设立中央采购部门，负责大宗商品的集中采购，各分店则根据当地市场需求进行一定的自主采购；便利店这类零售业态的采购组织相对简单，通常直接由店主或指定的采购人员负责采购事宜。

2. 制订采购计划

采购计划是指零售企业在特定时间段内，为满足其销售目标、市场需求和库存管理的需要，制定的一系列关于商品采购的具体安排和策略。这个计划详细说明了需要采购的商品种类、数量、时间、价格预算等方面的内容，旨在确保零售企业能够及时、有效地获取所需商品。

制订采购计划时，首先需明确销售目标与市场需求，分析历史销售数据以预测未来销量趋势，从而确定所需采购的商品种类和数量；接着应当评估库存水平和供应商能力，确保采购计划既能满足短期销售需求，又能为长期运营保持合理库存；最后，制定详细的时间表和预算，明确各商品的采购时间、数量及成本，确保采购计划的有效执行，以支持零售业务顺利开展。

3. 确定供应商

零售企业在确定供应商时需要综合考虑多个方面的因素，包括采购需求、供应商能力、成本效益、供应商信誉与稳定性等。通过全面评估和选择，零售企业可以建立起稳定可靠的供应链体系。

（1）明确采购需求。零售企业需要明确所需采购的商品种类、规格及质量标准，以便在寻找供应商时能够有针对性地筛选，确保供应商有足够的供货能力和响应速度。

（2）评估供应商能力。考察供应商在其所在领域的专业能力，包括生产技术、商品研发、质量控制等方面的能力。同时需要评估供应商的生产规模、设备状况及生产能力，了解供应商的交货周期、运输方式及物流网络，确保商品能够及时、准确地送达。

（3）考虑成本效益。比较不同供应商的价格水平，结合商品质量、服务等因素进行综合评估，选择性价比高的供应商。除商品价格外，还需考虑运输费用、税费、售后服务等成本因素。

（4）评估供应商信誉与稳定性。通过市场调查和行业评价等方式了解供应商的信誉状况，评估供应商的财务状况、经营稳定性及长期合作意愿，以确保供应链的稳定性和可靠性。

4. 签订合同

确定供应商后，零售企业便可以与供应商谈判并签订合同。谈判是为了更好地确定合同内容，包括商品价格、交货期限、质量标准、售后服务等，零售企业需要灵活应对，采取各种策略，如批量采购、长期合作等以获取更好的价格优势和其他优势，并针对具体情况调整合同条款，以使双方利益最大化。

在签订采购合同前，要确保双方当事人的基本信息准确无误，包括双方名称、地址、联系方式等。同时，审查对方的营业执照、经营范围、资金、信用和经营情况等，确保供应商的合法性和可靠性。合同内容应明确标的物（指合同中所指的物体或商品）的详细信息，如商品名称、规格型号、数量、质量、性能等；同时，规定运输方式、交付方式、风险转移、所有权转移等重要条款。此外，货款支付方式、担保措施、售后服务等内容也应在合同中明确规定。双方就合同条款达成一致后，便可正式签订采购合同。签订合同后，零售企业应按照合同约定履行义务，并关注合同的执行情况。如有必要，可定期与供应商沟通，以确保合同的顺利履行。

5. 进货与验收

零售企业从供应商处进货后，应当在商品到达前确保有足够的存储空间，并准备好必要的卸货工具和设备，如叉车、托盘、推车等。要安排专门的卸货区域，确保该区域平整、无杂物，便于货物的搬运和存储。要安排专业的卸货人员，并根据货物的重量、体积和性质选择合适的卸货方式卸货。此外，在卸货过程中还要提醒卸货人员轻拿轻放，避免货物受损或人员受伤。

卸货后，要安排相关人员对商品进行验收，核对商品的数量、规格、型号等信息是否与采购订单一致，检查商品的质量，包括外观、功能等方面是否符合验货标准，对特殊商品进行特殊检查，如食品需检查生产日期、保质期等。验货过程中发现不合格商品应及时记录，并拍照或录像作为证据。同时，要将验货结果反馈给供应商或相关部门，协商处理不合格商品的问题。

经验收合格的商品应及时办理入库手续，填写入库单并更新库存记录，并将商品按照类别、规格等信息进行分类存放，确保仓库整洁、有序。

6. 补货与退货

零售企业应当定期检查货架和库存系统，当发现商品缺货或库存量低于安全库存水平时，要及时补货。补货时，需根据销售数据、历史销售趋势、促销活动计划等信息，制订合理的补货计划，确定补货商品的种类、数量和补货时间。

在日常运营中发现商品存在质量问题、与订单不符等情况时，零售企业应及时记录商品的详细信息，包括商品名称、规格、数量、批号、发现问题的具体时间等，向供应商提交正式的退货申请，详细说明退货原因，并提供相关证据，如照片、视频、质量检测报告等。根据供应商的审核结果，零售企业需要整理待退商品，确保商品数量准确、包装完好，并按照供应商的要求进行打包，然后选择合适的物流方式将退货商品发送至供应商指定的地点。

7. 评估与优化

评估与优化是一个持续不断的过程，通过全面的评估和有针对性的优化措施，零售企业可以不断提升采购效率和效果，降低采购成本和风险。

评估涉及对采购活动的全面回顾和效果评价，如对供应商提供的商品或服务进行质量评估、交货准时性评估、价格评估、服务评估，对采购流程进行效率评估、成本评估、合规性评估，对采购结果进行满意度评估、价值评估，等等。

基于评估结果，零售企业需要持续优化采购流程，以提升采购效率和效果，如淘汰不合格的供应商、引入新的供应商、简化采购流程、控制成本、加强采购人员培训等。

（二）商品采购模式

商品采购模式是指零售企业在采购商品过程中所采用的组织架构、流程、策略和方法等，如单店采购模式、集中采购模式、分散采购模式、混合采购模式等，不同的采购模式适用于不同的规模和业务需求。

1. 单店采购模式

单店采购模式是指为一个独立的零售店铺或单体超市等进行商品采购。这种模式适用于单体超市或非连锁型零售企业，其特点如下。

（1）采购主体单一。采购权集中在店长或采购部门经理手中，决策流程相对简单。

（2）进货量较小。由于单店规模有限，进货量相对较小，配送成本可能较高。

（3）采购策略灵活。可以根据市场需求和库存情况灵活调整采购策略。

2. 集中采购模式

集中采购模式是指零售企业设立专门的采购机构和专职采购人员，统一负责商品采购工作。这种模式适用于连锁超市或大型零售企业，其特点如下。

（1）采购规模较大。通过集中多个门店的采购需求，形成较大的采购规模，从而获得更低的采购价格和优惠条件。

（2）采购流程标准化。可以制定标准化的采购流程和采购标准，提高采购效率和采购质量。

（3）采购监管更严格。采购管理和监管机制更加严格，以确保采购过程的公正、透明和合法。

> ⏰ **专家点拨**
>
> 集中采购模式的优点在于能够充分发挥连锁经营的优势，实现统一陈列、统一配送、统一促销策划和统一核算。此外，集中采购还有助于降低采购成本。

3. 分散采购模式

分散采购模式是指零售企业下属各单位（如子公司或分店）根据自身的经营需要，自行组织采购活动。这种模式在政府采购中较为常见，但在零售企业采购中也有应用，其特点如下。

（1）采购主体多元。采购权下放到各个基层组织，采购决策更加灵活。

（2）适应性强。能够根据不同地区的市场环境变化和需求差异，灵活调整采购策略。

（3）补货及时。分部拥有采购权，可以更快地响应市场需求，补货迅速。

4. 混合采购模式

混合采购模式是指部分采购由一个部门集中完成，部分采购由需求单位自己完成。这种模式在大型企业和跨国公司中更为常见，它结合了集中采购模式和分散采购模式的优点，能够根据不同采购需求灵活选择采购方式，其特点如下。

（1）灵活多样。可以根据采购商品的性质、数量和价值等因素，灵活选择集中采购或分散采购。

（2）优势互补。可以充分利用集中采购的规模优势和分散采购的灵活性优势，实现采购效益最大化。

（3）管理复杂。由于同时采用两种采购方式，因此需要建立更加复杂的管理机制来确保采购活动的顺利进行。

二、零售商品的分类与组合

零售商品的分类与组合是零售企业运营中的重要环节，对于促进商品销售、满足消费者需求和优化库存管理等都具有重要意义。

（一）商品分类

商品分类是指根据一定的目的、用途、性质、特点、结构，以及对商品管理的不同需要，将众多不同品种的商品按照一定的次序、层次系统地组织起来，其目的是更好地满足消费者的需求，提高商品的销售效率，同时也便于企业对商品进行管理。

1. NRF 商品分类

NRF 商品分类是指美国零售联合会（National Retail Federation，NRF）制定的一套标准化的商品分类方案。该方案将商品按照不同的层级分为商品组、商品部、商品类别、同类商品和存货单位，以便于零售企业对商品进行管理和销售，如图 5-2 所示。

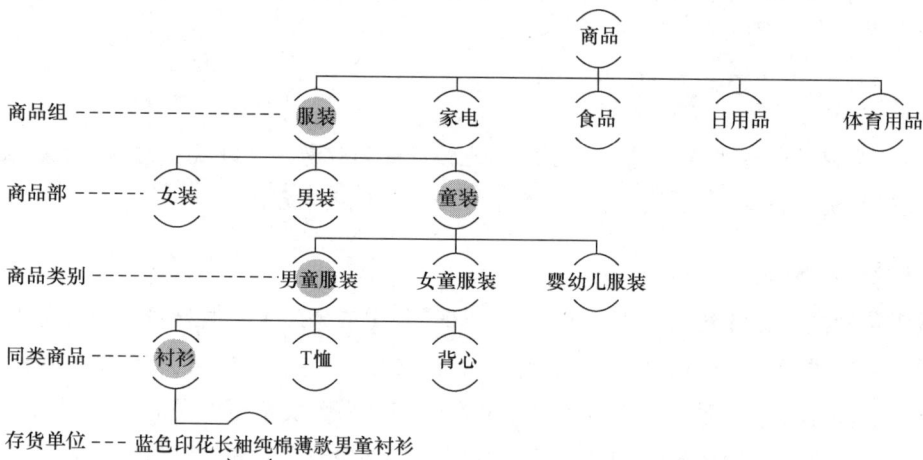

图 5-2　NRF 商品分类示例

（1）商品组（Merchandise Group）。这是商品分类的最大单位，指的是经营商品的主要类别。例如，百货公司可能经营的商品组包括服装、家电、食品、日用品、体育用品等。

（2）商品部（Merchandise Department）。这是根据细分的消费市场对某一大类商品做的进一步分类。例如，在服装类商品组中，可以进一步分为女装部、男装部、童装部等。

（3）商品类别（Merchandise Category）。这是根据商品的用途或细分的消费者做的进一步划分。例如，将童装部商品进一步分为男童服装、女童服装、婴幼儿服装等。

（4）同类商品（Similar Merchandise）。同类商品是指消费者认为可以相互替代的一组商品。例如，男童服装商品下可以进一步划分为衬衫、T恤、背心等。

（5）存货单位（Stock Keeping Unit，SKU）。存货单位也称单品，是库存控制的最小单位，也是零售过程中的最小销售单元。它根据商品的尺寸、颜色、规格、价格、款式等进行区分，确保各商品不会混淆，如男童服装下衬衫类的一款商品为"蓝色印花长袖纯棉薄款男童衬衫"。

2. 综合分类标准

我国的商品分类一般采用综合分类标准，通过建立大类、中类、小类和单品4个层次，将市场上繁多的商品进行有序的组织和分类，这种分类方式不仅方便了消费者选购，还能提高零售企业的管理效率。

（1）大类。大类是商品分类中的最粗分类，主要依据商品的特性来划分。一般来说，大类不宜超过10种，如水产品、畜产品、果蔬、一般食品、日用品、家用电器等。

（2）中类。中类是大类中细分出来的类别，其分类标准多样，包括按商品功能与用途划分、按商品制造方法划分、按商品产地划分等。例如，日用品这个大类可以按功能和用途进一步划分出洗护用品、厨房用品等多个中类。

（3）小类。小类是对中类的细分，主要依据商品功能用途、规格包装、成分、口味等属性来划分。例如，洗护用品这个中类可以按功能用途进一步划分出洗发水、沐浴露、乳液、面霜等小类。

（4）单品。单品是商品分类中不能细分的、完整独立的商品，是商品分类的最小单位，具有唯一的商品编码和属性。例如，"400毫升飘柔洗发水"就是一个单品。

（二）商品组合

商品组合又称商品经营结构，是指零售企业所经营的全部商品的结构，即各种商品线、商品项目和库存量的有机组成方式，它反映零售企业商品经营的广度和深度，以及商品之间的关联性。常见的商品组合有广而深的商品组合、广而浅的商品组合、窄而深的商品组合、窄而浅的商品组合4种，它们的特点如表5-2所示。

表5-2 不同商品组合的特点

组合方式	说明	特点	适用范围	优点	缺点
广而深的商品组合	经营的商品种类多，且每类商品的品种也多	能适应不同消费者的需求，提高市场占有率	大型综合超市、百货商店等	有利于形成一站式购物体验，提高消费者满意度和忠诚度，增强零售企业的市场竞争力	可能导致库存管理复杂，资金占用较多，需要较大的营业面积和较高的管理成本
广而浅的商品组合	经营的商品种类多，但每类商品的品种少	能够满足消费者的基本需求，吸引对价格敏感的消费者	折扣店、普通超市、便利店等	便于商品管理和资金控制	选择有限，可能导致消费者产生失望情绪，不易稳定长期客源
窄而深的商品组合	经营的商品种类少，但每类商品的品种多	强调专业化和精细化管理，形成独特的经营特色	专业店、专卖店、高端精品店等	能够稳定消费者，增加重复购买的可能性；易形成商店经营特色，突出商店形象	市场有限，风险较大

（续表）

组合方式	说明	特点	适用范围	优点	缺点
窄而浅的商品组合	经营的商品种类少，且每类商品的品种也少	难以满足消费者的多样化需求，市场适应性较差	某些特定情境下的零售店，如临时便利店	在某些特定情境下可能具有一定的便利性	消费者选择十分有限，消费者极易流失

三、零售商品的结构优化

零售商品的结构优化是指通过合理调整商品组合，提升零售企业的市场竞争力、满足消费者需求、提高销售效率和盈利能力的过程。这一过程涉及引入新商品、淘汰滞销商品、打造畅销商品等方面。

（一）引入新商品

对零售企业而言，合理地引入新商品是十分重要的，新商品往往能带来新的销售机会和增长点，有助于提升零售企业的销售额。通过引入新商品，零售企业可以不断调整和优化商品结构，使其更加符合市场趋势和消费者需求。新商品的引入，也可以展现零售企业的创新能力和市场敏感度，这有助于提升其知名度，增强消费者对零售企业的认知和信任。

引入新商品的流程大致如下。

（1）市场调研与分析。通过问卷调查、社交媒体分析、消费者反馈等方式，了解消费者的需求和偏好，同时关注行业动态、竞争对手表现和新兴技术等，预测市场发展趋势。基于市场调研结果，评估新商品的市场潜力、竞争情况和预期销售表现。

（2）筛选与评估。与潜在供应商接洽，全方位了解供应商和商品情况，筛选合适的供应商和商品。综合考虑采购成本、运输成本、存储成本、销售预期等因素，评估新商品的成本效益。

（3）谈判与签约。与供应商就商品价格进行谈判，争取更优惠的采购价格。在双方达成一致后，签订采购合同，明确商品种类、数量、价格、交货期等条款。

（4）商品准备与上架。收集商品资料，包括商品名称、规格、价格、图片、描述等，将资料录入管理系统，进行商品编码、分类、定价等操作。接着根据店铺布局和商品特点，规划商品陈列位置和方式，并按照陈列规划将新商品上架销售，并开展必要的促销活动。

（5）销售跟踪与评估。定期监控新商品的销售数据，包括销售额、销量、库存量等，并通过消费者评价、投诉等渠道收集消费者对新商品的反馈意见，然后根据销售数据和消费者反馈评估新商品的引入效果，以及时调整销售策略。

（6）持续优化。根据市场变化和消费者需求变化，定期引入新的商品替代表现不佳的旧商品。同时需要与供应商保持密切联系，以共同解决商品销售过程中出现的问题，优化供应链管理方式。

（二）淘汰滞销商品

滞销商品是指由于某些原因不受消费者欢迎，导致销售速度降低，甚至长时间没有销售记录的商品。零售企业一般可以依据商品的销售表现来认定商品是否属于滞销商品。但是不同零售企业的认定标准是不同的，如有的零售企业会依据一定时期内店铺中商品的销售排行榜，将位于后100位的商品视为滞销商品；有的零售企业会为商品设定目标月销售额，将连续若干月未达到月销售额平均目标的商品认定为滞销商品。

淘汰滞销商品的具体过程如下。

（1）制定淘汰标准。制定明确的滞销商品淘汰标准，如将销量、库存量、销售周期等关键指标作为标准来衡量。

（2）数据收集与分析。收集各商品的销售数据、库存数据等信息，并进行综合分析，以识别滞销商品。

（3）制订淘汰计划。根据分析结果，制订滞销商品的淘汰计划，包括淘汰时间、淘汰方式（如降价促销、清仓处理等）等。

（4）执行淘汰计划。按照计划执行滞销商品的淘汰工作，包括调整商品陈列、开展促销活动等，以尽快减少库存积压。

（5）后续处理。对于已经淘汰的商品，零售企业需要进行后续处理，如退货给供应商、捐赠或销毁等。

素养课堂

在处理淘汰商品时，应贯彻绿色、环保的理念，如优先考虑捐赠、再利用或环保处理等方式，减少资源浪费和环境污染。

（三）打造畅销商品

畅销商品是指市场上销路很好、没有积压滞销的商品。这类商品受到消费者的广泛欢迎，具有较大的市场需求和很好的销售表现。

畅销商品的打造需要进行全方位的策划和执行，以下为打造畅销商品的一些方法和建议。

（1）深入了解消费者需求。通过市场调研、数据分析和消费者反馈等方式，深入了解目标消费者的需求，确保商品与市场需求紧密相关。

（2）注重商品质量与创新。高品质的商品是建立品牌信誉和口碑的基础，零售企业应注重商品质量的提升，确保商品的可靠性、耐久性和性能达到消费者的期望。同时，零售企业应与时俱进，不断创新商品，以满足消费者日益变化的需求。

（3）制定有效的营销策略。制定并执行有效的营销策略，提高商品的知名度和吸引力，如通过广告宣传、促销活动、社交媒体营销等多种手段，将商品与目标消费者紧密联系起来。

（4）提供优质的售后服务。建立完善的售后服务体系，及时解答消费者的问题和解决他们的困扰，提高消费者的满意度和忠诚度。

（5）关注竞争对手。密切关注竞争对手的动态，通过分析竞争对手的营销策略、商品特点和市场表现，发现自身的不足和改进空间。

（6）合理陈列与展示商品。合理的商品陈列和展示也是打造畅销商品的重要手段，如将畅销商品放置在显眼位置，利用灯光、色彩和布局等手段吸引消费者的注意等。

任务实施

任务演练：为便利店采购、组合商品并优化商品结构

【任务目标】

夏季即将到来，请从连锁便利店的角度出发，完成便利店商品的采购、组合和结构优化。

【任务要求】

本次任务的具体要求如表 5-3 所示。

表 5-3　　　　　　　　　　　　　　　　任务要求

任务编号	任务名称	任务指导
（1）	采购商品	按商品采购流程给出商品采购建议
（2）	组合商品	根据便利店的目标消费者和商圈特点，提出商品组合策略
（3）	优化商品结构	根据商品销售情况优化商品结构

【操作过程】

1. 采购商品

小张与部门的其他同事按照商品采购流程，分析市场数据、消费者需求、供应商等后，完成了商品采购任务的规划，如表 5-4 所示。

表 5-4　　　　　　　　　　　　　　　　采购商品

项目	内容
建立采购组织	集团采取的是连锁便利店的经营模式，考虑在总部设立专门的采购部门，统一完成采购任务，各店店长需要定期向总部提出采购需求，总部可以针对不同的便利店调整采购方案，如调整采购商品的类别、调整不同商品的采购比例等
制订采购计划	分析市场和竞争对手的销售情况，结合季节性因素和促销活动，并在评估库存水平和供应商能力后，可以发现夏季便利店中饮料的销量表现应当较好，特别是矿泉水、功能性饮料和冰镇饮料。针对不同区域便利店的消费者，应从不同类别来判断采购量。如消费者主要是上班族的便利店，需要增加即食食品、便当和零食的采购量；消费者主要是小区业主的便利店，需要增加日用品的采购量；等等。初步设定每月初为集中采购日，确保库存充足且新鲜
确定供应商	在明确采购需求，评估供应商的能力及比较不同供应商的价格和成本效益后，确定选择一家本地知名的饮料供应商，确保饮料品种齐全且价格合理。另外，可与一家有良好口碑的即食食品生产商建立长期合作关系，确保食品质量和供应稳定性。便利店的其余商品可以与当地零售经销商合作，由其提供商品
签订合同	与选定的供应商谈判，明确价格、交货期限、质量标准、售后服务等条款后，签订采购合同。合同中可重点规定饮料每周送货两次，确保商品新鲜度；即食食品，供应商需保证食品安全
进货与验收	便利店需清理出足够的货架空间，采购员和店长共同验收新到的饮料和即食食品，确保无破损、过期等问题

2．组合商品

小张他们根据便利店的目标消费者和商圈特点，确定了商品组合策略，并提出以下建议。

（1）便利店采用广而浅的商品组合策略，确保满足各类消费者的基本需求。

（2）将饮料和即食食品放置在显眼位置，便于消费者快速选购。

（3）设立"热销商品"专区，展示畅销商品，吸引消费者注意。

3．优化商品结构

为更好地完成后续商品结构的优化任务，小张建议便利店员工定期分析销售数据，找出滞销商品和畅销商品，通过引入新商品、淘汰滞销商品来优化商品结构；同时还需要根据市场变化和消费者需求，有效调整商品组合和陈列方式。具体建议如下。

（1）月末根据销售数据制定优化策略，调整商品结构和采购数量。

（2）考虑引入一款新口味的酸奶作为夏季促销商品。

（3）定期根据消费者反馈，调整相应商品的陈列位置，提升购买便利性。

任务二　为零售商品定价

微课视频

为零售商品定价

任务描述

为确保城市新区新设便利店的顺利开业和运营，小张他们在老李的指导下，开始准备为便利店的商品定价并设计价格调整方案。本次任务的具体情况如表 5-5 所示。

表 5-5　　　　　　　　　　　　　　　任务单

任务名称	为零售商品定价	
任务背景	便利店位于城市新区，周边主要是居民住宅，消费者以居民为主，也包括上班族和学生。为提升销售额和消费者满意度，需要综合考虑商品成本、市场需求、竞争状况及消费者偏好等因素，为店内商品制定合理的价格，并根据市场变化灵活调整价格策略	
任务类别	□ 调查活动　　　　□ 分析活动　　　　■ 设计活动	
工作任务		
任务内容	任务说明	
任务演练：为便利店商品定价并制定价格调整策略	① 商品定价 ② 价格调整策略	
任务总结：		

知识准备

一、影响零售商品定价的因素

零售商品定价是一个复杂的过程，需要综合考虑多方面的因素。

（一）零售企业的运营策略

零售企业的运营策略决定其在市场中的定位，以及盈利模式和市场竞争优势等，而这些因素都对商品定价具有深远的影响。

（1）市场定位。高端定位的零售企业通常注重商品的品质、独特性和奢华感，因此倾向于采用高价策略，以维护其形象和市场地位。中低端定位的零售企业则更注重性价比和市场份额，可能采用低价或适中价格策略，吸引对价格敏感的消费者。

（2）经营目标。如果零售企业追求高利润率，那么其可能会设定较高的售价；而注重市场份额和销量的零售企业，则可能采取低价策略，通过薄利多销的方式实现盈利。

（3）竞争策略。如果零售企业采取差异化策略，通过提供独特的商品、服务来吸引消费者，那么其可能更有能力设定较高的价格。差异化商品能够满足消费者的特殊需求或偏好，使得消费者愿意为这种独特性支付更高的价格。

（4）营销与推广策略。零售企业的营销与推广策略也会对商品定价产生影响。例如，通过促销活动来吸引消费者购买，可以在短期内提高销量和扩大市场份额。在这种情况下，零售企业可能会临时降低商品价格或采取其他优惠措施。

（二）消费者的收入水平与偏好

消费者的收入水平与偏好对商品定价同样有深远影响，是商品定价的重要考量因素。

（1）消费者收入水平。消费者的收入水平直接影响其购买能力，从而影响其对商品的需求。高收入消费者可能更愿意为高质量、高价格的商品买单，而低收入消费者则更注重性价比。

（2）对价格的感知。消费者在购买商品时，会根据自身感知来判断价格是否合理。价格过高可能会让消费者觉得不划算，而价格过低则可能引发其对商品质量的质疑。

（3）对质量的偏好。消费者通常偏好高质量的商品，并愿意为高质量支付更高的价格。

（4）对品牌的重视程度。品牌忠诚度高的消费者往往愿意为心仪品牌的商品支付更高的价格。零售企业可以通过品牌建设和营销策略来提升消费者对品牌的认知度和忠诚度。

（5）对促销活动的响应。促销活动如打折、赠品等可以吸引消费者的注意力并促进销售，然而过度的促销可能会损害品牌形象并导致消费者对商品原价的合理性产生怀疑。

（三）商品成本和商店运营成本

商品成本和商店运营成本对商品定价的影响是显著且直接的，它们共同构成商品定价的基础。

（1）商品成本。商品成本是商品定价的底线，零售企业制定价格时，必须确保售价能够覆盖商品成本，以实现盈利。因此，商品成本直接决定零售企业能够设定的最低售价。

（2）商店运营成本。商店租金、人工费用、水电费、物业费、广告宣传费等多种费用，这些费用的增加会导致商店运营的总成本增加，进而对商品定价产生影响。商店运营成本通常会通过商品售价来分摊。在为商品定价时，零售企业也会将运营成本考虑在内，以确保在覆盖商品成本和运营成本的同时实现盈利。

（四）市场与环境

市场与环境对商品定价的影响主要表现在市场供求状况、市场竞争状况、相关政策法规等方面。

（1）市场供求状况。市场供求状况是影响商品定价的直接因素。根据供求关系的基本原理，当市场上商品的需求量大于供应量时，价格往往会上升；反之，当供应量大于需求量时，价格则会下降。

（2）市场竞争状况。在竞争激烈的市场中，零售企业为吸引消费者往往会采取降价策略，以争夺市场份额。这种价格战可能会导致行业整体利润水平的下降，但也可能促进零售企业的创新和服务提升。零售企业的定价策略往往会受到竞争对手定价策略的影响。当竞争对手降低价格时，零售企业可能不得不跟随降价以保持竞争力；反之，当竞争对手提高价格时，零售企业也可能考虑提高价格以获取更高的利润。

（3）相关政策。政府可能会对某些关系国计民生的重要商品进行价格管制，如设置价格上限或下限、实行价格补贴等，以稳定市场价格和保障消费者利益。为维护市场的公平竞争环境，政府也会采取措施打击垄断行为和不正当竞争行为，使得零售企业需要调整商品定价。税收政策也会对商品定价产生影响。例如，政府可能会对某些商品征收高额的税费以增加财政收入或调节市场供需关系。

二、零售商品的定价策略

定价策略是零售企业在整体战略框架内，为定价而制定的一系列原则、规则和指导方针，旨在确保零售企业的定价行为与市场定位、品牌形象、长期利润目标等保持一致。零售企业常用的定价策略包括高/低价格策略和稳定价格策略两种。

（一）高/低价格策略

高/低价格策略指的是零售企业根据市场条件、商品特性、消费者需求及竞争态势等因素，灵活调整商品价格，有时采取高于竞争对手的价格，有时采取低于竞争对手的价格。

高/低价格策略作为零售企业的一种灵活定价方式，其优势主要体现在以下3个方面。

（1）市场适应性与灵活性。高/低价格策略使零售企业能够根据市场需求、竞争态势及消费者偏好的变化，迅速调整价格，以适应市场的快速变化。通过高价策略吸引追求品质或独特性的消费者，同时通过低价策略吸引对价格敏感的消费者，可以很好地满足不同消费者的需求。

（2）竞争优势。高价策略有助于塑造零售企业的高端形象，与竞争对手形成差异化竞争，吸引特定消费群体。在需要时，零售企业可以通过低价策略发起规则范围内的价格战，迅速扩大市场份额。

（3）提高销量与利润。低价策略可以刺激消费者的购买欲望，促进销量的增长，特别是在促销期间或清理库存时效果尤为显著。高价策略获得的较高利润则可以用于支持零售企业的研发、营销等活动。

（二）稳定价格策略

稳定价格策略是指零售企业在销售商品时，基本上保持价格稳定的一种定价策略。这种策略通常意味着零售企业会努力通过提供丰富的商品、优质的服务、良好的卖场环境及其他非价格手段来吸引和留住消费者。

采取稳定价格策略对零售企业而言，具有以下4个方面的优势。

（1）稳定商品销售。稳定价格策略有助于稳定消费者的需求，减少价格频繁波动而导致消费者购买行为的不确定性。

（2）提供更优质的服务。稳定价格策略有助于销售人员更加专注于为消费者提供商品咨询、购买建议等增值服务，而不是忙于处理价格变动引发的消费者疑问和投诉。

（3）提升消费者忠诚度。价格稳定有助于建立消费者对零售企业的信任感和忠诚度。因为消费者知道他们可以在任何时间以相同的价格购买到所需的商品，而不用担心价格会突然上涨或下降。

（4）提升品牌形象。一个始终如一地提供稳定价格和高品质商品及服务的零售企业，会在消费者心中树立起诚实、可靠、专业的形象，这种形象有助于零售企业在竞争激烈的市场中脱颖而出，吸引更多的潜在消费者。

三、零售商品的定价方法

定价方法是零售企业在具体市场环境中，为实现特定的营销目标而采取的具体价格制定手段，这需要根据市场需求、竞争状况、商品特性、成本结构等多种因素进行综合考虑。常见的定价方法包括成本导向定价法、市场导向定价法、竞争导向定价法等。

（一）成本导向定价法

成本导向定价法以商品的成本为主要依据来制定价格，这种方法相对简单且应用广泛，主要关注商品的成本构成，以确保零售企业的销售价格能够覆盖成本并获取一定的利润。

1. 成本加成定价法

成本加成定价法是将商品总成本加上一定的利润作为商品定价的方法，其计算公式如下。

$$单位商品价格=单位商品总成本×（1+利润率）$$

例如，某服装店售卖一件 T 恤的总成本为 50 元，店长希望每件 T 恤带来 20% 的利润，根据成本加成定价法，单位商品价格=50×（1+20%）=60（元），则该 T 恤的售价可以定为 60 元。

2. 目标收益定价法

目标收益定价法是根据预期销量下的总成本和目标净利润来确定商品价格的方法，其计算公式如下。

$$单位商品价格=（总成本+目标净利润）/预计销量$$

例如，某企业推出一款智能手表，目标是实现 10 000 000 元的净利润，预估固定成本为 50 000 000 元，预计销量为 100 000 个，根据目标收益定价法，单位商品价格=（50 000 000+10 000 000）/100 000=600（元），则该智能手表的售价可以定为 600 元。

3. 收支平衡定价法

收支平衡定价法又称损益平衡定价法或保本点定价法，是通过找出零售企业的收支平衡点来确定价格的方法，其计算公式如下。

$$保本点价格=固定成本/预计销量+单位商品变动成本$$
$$单位商品价格=（固定成本+预期利润总额）/预计销量+单位变动成本$$

例如，某咖啡店的年固定成本为 2 200 000 元，每杯咖啡的变动成本为 5 元。咖啡店预计的年销量为 240 000 杯，并希望每年实现 200 000 元的净利润。根据收支平衡定价法，保本点价格=固定成本/预计销量+单位商品变动成本=2 200 000/240 000+5≈14.17（元）。这意味着如果咖啡店每杯咖啡的售价为 14.17 元，它将能够覆盖所有成本，但不会产生任何净利润。然而，咖啡店的目标是每年实现 200 000 元的净利润，因此还需要计算一个高于保本点价格的售价来实现这一目标。单位商品价格=（固定成本+预期利润总额）/预计销量+单位变动成本=（2 200 000+200 000）/240 000+5=15（元）。所以，咖啡店可以将每杯咖啡的售价定为 15 元，以实现其年度净利润目标。

（二）市场导向定价法

市场导向定价法是一种基于消费者对商品价值的认知和需求的强度来决定商品价格的方法。这种定价法下，消费者对商品的价值认同程度直接影响商品的定价，认同度越高，商品的定价空间就越大。另外，市场对商品的需求强度也是决定商品价格的关键因素，需求越大，商品的价格往往越高。

例如，一家高端珠宝品牌推出一款限量版项链。在定价时，该品牌并没有简单地基于成本来确定价格，而是首先进行深入的市场调研，了解目标消费者对这款项链的价值认知，然后通过品牌故事、独特设计等稀缺性因素，成功塑造项链在消费者心目中的高端形象。最终，项链的定价远高于成本，并且由于满足了消费者对高端珠宝的期望和认知价值，项链实现热销。又如，电影院在不同时期确定的不同票价，也是根据市场对商品的需求强度进行的定价。

（三）竞争导向定价法

竞争导向定价法是指零售企业在确定商品价格时，主要参考市场上同类商品的价格，并依据自身的竞争实力、成本、供求状况等因素来确定最终价格的一种定价方法，其主要表现形式如下。

（1）随行就市定价法。这是指零售企业使自己的商品价格与市场上同类商品的平均价格或主导价格保持一致。

（2）高价竞争定价法。当零售企业的商品具有独特优势或品质较高时，零售企业可以选择高于市场平均价格的价格策略，以凸显商品价值，吸引高端消费者。

（3）低价竞争定价法。为迅速占领市场或打击竞争对手，零售企业可以选择低于市场平均价格的价格策略。

四、零售商品的价格调整

零售商品的价格调整是指零售企业根据市场需求、竞争状况、成本变化等因素，适时、合理地调整商品价格，以达到增加销量、提升利润、满足消费者需求等目的的行为。

（一）价格调整的原因

零售企业调整价格的原因有很多，常见的有以下4种。

（1）市场需求变化。当市场需求增加时，零售企业可能会提高商品价格以增加利润；反之，当市场需求减少时，为促进销售，可能会降低价格。

（2）竞争状况。在竞争激烈的市场环境中，零售企业可能会通过降低价格来吸引消费者，增强竞争力；而当市场竞争减弱时，则可能适当提高价格。

（3）成本变化。当成本上升时，零售企业往往需要提高价格以保持利润；当成本下降时，则可能通过降价来扩大市场份额。

（4）促销策略。为吸引消费者、提高品牌知名度或清理库存，零售企业可能会定期开展促销活动，如打折、满减等，这些都需要调整商品价格。

（二）降价

降价是价格调整的常见策略，当市场需求减少，商品滞销，或商品成本降低，或为清理库存、提高品牌知名度、扩大市场份额时，零售企业就会考虑降低商品价格，以增强消费者的购买意愿，增加销量，提高市场占有率。

企业在执行降价策略时，可参考表5-6所示的方式。

表5-6　　　　　　　　　　　降价的实施方式

方式	说明	适用场景	预期效果
直接降价	将商品的原价进行下调，让消费者在购买时能够直观感受到价格降低	适用于所有类型的商品，特别是当商品库存积压或市场需求减少时	迅速吸引消费者注意力，但过度依赖可能会影响品牌形象和利润率

（续表）

方式	说明	适用场景	预期效果
折扣促销	通过设置折扣率来吸引消费者购买，如"1件8折""3件5折"	适用于新品推广、季节性商品销售、库存清理等	能够激发消费者的购买欲望
捆绑销售	将多种商品组合在一起销售，并给予一定的价格优惠，如"洗护套装热卖""家庭套餐优惠"	适用于相关性、互补性强的商品组合	能够提升整体销售额，同时降低单一商品的降价压力
满减/满赠活动	当消费者购买金额达到一定数额时，可以享受减免部分金额或赠送商品的优惠，如"满200减50""满额赠礼"	适用于增加购买量	能够鼓励消费者增加购买量，提高销售额
季节性降价	针对季节性商品进行降价销售，以清理库存并吸引消费者购买，如夏季清仓冬装、冬季促销夏装	适用于季节性特征较强的商品	能够快速回笼资金，为下一季节的商品采购提供资金支持
优惠券/折扣码	通过发放优惠券或折扣码给消费者，让消费者在购物时享受一定的价格优惠，可以通过线上平台（如官网、App）、社交媒体、电子邮件等渠道发放	适用于所有类型的商品，特别是针对线上购物的消费者	能够提升消费者的购买意愿和忠诚度，提高复购率

（三）提价

当营业成本上涨，或市场需求旺盛且供应不足，或需要提升品牌形象和商品附加值等情况时，零售企业可能会考虑提高商品价格。这可能会降低消费者的购买意愿，但对于高价值、高品质的商品，消费者可能更愿意接受提价。另外，提价虽然可以提高利润率，但也可能导致销量下降，损害品牌形象和消费者忠诚度，也可能会为竞争对手提供机会，因此，提价需要格外谨慎。

零售企业在执行提价策略时，可参考表5-7所示的方式。

表5-7　　　　　　　　　　　　提价的实施方式

方式	说明	适用场景	预期效果
直接提价	将商品的价格直接提高，让消费者在购买时能够明确感知到价格的变化	适用于成本显著增加、商品供不应求或品牌价值显著提升的情况	可能会导致消费者不满或转向竞争对手，需考虑通过提升商品质量、增加附加值等方式来减轻消费者的抵触情绪
逐步提价	通过小幅度的多次提价，让消费者逐渐适应价格的变化，避免一次性提价带来的冲击	适用于成本逐渐上升或市场需求缓慢变化的情况	能够更平稳地实现价格调整，减轻消费者的反感情绪
附加价值提价	在提价的同时，增加商品的附加值，如改进商品质量、提升服务水平、增加售后服务等，让消费者感受到价格提升的同时，也获得了更多的价值	适用于品牌价值提升、商品升级或差异化竞争策略的实施	有助于提升品牌形象和消费者忠诚度，同时缓解提价带来的负面影响

（续表）

方式	说明	适用场景	预期效果
差异化定价	根据消费者的不同需求、购买能力或市场细分情况，对同一商品制定不同的价格，如会员价、非会员价、学生优惠价、老年人优惠价等	适用于市场需求多样化、消费者差异化的市场环境	能够更好地满足不同消费者的需求，提高市场覆盖率和销售额
季节性或节日性提价	在特定季节或节日期间提高商品价格，以利用消费者的节日消费心理或季节性需求变化，如春节期间的年货销售、情人节的礼品销售等	适用于特定时期具有代表性的商品	能够在短时间内快速提升销售额和利润率
限量版或特别版提价	通过推出限量版或特别版商品，并设定较高的价格来吸引消费者购买	适用于品牌知名度高、消费者追求独特性和个性化的市场环境	能够提升品牌形象和消费者忠诚度，同时创造更大的利润空间

任务实施

任务演练：为便利店商品定价并制定价格调整策略

【任务目标】

综合考虑各种因素，为便利店商品定价并制定价格调整策略。

【任务要求】

本次任务的具体要求如表 5-8 所示。

表 5-8　　　　　　　　　　任务要求

任务编号	任务名称	任务指导
（1）	商品定价	分析商品、选择定价方法，然后实施定价策略
（2）	价格调整策略	综合使用降价和提价策略，根据需要灵活调整价格

【操作过程】

1. 商品定价

在店长的配合下，小张与同事们对便利店内的商品进行分类，如饮料、零食、日用品、即食食品等，并详细分析每类商品的成本构成，包括采购成本、运输费用、损耗及包装费用等，从而制定了表 5-9 所示的定价方法。

表 5-9　　　　　　　　　　商品定价方法

定价方法	具体情况
成本导向定价法	对于日常消耗品，如矿泉水、纸巾等，采用成本加成定价法，确保售价覆盖成本并能获得一定利润。例如，某品牌矿泉水采购成本为 1 元/瓶，加上运输、损耗等费用后，总成本约为 1.2 元/瓶，希望获得 20% 的利润，则售价可定为 1.44 元/瓶，最终定价为 1.5 元/瓶

（续表）

定价方法	具体情况
市场导向定价法	对于特色商品或新品，如进口零食、特色饮料等，通过市场调研了解消费者对该类商品的价值认知和需求强度，制定高于成本但符合市场接受度的价格
竞争导向定价法	对于竞争激烈的商品，如方便面、部分饮料等，采用随行就市定价法，使价格与周边便利店保持一致，避免价格战

在上述定价方案的基础上，针对不同消费群体，如居民、学生、公司职员等推出不同价格的商品组合，如学生特惠套餐（如饼干+三明治+果汁）、员工能量补给包（如能量棒+沙拉+咖啡）等，将相关性、互补性强的商品进行组合销售，并给予一定价格优惠。

2. 价格调整策略

为了更好地应对市场变化，小张和同事们制定了便利店商品的价格调整策略，具体如表 5-10 所示。

表 5-10　　　　　　　　　　商品价格调整策略

策略	具体内容
降价策略	① 季节性降价。针对季节性商品，在季节交替时进行降价促销，以清理库存并吸引消费者 ② 库存清理。对于即将过期的商品或滞销商品，采取直接降价或买赠活动，减少库存积压
提价策略	① 成本上升。当采购成本或运营成本显著上升时，考虑逐步提价，并通过提升商品质量、增加附加值等方式来减轻消费者的抵触情绪 ② 品牌价值提升。对于自有品牌或独家代理的商品，随着品牌知名度的提升，可适当提高价格，以体现品牌价值
灵活调整	① 市场需求变化。密切关注市场需求变化，当某种商品需求增加时，可适当提高价格以增加利润；反之，则降低价格以促进销售 ② 竞争状况。定期分析竞争对手的价格策略，根据市场竞争激烈程度灵活调整价格，保持竞争力

任务三　零售商品展示

微课视频

零售商品展示

任务描述

为体现商品特性和店铺环境，迎合较多的年轻消费者，老李要求部门成员在小张的带领下设计商品展示方案。本次任务的具体情况如表 5-11 所示。

表 5-11　　　　　　　　　　　　任务单

任务名称	零售商品展示
任务背景	集团在城市新区开设的便利店面积较大，且已经完成了采购、分类、定价等操作，现需要马上完成商店布局和商品展示的任务，为开业和促销做好准备
任务类别	□ 调查活动　　　　□ 分析活动　　　　■ 设计活动
工作任务	

（续表）

任务内容	任务说明
任务演练：设计便利店布局与商品展示方案	① 设计便利店布局 ② 设计商品陈列方式 ③ 设计商品展示效果
任务总结：	

📺 知识准备

一、零售商店的布局

零售商店布局是零售企业对店内商品和相关设施（如货架、柜台、陈列橱等）进行整体摆设的一项工作。零售商店通过合理的布局充分利用营业面积，既方便了商品陈列，又能美化商店环境，提升商店的竞争力。

（一）商店布局的原则

商店布局的基本原则是确保商店内部环境既美观又实用，能够吸引消费者并促进销售，具体原则如下。

（1）消费者导向原则。布局应以消费者为中心，考虑消费者的购物习惯、行为模式和心理需求，确保消费者能够轻松找到所需商品。

（2）便利性原则。布局应便于消费者浏览和选择商品，减少消费者的购物障碍，并确保通道宽敞无阻碍。

（3）清晰性原则。布局应有明确的分区和分类，使商品按类别或品牌有序排列，并使用清晰的标志，帮助消费者快速定位所需商品或区域。

（4）安全性原则。布局应确保消费者和员工的安全，避免发生意外事件；应当严格遵守消防安全规定，设置必要的消防设施和疏散通道。

🔍 素养课堂

在学习、生活和工作中，我们都应树立强烈的安全意识，培养识别潜在风险的能力，学习基本的自我保护技能，减少或避免安全事故的出现。

（二）商店布局的形式

商店布局的形式指的是商店内部各种营业设备（如货架、柜台、陈列橱等）的摆设和排列方式。常见的布局形式有线条型布局、岛屿型布局、开放型布局等。

1. 线条型布局

线条型布局是非常常见的一种布局形式，其特点是将展示商品的货架和售卖商品的柜台沿着墙壁排列，呈线条状，可以适应不同大小和形状的营业场所，且不受墙角弯度的限制，如图5-3所示。这种布局形式能够陈列并展示较多的商品，一方面便于员工管理商品，另一方面能为消费者提供清晰、顺畅的购物路径。

图 5-3　线条型布局

2. 岛屿型布局

岛屿型布局是指用柜台围成封闭或半封闭的空间，中间设置货架的布局形式。这种布局可以根据地形和营业场所的支柱等，摆设成圆形、长方形、三角形等形状，如图5-4所示。岛屿型布局既可以充分利用光线展示商品，方便消费者选购，又能够避开支柱等内部建筑障碍，美化商店布局。

图 5-4　岛屿型布局

3. 开放型布局

开放型布局综合了线条型布局和岛屿型布局的特点，消费者既可以随意穿梭于各个柜台之间，也可以沿直线浏览并选购商品，如图5-5所示。这种布局可以增强商品的展示性，让消费者在购物时没有压迫感。

图 5-5　开放型布局

（三）商店布局需考虑的因素

商店布局需要考虑空间分配、磁石点和动线设计等因素。

1. 空间分配

空间分配是指根据商店的经营目标、商品种类、消费者需求和空间条件等因素，合理规划商店内部各个区域的空间大小和位置。一般来讲，盈利能力较强的商品往往会摆放在商店的显眼位置，并占据较大的空间。

销售生产率法便是一种根据每单位商品的销售额或利润来分配商品空间的方法，其计算公式如下。

$$某商品的空间规模（平方米）= \frac{某商品的计划销售额（或利润）}{每平方米预期的销售额（或利润）}$$

其中，某商品的计划销售额（或利润）和每平方米预期的销售额（或利润）可通过历史销售数据或同行业销售数据获取，利用这些数据就能为不同种类的商品分配不同大小的空间。

2. 磁石点

磁石点是指商店中最能吸引消费者注意力的区域，这些区域通常具有独特的魅力或优势，能够像磁铁一样吸引消费者驻足、浏览甚至购买商品。磁石点不仅是商品展示和销售的重要区域，也是引导消费者流动、提升购物体验的关键因素。

磁石点理论是对磁石点现象进行系统化和理论化的阐述。该理论指出，在商店中合理配置商品和布局空间，可以创造出多个磁石点，从而吸引消费者的注意力并引导他们逛完整个商店，提高冲动性购买比重和销售额。

> 🕐 **专家点拨**
>
> 冲动性购买是指消费者在特定情境下，受到某种刺激或诱因的影响，突然产生强烈的购买欲望，并立即采取行动购买商品或服务的行为。

在商店布局中，磁石点通常被划分为几个关键位置，以吸引消费者的注意力并引导他们在店内流动。一般来说，磁石点有 5 个主要位置，每个位置都有其特定的作用，具体如表 5-12 所示。

表 5-12   不同磁石点的位置和作用

磁石点	位置	作用
第一磁石点	位于商店主通道的两侧，是消费者的必经之地	商品销售最主要的地方，能够迅速吸引消费者的注意力，并促进销售
第二磁石点	主通道的末端、电梯出口、道路拐角等能引导消费者在店内通行的位置	这些位置主要用于展示观感强的商品，通过精心设计的陈列和展示，可以激发消费者的购买欲望，并引导他们进一步深入店内探索
第三磁石点	商店中央陈列货架两头的端架位置	此位置主要用于展示特价商品、高利润商品、季节性商品及购买频率高的商品，通过特价促销和优惠活动，可以刺激消费者购买
第四磁石点	商店副通道的两侧，是充实商店各个有效空间的地点	这些位置主要用于展示热门商品、有意大量陈列的商品及广告宣传的商品，通过丰富的商品种类和多样化的陈列方式，吸引消费者的注意力并延长他们在店内的停留时间
第五磁石点	收银台前的中间卖场	此位置主要用于举办各种促销活动和展销活动，通过多品种、大数量的陈列方式，烘托商店气氛并促进销售

3. 动线设计

动线就是消费者在商店内行走的轨迹和路线，如图 5-6 所示，动线设计则是指对消费者在商店内部移动路径的规划和设计。良好的动线设计不仅可以帮助消费者快速找到所需商品，提高购物效率，也能引导消费者经过更多的商品展示区域，增加商品的曝光率和销售机会，提升消费者的购物体验。

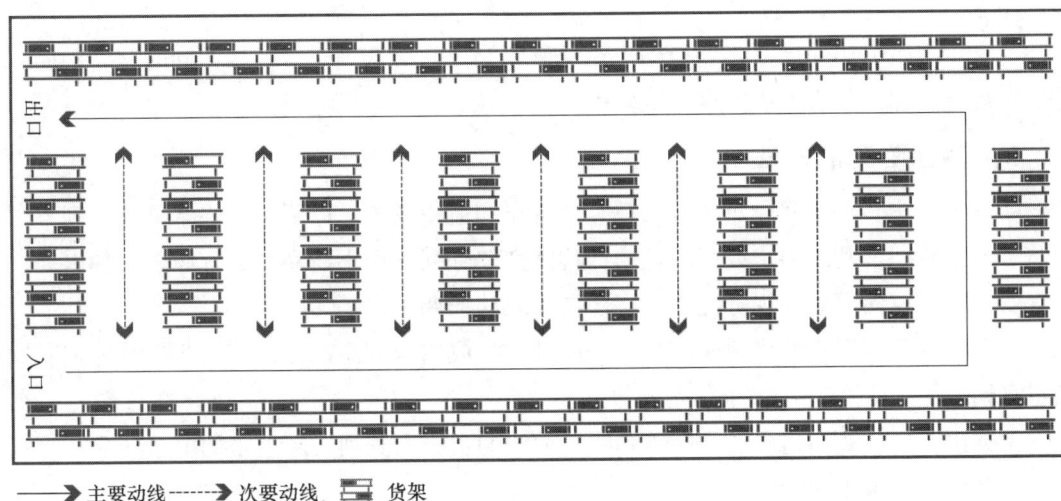

——→ 主要动线 ------→ 次要动线　🔲 货架

图 5-6　超市动线

设计动线时，首先应根据商店的布局确定主要动线，主要动线应贯穿整个商店，连接各个重要区域。在主要动线的基础上，设置次要动线以丰富消费者的购物体验，次要动线可以连接主要动线无法到达的区域，以形成完整的购物网络。

另外，动线设计应充分考虑消费者的行为模式和购物习惯。例如，消费者通常喜欢沿着右侧行走或逆时针方向流动，因此在设计动线时应尽量遵循这些规律。还可以在动线的关键节点处设置醒目的标志和导视系统，引导消费者顺利流动，并在节点处设置休息区、促销区等，增加消费者的停留时间。

二、零售商品的陈列

商品陈列是指将商品按照一定的方法和原则，有计划、有目的地摆放在商店内的各个位置，以便消费者能够快速找到并购买所需商品，同时激发消费者的购买欲望，提升商店的销售业绩和品牌形象。

（一）商品陈列的原则

商品陈列的原则通常包括以下几个方面。

（1）易见易取。商品应该摆放在消费者容易看到和拿取的位置，避免过高、过低或过于隐蔽。

（2）分类明确。商品应按照品牌、价格等因素进行分类陈列，方便消费者快速找到所需商品。

（3）重点突出。通过灯光、色彩、广告等手段，突出展示商店的主打商品或促销商品，吸引消费者的注意力。

（4）铺满货架。保持货架、柜台等陈列面商品的充盈状态，避免给消费者留下缺货或选择有限的印象。

（5）安全卫生。确保商品陈列稳固，避免发生倒塌、滑落等安全事故，同时遵守消防、卫生等安全规定，让商品看上去安全、卫生。

（二）商品陈列的方法

商品陈列方法多种多样，每种方法都有其特点和适用场景。以下是一些常见的陈列方法。

（1）悬挂陈列。利用固定或可转动的挂钩陈列架陈列日用小商品及部分服装，如电池、袜子、牙刷等，可以使商品在视觉上突出，还易于取放和调整。

（2）端头陈列。端头即货架两端。单一品种商品或组合商品都可以在端头进行陈列，这能有效提高销售额。

（3）突出陈列。商品超出通常的陈列线，面向通道突出陈列。新上市的电子产品、书籍、服装等商品都可以采用这种陈列方法。

（4）关联陈列。将种类不同但相互补充的商品或与主力商品相关联的商品陈列在一起，如健身器材与运动服，便于消费者购买并提高商品间的购买关联性。

（5）岛型陈列。在商店入口处配置特殊陈列用的展台，可以4个角度展示商品，增强季节感、促销感，提升消费者购买欲望。

（6）散装或混合陈列。将商品原有包装拆下，单一商品或几个品项组合在一起陈列在精致的小容器中，如零食和糖果，使消费者能更仔细地观察到商品细节。

（7）墙面陈列。用墙壁或墙壁状陈列台进行陈列，适用于高价格、需要突出高级感的商品，如各类高级手办。这种方法能有效提高商品的精致感。

（8）交叉堆积陈列。商品一层一层交叉堆积，以增加商品的感染力，营造稳定感。

（9）主题陈列。将商品陈列在一个主题环境中，如节日、庆典活动、重大事件等，营造特殊气氛，吸引消费者注意，如在教师节主题环境中陈列贺卡、鲜花等商品。

（10）情景陈列。通过再现生活中的真实情景，将相关商品组合陈列。例如，用家具、室内装饰品布置成一间起居室或书房等，让消费者有身临其境的感觉。

三、零售商品的展示

零售商品的展示不是将商品简单地放置在货架上，而是需要考虑到多个方面，包括橱窗设计、色彩设计、灯光设计、音乐设计、气味设计等，通过全方位设计营造出优质的购物环境，吸引消费者并提升销售表现。

（一）橱窗设计

零售商品橱窗设计是吸引消费者、提升品牌形象和促进销售的重要手段，如图 5-7 所示。

在设计橱窗时，需要考虑多个方面，以确保橱窗既美观又具有吸引力，同时还能有效传达商品信息。

图 5-7 服饰橱窗设计

1. 橱窗设计的原则

零售企业进行橱窗设计时，需遵循以下原则。

（1）突出商品特性。橱窗设计应突出商品的特性，使消费者看一眼就能被吸引，并通过巧妙的布局和展示方式，让商品成为橱窗焦点。

（2）满足消费者心理需求。橱窗的布置和商品介绍要满足目标消费者的心理需求，营造舒适、温馨的购物氛围，让消费者愿意停留并深入了解商品。

（3）创意与美观。橱窗设计要别出心裁，努力给消费者留下深刻的印象，通过创新的陈列方式和精美的装饰，提升橱窗的艺术性和观赏性。

（4）真实性与时效性。橱窗陈列的商品应与店内实际销售的商品一致，且橱窗陈列应随季节和市场需求的变化而更新，确保展示内容的时效性和新鲜感。

2. 橱窗设计的方法

橱窗设计的方法很多，常见的有以下几种。

（1）系统陈列法。将相同质地或同一类别的商品集中起来放置到一个橱窗里，方便消费者系统全面地了解商品。

（2）综合陈列法。将不同质地、不同类别和不同用途的商品经过合理的分组和处理后陈列在橱窗里，达到琳琅满目的效果。采用这种方法要注意在设计和布局上避免杂乱无章，确保商品陈列错落有致。

（3）特写陈列法。运用电影特写镜头的处理方式将主推商品或新品放大展示，使该商品得到突出和强调。采用这种方法需要相关人员具有一定的审美和设计能力。

（4）场景陈列法。将商品按生活中使用的状况以某种生活情节或场面陈列出来，引发消费者的联想和共鸣。

（二）色彩设计

商业空间设计中，色彩不仅能够改变和创造某种空间格调，还能通过感知所产生的心理效应影响消费者的行为。恰当的色彩运用，能够形成特定的空间氛围，提升消费者的购物体验，进而促进销售。北京五只猫娱乐 Mall 的主打色彩为粉色，同时搭配蓝色和黄色，这种靓丽而大胆的配色吸引了大量的消费者，如图 5-8 所示。

图 5-8　北京五只猫娱乐 Mall 的色彩设计

零售企业进行色彩设计时，应根据商店的品牌定位、商品特性和目标消费者，选择合适的主色调。主色调应能够传达商品的核心价值和氛围，如清新、高端、温馨等。色彩对消费者心理的影响是非常明显的，如暖色系（红、橙、黄）能激发消费者的热情和活力，适合营造欢快、温馨的氛围；冷色系（蓝、绿、紫）则能带来宁静和舒适感，适合打造专业、高雅的形象。

色彩搭配是色彩设计的重要内容，如利用对比色（如红色与蓝色）搭配可以形成强烈的视觉冲击，吸引消费者目光；利用类似色（如红色与橙色）搭配则可以营造和谐统一的美感，提升商品的整体质感。

另外，色彩设计可以遵循 6∶3∶1 的配色原则，即商店内 60% 的面积使用主色，30% 的面积使用辅助色，10% 的面积使用点缀色，这种比例有助于保持色彩的平衡和层次感。

（三）灯光设计

灯光设计的重点在于功能性设计与美观性设计，其中，功能性设计应当将灯光分为基础照明、重点照明和辅助照明等不同的功能。

（1）基础照明。要确保整个商店有足够的亮度，让消费者能够清晰地看到商品和店内环境。基础照明一般采用均匀分布的灯具，如嵌入式 LED 灯或荧光灯。

（2）重点照明。这种照明用于突出展示重点商品或区域，如新品、热销商品或特色陈列区。重点照明通常使用聚光灯或射灯，通过调节角度和亮度来突出商品的细节和质感。

（3）辅助照明。这种照明用于补充基础照明和重点照明，营造温馨、舒适的购物氛围。辅助照明通常使用壁灯、台灯等照明设备。

对美观性设计而言，应当确保灯光颜色与商店整体色调相协调，营造统一和谐的视觉效果。使用的灯具造型也可以有一定的设计感，以提升商店的整体美感。另外，还可以充分利用光影变化来营造层次感和立体感，使商店空间显得更加丰富和有趣。例如，在商品上方设置射灯，通过光线的聚焦和投射来突出商品的轮廓和细节等。

（四）音乐设计

音乐能够影响零售商店的整体气氛，利用多样化的旋律和节奏，可以营造轻松愉悦或温馨、舒适的购物环境。合适的音乐不仅可以激发消费者的购买欲望，延长消费者在店内的停留时间，还可以掩盖商店的杂音，如走动声、谈话声等，为消费者打造舒适的购物空间。

选择音乐时，音乐应与品牌形象和商品特性相匹配，以传递出品牌的独特魅力和价值观。不同的购物时段和场景（如高峰时段、促销活动等），可以选用不同的音乐类型和节奏。音乐音量应适中，在让消费者感受到音乐的同时又不会干扰消费者的正常交流。

（五）气味设计

独特的气味设计，既可以为商店营造符合品牌形象和商品特点的独特氛围，又能深刻影响消费者的购物体验。某些特定的气味还可以激发消费者的购买欲望，如食品店利用香气四溢的烘焙食品气味来吸引消费者等。

在选择气味时，应充分考虑目标消费者的喜好，以确保气味能够吸引并留住消费者。同时应确保使用环保、无害的香氛原料，避免使用过于浓烈或刺鼻的气味，以免消费者感到不适。

任务实施

任务演练：设计便利店布局与商品展示方案

【任务目标】

设计一个简洁高效、吸引消费者的便利店布局和商品展示方案，以提升消费者购物体验和增加销售额。

【任务要求】

本次任务的具体要求如表 5-13 所示。

表 5-13　　　　　　　　　　任务要求

任务编号	任务名称	任务指导
（1）	设计便利店布局	选择合理的布局形式并设置磁石点完成便利店布局操作
（2）	设计商品陈列方式	选择合适的商品陈列方式来陈列不同的商品
（3）	设计商品展示效果	通过橱窗设计、色彩设计、灯光设计、音乐设计和气味设计等操作完成商品展示

【操作过程】

1. 设计便利店布局

小张他们考虑到便利店的面积较大，并且所处区域的消费者以年轻人居多，因此设计了以下便利店布局方案，如表 5-14 所示。

表 5-14　　　　　　　　　　便利店布局方案

项目	具体内容
布局形式	线条型布局方式，展示较多的商品
磁石点设置	第一磁石点：设置在入口处，展示年轻人喜欢的零食和饮料，吸引其注意力 第二磁石点：设置在店铺深处，展示日用品和家庭必需品，引导消费者深入店铺 第三磁石点：利用端架展示特价商品或季节性商品，如节日礼品或夏季冷饮 第四磁石点：在副通道两侧展示热门商品，如零食和饮料，激发消费者的购买欲望 第五磁石点：在收银台前设置促销货架，展示小件商品，强化冲动性购买行为

2. 设计商品陈列方式

由于新开的这家便利店销售的商品种类较多，小张和同事们决定使用多种陈列方式来摆放商品，具体如表 5-15 所示。

表 5–15　　　　　　　　　商品陈列方案

方式	陈列的商品
悬挂陈列	在店内的中心区域，使用挂钩陈列架展示轻便商品，如电池、牙刷等日用品，筷子、勺子等小型餐具和厨房用品等
端头陈列	在货架的两端摆放促销商品或新品，如新口味的薯片或饮料，以吸引消费者的注意力
突出陈列	在中央货架上附加延伸架，展示新上市的电子产品，如便携式充电宝或蓝牙耳机
关联陈列	将方便面与火腿肠、饮料与面包等关联性较强的商品放在一起，方便消费者购买
散装或混合陈列	将部分零食、糖果、坚果拆包装后放在透明容器中，让消费者可以自由选择和混合购买
垂直陈列	利用货架的垂直空间，将相同类别的商品从上到下排列，如将不同口味的薯片和小包装的零食垂直陈列，方便消费者选择

3. 设计商品展示效果

为进一步改善商店的购物环境，小张和同事们计划利用橱窗、色彩、灯光、音乐和气味的设计，打造出简洁高效且能够吸引消费者的展示效果，如表 5-16 所示。

表 5–16　　　　　　　　　商品展示效果方案

项目	设计内容
橱窗设计	不单独整理出橱窗区域，只需设计并打印零食、饮料等商品的卡通图案，粘贴在便利店窗户下方，并张贴新品或促销等相关字样
色彩设计	主色为清新的蓝色和白色，辅助色为温暖的黄色，点缀色为具有活力的橙色，营造清新明亮的购物环境
灯光设计	使用柔和的 LED 灯作为基础照明，聚光灯突出重点商品，适量的 LED 灯带营造充满活力的氛围
音乐设计	不单独设计音乐环境，低音量播放轻音乐，起到让人放松的效果
气味设计	确保便利店无异味即可

任务四　零售商品促销

微课视频

零售商品促销

任务描述

为提升商店的销售业绩，老李要求小张他们尽快设计出商品的促销计划。本次任务的具体情况如表 5-17 所示。

表 5-17　　　　　　　　　　　　　　　　　　任务单

任务名称	零售商品促销	
任务背景	集团新设的位于城市新区的便利店，为提升夏季饮料及零食类商品的销量，增强消费者黏性，计划开展一系列促销活动。考虑到当前市场的竞争情况及消费者需求的多样化，便利店需要制订一个既吸引消费者眼球又能有效提升销售额的促销计划	
任务类别	□ 调查活动　　　　□ 分析活动　　　　■ 设计活动	
工作任务		
任务内容		任务说明
任务演练：制订便利店商品促销计划		按照零售促销策划的流程制订促销计划，包括明确促销目标、选择促销组合、分配促销预算、制定促销策划方案、执行促销策划方案、评估促销效果等
任务总结：		

知识准备

一、零售促销的作用与分类

零售促销是指零售企业通过各种营销手段，刺激和引导消费者购买其商品的过程，是零售企业扩大市场份额、提高消费者忠诚度的重要手段。

（一）零售促销的作用

零售促销对零售企业而言有许多积极作用，主要体现在以下 3 个方面。

（1）传递信息以吸引消费者。零售促销的首要作用是向消费者传递关于商品的信息。在信息爆炸的时代，消费者面临着大量的选择，而零售促销通过广告、宣传单、社交媒体、店内展示等多种渠道，将商品的独特卖点、优惠信息、品牌故事等关键信息传递给目标消费者。这种信息传递不仅可以提高商品的曝光率，还能吸引消费者的注意力，激发他们的购买兴趣。

（2）突出特点以刺激需求。零售促销通过强调商品的独特特点、优势等刺激消费者产生购买需求。例如，通过突出商品的创新性、高品质、环保特性或性价比，使商品在众多竞争商品中脱颖而出。同时，零售促销还会结合消费者的需求和痛点，提出解决方案，从而激发消费者的购买欲望。这种突出特点的方式，不仅可以满足消费者的实际需求，还能创造新的购买动机，推动需求的增长。

（3）说服消费者以提高销售量。零售促销的最终目的是说服消费者购买，从而扩大销售。为实现这一目标，促销活动通常会采用多种策略来增强说服力。例如，利用买一赠一、满额减免等优惠措施，降低消费者的购买成本。同时，通过展示商品的实际效果、购买评价或专家推荐等信息，提升消费者对商品的信任度和购买信心。此外，零售促销还常常利用消费者的心理需求，如追求时尚、追求性价比、追求便利等，制定个性化的促销方案，以更好地说服消费者购买。

（二）零售促销的分类

零售促销可以按不同的标准划分出不同的种类，常见的划分标准有活动的时间长短和活动的主题。

1. 按活动的时间长短分类

按活动的时间长短，零售促销可分为长期性促销和短期性促销。

（1）长期性促销。长期性促销着眼于塑造零售企业的差异优势，通过一系列持续性的活动来增强消费者对零售企业的信任感，确保消费者能够长期光顾。这种促销方式通常需要较长的时间，一般超过一个月，有时甚至可能持续数月或更长时间。零售企业可以通过优化购物环境、实行会员制度、推出积分兑换、举办长期优惠活动等方式来实现这一目标。长期性促销的效果可能不如短期性促销那样立竿见影，但是对提高消费者忠诚度、稳定销售额和提升品牌形象等具有重要作用。

（2）短期性促销。短期性促销侧重于在有限的时间内（通常是3～7天，长则1～2周）通过具有特定主题的促销活动来快速提高销售额和客流量。零售企业可以通过打折促销、买一赠一等方式来吸引消费者。这种促销方式具有较强的时效性和针对性，能够迅速吸引消费者的注意力并刺激其购买。

2. 按活动的主题分类

按活动主题的不同，零售促销可分为开业促销、竞争性促销、周年庆促销和例行性促销。

（1）开业促销。开业促销是零售企业在店铺开张时为吸引消费者、提升知名度而采取的一种促销方式，通常包括特价销售、赠送纪念品和贵宾卡等多种手段，以吸引消费者光顾并留下深刻印象。其目的是为新店铺的开业营造热闹的氛围，以快速积累人气。

（2）竞争性促销。竞争性促销通常发生在竞争激烈的商业环境中，当竞争对手推出促销活动吸引消费者时，零售企业也会采取相应的促销措施以应对竞争，如降低价格、增加商品附加值等。其目的是防止消费者流失到竞争对手处，同时提升品牌形象和扩大市场份额。

（3）周年庆促销。周年庆促销是零售企业在店铺成立周年纪念日时举行的促销活动。这类促销活动通常规模较大、时间较长，且优惠力度也相对较大，常通过打折、满减、赠品等多种方式，让消费者感受到店铺的诚意和实力。其目的是增强消费者的归属感和提升其忠诚度，同时吸引更多消费者前来体验并购物。

（4）例行性促销。例行性促销是指零售企业为保持销售增长和消费者黏性而定期举行的促销活动。这类促销活动通常具有规律性、周期性等特点，如节假日促销、换季促销等，常通过清仓处理、商品优惠等方式吸引消费者前来购物。其目的是在特定时间节点提升销售额和客流量，同时提升消费者的购物体验和品牌忠诚度。

二、零售促销组合

零售促销组合是指零售企业有计划、有目的地将各种促销方式进行适当选择和配合，以形成一个完整的、全面的促销策略。这些促销方式归纳起来主要包括广告宣传、销售促进、公共关系与人员推销。

（一）广告宣传

广告宣传是指通过付费方式，运用各种媒体传播手段，向公众介绍商品或观念，以引导消费者产生购买行为或形成特定社会认知的促销活动。它不仅能传递商品信息，还能进行说服性沟通，旨在创造或强化消费者对品牌、商品的认知和偏好。

1. 广告宣传的特点

广告宣传可以充分借助现代媒体，如电视、户外媒体、社交媒体等迅速覆盖大量目标消费者，其形式丰富多样，可结合文字、图像、音频、视频等内容生动形象地展示商品的特点和优势。频繁的广告曝光有助于加深消费者对品牌的认知，提高品牌知名度和美誉度。一些优秀的广告甚至还能引领消费趋势，影响消费者的购买决策。

高质量的广告宣传需要投入大量的资金，尤其是电视广告和互联网广告，这对资金不够充裕的零售企业而言可能难以承担。另外，在媒体信息爆炸的时代，消费者每天都会接触大量的广告信息，容易导致信息过载和注意力分散，从而降低广告的传播效果。

> **素养课堂**
>
> 诚实守信是广告宣传的基本要求和核心原则，宣传内容应当保证真实、合法，不得含有虚假或者引人误解的内容。

2. 广告宣传的分类

广告宣传可以按媒体类型、宣传内容和广告目的进行分类，具体如表 5-18 所示。

表 5-18　　　　　　　　　　　　　　广告宣传的分类

分类标准	类型	内容
媒体类型	传统媒体广告	包括电视广告、广播广告、报纸广告、杂志广告、户外广告（如路牌广告、霓虹灯广告等）等
	新媒体广告	随着互联网的普及和发展而诞生，如网络广告、社交媒体广告、视频广告、移动应用广告等
宣传内容	商品广告	直接介绍和推销商品的广告，强调商品的特点、性能、用途等
	品牌广告	通常不直接介绍商品，而是通过情感诉求、品牌形象塑造等方式与消费者建立情感联系，旨在提升品牌形象和知名度
广告目的	告知性广告	主要用于向消费者传递新商品或促销活动的信息
	说服性广告	通过展示商品的优点、使用效果或与其他品牌商品的比较，说服消费者购买
	提醒性广告	针对已经购买过商品的消费者，提醒他们再次购买或继续使用

（二）销售促进

销售促进又称营业推广，是零售企业运用各种短期诱因来鼓励和帮助消费者购买商品的一种促销手段。

1. 销售促进的作用

销售促进能够有效刺激需求，短期效果较为明显，可以促进消费者立即产生购买行为，从而快速提高某一特定时间段的销售业绩或某种商品的销售额，其主要作用如下。

（1）吸引潜在消费者。通过提供优惠的价格、赠品等方式，吸引潜在消费者尝试或购买零售企业的商品。

（2）提高销售额。增加消费者对商品的购买频次和购买量，从而直接提升销售额。

（3）提升消费者的忠诚度。通过提供额外的优惠或奖励，提升消费者的满意度和忠诚度，进而促使消费者重复购买并将商品推荐给他人。

（4）促进新商品推广。对于新商品，销售促进可以通过提供试用装、打折等方式吸引消费者尝试，从而提高新商品的市场接受度。

2. 销售促进的形式

销售促进的形式多种多样，常见的有赠品、折价优惠、优惠券、抽奖、积分卡、返券等。

（1）赠品。赠品是指在购买商品时，零售企业额外赠送的物品，通常作为对消费者购买行为的奖励或激励，如购买指定套餐赠送小礼品、满额赠送大礼包、会员专享赠品等。赠品能够增加商品的附加价值，吸引消费者购买。

（2）折价优惠。折价优惠是指零售企业在一定时期内对商品进行降价销售，以吸引消费者购买，如节假日、店庆等时间段推出特价商品等优惠活动。折价优惠是比较直接、有效的销售促进形式之一，能够迅速刺激消费者购买。

（3）优惠券。优惠券是指零售企业发放的一种优惠凭证，可以是纸质优惠券，也可以是电子优惠券等。消费者在购买商品时可以使用优惠券享受一定的折扣或优惠，如积分兑换优惠券、社交媒体优惠券、专属优惠券等。优惠券可以鼓励消费者再次购买，提升复购率。

（4）抽奖。抽奖是指消费者在购买商品后参与抽奖活动，有机会获得奖品或优惠，如购买商品获取抽奖资格、抽奖赢取优惠券等。抽奖活动能够增加购物的趣味性，吸引消费者参与。

（5）积分卡。积分卡是指零售企业发放的一种会员卡，消费者在购买商品时可以获得积分，积分累积到一定数量后可以兑换商品或享受优惠，如积分奖励、折扣优惠、礼品券、特权服务等。积分卡可以提高消费者的忠诚度，促使其长期购买。

（6）返券。返券是指零售企业在消费者购买商品后，返还给消费者的一种优惠券或代金券，消费者可以在下次购物时使用，如购物满一定金额返还代金券、购物满额赠送下次购物可用的优惠券等。返券可以鼓励消费者再次光顾店铺，促进其再次购买。

（三）公共关系

公共关系是指零售企业与社会公众的关系，为改善这种关系，零售企业往往会开展一系列公共活动，促进公众对零售企业的认识、理解和支持，达到树立良好形象、促进商品销售等目的。

1. 公共关系的特点

公共关系不具备付费性质，零售企业可以充分利用社会公众为其免费宣传，使消费者产生亲切感，减少抵触情绪，进而提高消费者的忠诚度。

零售企业开展的公共关系是一种长期关系，一般不会在短期内收到成效，且在公众宣传的过程中，零售企业很难控制宣传的信息内容和发布信息的时间。另外，虽然公共关系是免费的，但参与公共关系活动的人员、活动本身会产生费用。

2. 公共关系的活动形式

常见的公共关系的活动形式包括新闻、出版物、事件、演说、电话服务、形象识别等。

（1）新闻。新闻是公共关系活动中非常重要的一种形式，主要通过新闻稿、新闻发布会等方式，向媒体和公众传递信息，以树立形象、提高知名度。

（2）出版物。出版物包括报纸、手册、文章、视听材料及零售企业的公开信和刊物等。这些出版物不仅用于向目标消费者介绍商品和使用方法，还能通过富有思想和感染力的内容引起公众对零售企业及商品的注意，从而树立良好形象。

（3）事件。事件是指通过策划和组织各种特殊事件来吸引公众关注，如讨论会、展览会、竞赛、论坛等。这些事件为零售企业提供与公众直接互动的机会，有助于提升零售企业的知名度和美誉度。

（4）演说。演说即通过演讲的方式使零售企业能够将其思想、观点和情感传达给公众，使公众对零售企业有更深的了解。

（5）电话服务。电话服务可以让零售企业迅速响应公众的需求和反馈，如零售企业提供的免费咨询电话便是典型的电话服务，这种服务可以打消公众的顾虑，增强公众对零售企业的信任。

（6）形象识别。形象识别可以在公众中建立起零售企业的专属形象，零售企业可借助店铺招牌、工作服、包装袋等事物建立起形象识别系统，让公众看到这些形象就能马上联想到零售企业的商品。

（四）人员推销

人员推销又称直接推销或人员销售，是指零售企业通过销售人员与潜在或现有消费者进行面对面的沟通，以达成销售商品的目的的一种促销方式。人员推销的基本技巧如下。

（1）充分准备。在向消费者推销前，要做好充分的市场调研和商品知识准备，了解消费者的需求和痛点等。

（2）有效沟通。运用清晰、有说服力的语言与消费者沟通，注意倾听消费者的意见，并适时给予反馈。

（3）展示价值。通过商品演示、案例分享等方式，向消费者展示商品的独特价值和优势，激发消费者的购买欲望。

（4）消除疑虑。针对消费者的疑虑，给予耐心、专业的解答，消除消费者的顾虑。

（5）促成交易。在消费者表现出购买意愿时，适时提出交易条件，引导消费者完成购买决策。

（6）后续跟进。交易完成后，保持与消费者的联系，提供必要的售后服务和支持，巩固与消费者的关系。

三、零售促销策划

零售促销策划是零售企业为提升销量、吸引消费者或推广新商品而制定的一系列活动方案，其完整流程包括确定促销目标、选择促销组合、分配促销预算、制定促销策划方案、执行促销策划方案和评估促销效果等环节。

（一）确定促销目标

促销目标是促销活动的核心和出发点，它直接决定促销策略的选择、预算的制定和效果的评估等。一个明确、具体、可量化的促销目标，能够帮助零售企业更好地规划促销活动，确保活动的针对性和有效性。常见的促销目标及量化示例如下。

（1）提高销售额。通过各种促销手段吸引消费者购买，从而提高销售额，如在促销活动期间，实现销售额比上月同期增长20%。

（2）增加消费者。通过促销活动吸引更多消费者光顾店铺，提升客流量，如在促销活动期间，店铺的客流量比上月同期增长30%。

（3）推广新商品。针对新上市的商品进行促销，以提高商品的知名度和市场占有率，如在促销活动期间，实现新商品的销量达到总销量的5%。

（4）提升品牌形象。通过促销活动传递品牌形象和价值观，提升品牌在消费者心目中的好感度和忠诚度，如结合市场调研，确保促销活动后品牌知名度提升5%，且消费者满意度在90%以上。

（5）清理库存。针对积压的商品进行促销，以减少库存压力并回收资金，如在促销活动期间，实现特定商品的库存量减少80%。

（二）选择促销组合

明确促销活动的具体目标后，可以根据不同的目标选择不同的促销组合。以下是一些常见的促销组合策略。

（1）广告宣传+销售促进。通过广告宣传提高品牌知名度，同时配合销售促进手段吸引消费者购买。例如，在广告中宣传折扣信息，并在超市中设置促销专区。

（2）人员推销+公共关系。通过销售人员与消费者的直接沟通建立信任关系，同时利用公共关系活动提升品牌形象。例如，销售人员向潜在消费者介绍商品优势，同时零售企业赞助社区活动提高知名度。

（3）综合策略。根据促销目标和市场环境，综合运用多种促销手段。例如，在推出新商品时，通过销售促进吸引消费者试用，同时通过人员推销和公共关系建立品牌形象和提高消费者忠诚度。

（三）分配促销预算

分配促销预算可以确保促销活动有足够的资金支持，同时避免过度开支影响零售企业的正常运营。通过合理的预算分配，可以优化资源配置，提升促销活动的效率和效果。采用哪种方法分配促销预算取决于零售企业的促销目标、市场环境、资源状况及所选的促销组合。以下为常见的分配促销预算的 3 种方法。

（1）销售百分比法。以预估的销售额为依据，乘以一定的百分比作为促销预算。例如，某零售企业预计下一年度的销售额为 1 亿元，其决定将销售额的 2%用于促销预算，那么该零售企业的促销预算就是 200 万元。

（2）量入为出法。根据零售企业的财力状况来确定促销预算，优先确定零售企业能够负担的促销费用水平，然后据此制定促销预算。例如，某零售企业发现下一年度可用于市场营销的预算总额为 500 万元，考虑到其他市场营销活动（如市场调研、商品推广等）的需求，其决定将其中的 30%，即 150 万元作为促销预算。

（3）竞争对等法。以主要竞争对手或行业平均的促销费用为依据，制定零售企业的促销预算。例如，某零售企业发现其主要竞争对手的促销费用占销售额的比例为 3%，考虑到自身在市场上的地位和竞争策略，该零售企业决定也采用相同的比例来分配促销预算。

（四）制定促销策划方案

制定促销策划方案应重点围绕促销主题、促销时间、促销内容和促销开展方式等方面展开，具体如下。

（1）促销主题。促销主题应紧密围绕促销目标展开，明确传达促销活动的核心内容。此外，主题口号或标语应简短易记，并符合目标消费者的语言习惯和审美偏好。

（2）促销时间。根据商品特性、市场需求和消费者购买习惯，选择理想的促销时间。例如，季节性商品可以在相关节日或季节前进行促销。

（3）促销内容。根据促销目标确定促销内容，如新商品、品牌形象等都可以作为促销的具体内容。

（4）促销开展方式。根据选择的促销组合说明促销的开展方式，如利用社交媒体进行广告宣传，并举办各种线下活动等。

（五）执行促销策划方案

促销策划方案的执行直接关系到促销活动的效果，执行时应当注意以下几点。

（1）分工明确。根据团队成员的专业能力和经验，合理分配任务，确保每个环节都有专人负责。

（2）时间规划。明确促销活动的起止时间，以及各个关键节点的时间安排。

（3）资源调配。确保所需的人力、物力、财力等资源得到合理配置。

（4）应急预案。制定应对突发情况（如商品短缺、系统故障等）的预案。

（5）现场布置。按照活动方案进行现场布置，确保活动现场的氛围和效果符合活动主题。

（6）活动监控。实时监控活动进度和效果，及时调整活动策略以应对市场变化。

（六）评估促销效果

促销活动结束后，需要及时评估活动效果，以便找出亮点和不足，为下一次活动做好准备。评估促销效果的方法主要有以下 3 种。

（1）观察法。通过观察消费者对促销活动的具体反应（如优惠券的使用率、赠品的领取情况等），评估促销活动的实际效果。

（2）市场调查法。组织有关人员进行市场调查，了解消费者对促销活动的熟悉程度、认同度及促销活动对品牌选择和购买行为的影响等。这种方法能够更全面地了解促销活动的效果。

（3）比较法。将促销前后的销量、销售额、市场份额等关键指标进行比较，分析促销活动的贡献大小。

> **⏰ 专家点拨**
>
> 　　评估完成后，可以对促销活动的整体效果进行总结，如分析促销活动对销售业绩的直接影响，促销活动的成本投入与销售数据对比情况，以及促销活动对品牌形象和知名度的影响，等等。

📖 任务实施

☕ 任务演练：制订便利店商品促销计划

【任务目标】

便利店即将开业，为提高商品销量，并快速增强消费者黏性，扩大品牌影响力，需制订一个有效的商品促销计划。

【任务要求】

本次任务的具体要求如表 5-19 所示。

表 5-19　　　　　　　　　　　　　任务要求

任务编号	任务名称	任务指导
（1）	明确促销目标	为本次促销活动设定具体、可量化的目标
（2）	选择促销组合	结合便利店实际情况，选择合适的促销组合
（3）	分配促销预算	根据促销目标和所选促销组合，合理分配促销预算，确保资源有效利用

（续表）

任务编号	任务名称	任务指导
（4）	制定促销策划方案	详细规划促销主题、时间、内容和开展方式，确保活动的可执行性
（5）	执行促销策划方案	明确执行步骤和分工，制定应急预案，实时监控活动进度和效果，及时调整策略
（6）	评估促销效果	通过多种方法评估活动效果，总结经验教训，为下次活动提供参考

【操作过程】

通过分析竞争对手的销售数据和对该区域市场情况的了解，小张和同事们为便利店制订了针对性较强的商品促销计划，具体内容如表 5-20 所示。

表 5-20　　　　　　　　　　　便利店商品促销计划

环节	内容
明确促销目标	① 饮料类商品销售额达到 30 000 元 ② 增加新会员注册量 500 人 ③ 提高社交媒体曝光量，参与数量达到 1 000 人
选择促销组合	① 销售促进。推出"买二送一"的饮料促销活动，并设置抽奖环节，在店铺购物满 100 元可参加抽奖，奖品为食品套餐或优惠券，由消费者自主选择 ② 公共关系。参与社区公益活动，如夏日清凉送水活动，提升品牌形象 ③ 人员推销。培训店员，促进其对促销活动的了解和提升其推销技巧
分配促销预算	确定促销预算为 1 000 元，并按以下方案进行分配。 ① 广告宣传：预算占比 30%，主要用于社交媒体广告投放和海报制作 ② 销售促进：预算占比 50%，用于商品折扣、赠品采购及抽奖奖品准备 ③ 公共关系：预算占比 10%，用于社区公益活动赞助和物资准备 ④ 人员推销：预算占比 10%，用于店员培训和激励
制定促销策划方案	① 促销主题："开业酬宾，冰爽一夏" ② 促销时间：8 月 1 日—8 月 11 日 ③ 促销内容：饮料类商品"买二送一"优惠；购物满 100 元可参与抽奖，奖品包括食品套餐和优惠券；新会员注册即送 10 元无门槛优惠券 ④ 促销开展方式：在多个网络社交平台发布促销海报、短视频，设置话题互动；在店内设置促销专区，摆放醒目海报和促销商品；店员需要主动向消费者介绍促销活动的具体情况
执行促销策划方案	① 店长负责整体协调，店员负责具体执行，市场部负责广告宣传和社交媒体运营 ② 按照活动方案进行现场布置，营造清凉、欢快的购物氛围 ③ 制定商品短缺、系统故障等突发情况的应对预案 ④ 提前一周完成所有准备工作，包括海报制作、商品备货、店员培训等 ⑤ 实时监控活动进度和效果
评估促销效果	① 观察消费者对促销活动的反应，如优惠券使用率、赠品领取情况、互动话题热度等 ② 组织小范围的市场调查，了解消费者对促销活动的熟悉程度和满意度，调查他们购买行为的变化情况 ③ 将促销前后的销量、销售额、会员注册量等关键指标进行比较，分析促销活动的贡献大小

综合实训　全面管理超市商品

实训目的：通过全面管理超市商品，深入理解零售商品管理的主要内容，进一步巩固零售商品管理的方法。

实训要求：以即将开业的小型超市为例，商品以日用品和生鲜食品为主，实训人员分为若干小组，各组对该超市的商品进行模拟管理操作，包括采购、分类、组合、结构优化、定价、陈列、展示、促销。

实训思路：本次实训的具体操作思路可参考图5-9。

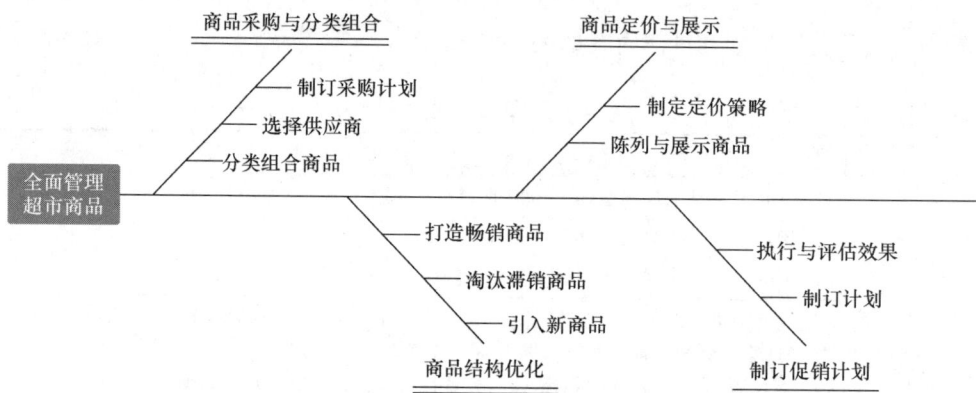

图 5-9　实训操作思路

实训结果：各组提交实训报告，详细记录实训过程和结果。总结实训过程中的经验教训，分析成功与失败的原因，针对实训过程中发现的问题，提出改进建议，为未来的商品管理工作提供参考。扫描右侧二维码可查看实训报告示例。

扫一扫

实训报告示例

案例分析　喜茶的商品管理

喜茶（HEYTEA）起源于广东省江门市的一个小巷子，自创立以来，其凭借独特的口味、创新的文化体验、时尚的门店设计，以及精细化的商品管理方法，实现了品牌的快速发展并获得了市场的广泛认可，迅速成长为国内乃至国际知名的茶饮连锁品牌。

一、采购与分类

喜茶深入上游茶园、果园、牧场和工厂，以严格的品质标准规范原料的种植、生产和制作，打造了拥有41个仓库，覆盖超300个城市的仓配网络。在这种模式下，喜茶能够集中管理原料的采购和配送，确保原料的新鲜和品质。同时，喜茶对商品包装材料的采购也进行了全面管理和控制，其不仅通过签署长期合同、建立供应商评估体系等方式保证供应商的质量和信誉，还采用集中采购和分散采购相结合的方式，实现采购成本和风险的平衡。

喜茶的产品线丰富，包括芝士茗茶、鲜茶水果、波波家族、茶冰激凌等多个系列，每个系列下又有多种口味供消费者选择，这体现了商品组合的广度。此外，在每个系列下，喜茶还提供多种不同的选项，如芝士茗茶系列下有"芝芝莓莓""芝芝黑提"等，鲜茶水果系列则有"满杯水果家族"等多个品种，这体现了商品组合的深度。由此可见，喜茶的商品组合更接近于广而深的商品组合。这种策略使得喜茶能够满足不同消费者的多样化需求，提高了市场竞争力。同时，通过不断创新和优化，喜茶能够保持饮品的新鲜感和吸引力，进一步巩固了其市场地位。

二、定价策略

喜茶在创立之初，凭借其高品质的产品和独特的品牌形象，采用了相对较高的定价策略，这一策略在当时的市场环境中是有效的，因为消费者愿意为高品质、有特色的茶饮支付更高的价格。随着市场竞争的加剧和消费者需求的变化，喜茶开始调整其定价策略。从2022年初开始，喜茶主动对饮品价格进行下调，将主流饮品价格带调整到15～25元，并承诺不再推出29元以上的新品。这一降价策略旨在降低消费门槛，吸引更多潜在消费者，并增加销量。在降价的同时，喜茶并没有牺牲产品的品质和口感。相反，喜茶通过优化供应链、提高生产效率等方式，降低了成本，从而在保证品质的前提下实现了价格的下降。

三、促销策略

促销策略方面，喜茶采用了广告宣传、销售促进、公共关系和人员推销等多种方式。这些策略相互配合，形成了一个完整的、全面的促销组合，为喜茶的品牌发展和市场拓展提供了有力支持。

（1）广告宣传。喜茶利用微博、抖音、微信等社交媒体平台开展营销活动，通过自建官方网站、电商平台及合作媒体进行品牌宣传和产品推广，并在线下各门店举办主题活动，如周年庆、节日活动等，吸引消费者前来参与。

（2）销售促进。为促进产品的销售，喜茶会定期推出新品，激发消费者的购买欲望。同时，其还推出积分累积制度，消费者累积一定积分可兑换免费饮品或折扣券。此外，喜茶会在特定时间段内提供折扣优惠，如买一送一、折扣券等，吸引消费者购买产品。

（3）公共关系。喜茶与知名时尚品牌、名人等均有合作，并参与或发起社会公益活动，如环保、教育等，以提升品牌美誉度。

（4）人员推销。在门店内，工作人员会主动向消费者介绍新品、优惠活动等，并提供专业的饮品推荐和制作建议。

【案例思考】

喜茶的商品管理是否合理？请说明原因。

巩固提高

1. 零售商品采购流程中，确定供应商需要考虑哪些关键因素？
2. 简述 NRF 商品分类与我国商品分类的主要区别。

3. 简述广而浅的商品组合与窄而深的商品组合的特点及适用范围。

4. 为零售商品定价时，需要考虑哪些因素？

5. 什么是"磁石点理论"？其在零售商品展示中有何应用？

6. 在制订促销计划时，如何确定合适的促销组合？

7. 零售促销的主要作用是什么？常见的促销手段有哪些？

8. 某即将开业的电子产品线下体验店位于某城市较为知名的商业街，请根据这一背景，为该电子产品制定商品促销策略。

零售供应链

✒️ 学习目标

【知识目标】

1. 掌握供应链的含义与传统零售供应链。
2. 熟悉新零售供应链。
3. 掌握数字化供应链的含义。
4. 熟悉数字化供应链的优势与数字化零售供应链的关键技术。

【技能目标】

1. 能够为便利店设计出合适的零售供应链方案。
2. 能够设计出数字化零售供应链的解决方案。

【素养目标】

1. 培养创新思维，勇于探索新技术、新模式的应用。
2. 保持对新知识、新技术的敏感度，主动寻求学习机会，不断提升专业素养。

📖 项目导读

零售供应链对零售企业而言是核心竞争力的重要组成部分，直接关乎运营效率、成本控制、消费者满意度及市场竞争力。一条高效、灵活的供应链能够确保商品顺畅流通，减少资源浪费，同时迅速响应市场变化，满足消费者的多样化需求。

集团考虑到未来零售业的发展趋势，决心对旗下便利店的供应链管理进行优化。在老李看来，传统零售供应链虽然积累了丰富的运营经验，但在信息流通速度和市场响应能力方面存在局限。为此，老李要求小张和部门其他同事为集团的连锁便利店设计新零售供应链方案，充分融合线上线下渠道，优化库存管理、物流配送和消费者体验。另外，小张他们还需要为便利店考虑数字化零售供应链的解决方案，即采用数字化技术实现零售供应链的智能化、自动化和可视化。同时可以考虑通过物联网、区块链等前沿技术，提升信息流通的实时性和准确性，实现商品的全程追溯，确保商品质量和安全，进一步提升便利店的运营效率和市场竞争力。

引导案例

晨光文具的供应链转型

晨光文具（以下简称"晨光"）是中国知名的文具品牌之一，致力于让学习和工作更快乐、更高效，其产品涵盖学生文具、办公文具及其他相关商品。随着市场竞争的变化和技术进步带来的行业变革，晨光意识到传统供应链模式已难以满足现代商业环境下的需求。为保持竞争优势并提高消费者满意度，晨光采取了一系列措施来进行供应链转型。

晨光首先整合上游供应链，通过自建供货厂实现核心原料的自产自销，从而增强原材料的质量控制并降低采购成本。同时，晨光还积极优化销售渠道，实施"一体两翼"战略，在巩固传统文具商品业务的基础上，大力发展办公直销业务和零售大店业务，实现供应链向企业端和客户端市场的延伸。

晨光非常重视数字化转型，利用大数据、云计算等先进技术优化内部管理流程。通过构建集成的信息平台，晨光实现了从订单处理到生产调度、库存管理和物流配送等多个环节的数据共享与流程自动化。这不仅提高了工作效率，还大幅降低了运营成本。

为适应消费者购物习惯的变化，晨光还积极拓展线上线下相结合的新零售模式。在线上，晨光充分利用电商平台的优势来扩大市场份额，线下则不断丰富实体店形式，以此提升消费者体验。

点评：晨光通过整合上游供应链、加强数字化建设、优化销售渠道等措施，成功实现了供应链的转型和升级。这些举措不仅提升了晨光的市场竞争力和盈利能力，也为消费者提供了更加优质、便捷、个性化的商品和服务。

任务一 探究零售供应链的变革

任务描述

微课视频

探究零售供应链
的变革

为更好地应对市场竞争，集团旗下的连锁便利店需要向新零售供应链的模式转变。老李接过任务后，先通过分析晨光的供应链转型，总结与借鉴经验，然后和部门同事一起为便利店设计新零售供应链方案。本次任务的具体情况如表6-1所示。

表6-1   任务单

任务名称	探究零售供应链的变革
任务背景	随着新零售模式的兴起，传统便利店面临来自线上购物平台及新型智能零售店的激烈竞争。为了在市场中保持竞争力，集团需要优化便利店的供应链体系，通过数字化、智能化手段提升商品采购、库存管理、物流配送及消费者服务等方面的效率与体验
任务类别	☐ 调查活动　　　☐ 分析活动　　　■ 设计活动
工作任务	

（续表）

任务内容	任务说明
任务演练：为集团的连锁便利店设计新零售供应链方案	① 优化供应商管理、库存管理与物流管理 ② 优化商品和消费者购物体验
任务总结：	

知识准备

一、供应链的含义与构成要素

美国供应链协会对供应链的定义是：供应链涉及从供应商的供应商到顾客的顾客的最终产品生产与交付的一切努力。

我国 2021 年发布实施的国家标准《物流术语》（GB/T 18354—2021）对供应链的定义是：生产及流通过程中，围绕核心企业的核心产品或服务，由所涉及的原材料供应商、制造商、分销商、零售商直到最终用户等形成的网链结构。

我国物流与供应链管理研究所所长马士华在其所著《供应链管理》一书中对供应链的定义为：供应链是围绕核心企业，通过对信息流、物流、资金流的控制，从采购原材料开始，制成中间产品以及最终产品，最后由销售网络把产品送到消费者手中，将供应商、制造商、分销商、零售商直到最终用户连成一个整体的功能网链结构模式。

综合这些定义可知，供应链包括在生产及流通过程中，涉及将产品或服务提供给最终顾客的各个企业所形成的网链结构。图 6-1 所示为服装生产与流通的供应链，其构成要素主要包括核心企业、节点企业、信息流、物流和资金流。

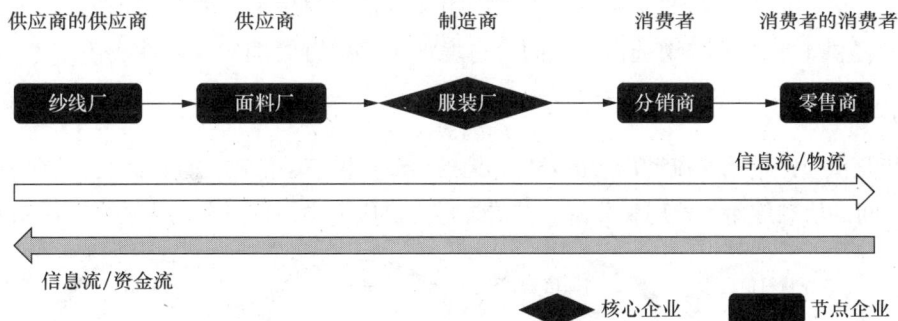

图 6-1　服装生产与流通的供应链

（1）核心企业。供应链中的核心企业是整个链条的驱动者和协调者，可以是供应链的起始端，也可以是中间环节。它通常拥有较强的市场影响力和资源整合能力，掌握着关键技术、核心能力和关键环节，通过与其他企业的合作与协调，推动供应链的顺畅运行，实现供应链的整体优化。

（2）节点企业。节点企业是供应链中的各个参与方，包括供应商、制造商、分销商、零售商等。不同节点企业都在供应链中扮演着特定角色，共同完成产品的生产、流通和销售。

（3）信息流。信息流是指供应链中各个环节之间的信息传递和共享过程，涉及订单信息、库存信息、销售信息等。信息流是供应链管理的神经中枢，它指导着物流、资金流等要素的流动，确保供应链的顺畅运行。

（4）物流。物流是指产品从生产地到消费地的实体流动过程，包括运输、仓储、装卸、搬运、包装、配送等环节。物流是供应链中不可或缺的一部分，它确保产品能够按时、按量、按质地送达消费者手中。

（5）资金流。资金流是指供应链中各个环节之间的资金流动过程，涉及支付货款、收取货款、融资等。资金流是供应链运行的必要条件，它确保供应链中各个环节之间的经济联系和利益分配。

二、传统零售供应链

传统零售供应链是相对于新零售供应链而言的，它涵盖从原材料采购到最终商品交付给消费者的全过程。下面重点介绍传统零售供应链中的网链结构模式、信息流、物流和资金流的概念。

（一）网链结构模式

传统零售供应链通常包含多个层级，从上游的原材料供应商开始（可能包括多级供应商），经过制造商、分销商（可能包括多级分销商），最终到达零售商。这种层级分明的结构使得每个环节都有其特定的职责和功能，这些环节共同构成了一个完整的供应链网络，消费者可以通过零售商购买到各种商品。

在传统零售供应链中，商品可能通过多种渠道流向消费者，这些渠道包括实体店、批发市场、代理商、分销商等，它们各自拥有不同的市场定位、目标消费者和销售策略。渠道的多样性为消费者提供了更多的购物选择，但同时也增加了供应链管理的复杂性。

（二）信息流

信息流是供应链中信息流动产生的效应，是指导整个供应链活动的神经系统，它涉及供应链中各个环节之间的信息传递、处理和分析。在传统零售供应链中，信息流的主要环节如图 6-2 所示。

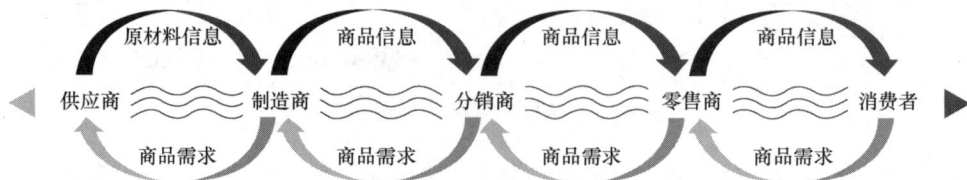

图 6-2 传统零售供应链中的信息流

154

在信息流中，需求信息通常由消费者或零售商产生，包括商品种类、数量、价格、交货期等。这些信息通过零售渠道传递给分销商或制造商，作为供应链运作的起点。核心企业（如制造商）接收到需求信息后，会通过分析市场需求、库存状况、生产能力等因素，制订生产计划、采购计划和物流计划。供应商根据核心企业的采购计划进行生产或采购活动，并将相关信息（如生产进度、交货期等）传递给核心企业。同时，供应商也会将商品信息（如规格、价格、质量等）传递给下游环节。在供应链运作过程中，各环节之间的信息会不断回传和反馈。

（三）物流

物流是确保商品从生产到最终消费者手中顺畅流动的核心要素。在传统零售供应链中，物流的大致流程如图 6-3 所示。无论是原材料供应商向制造商提供原材料，还是制造商向分销商或零售商提供商品，物流大多涉及以下操作。

（1）仓储管理。物流涉及仓储管理，包括商品（或原材料）的入库、存储、出库等环节。仓储管理需要确保商品（或原材料）的安全、完整，并根据销售（或生产）需求进行合理布局和调配。

（2）配送与运输。配送与运输是物流的关键环节，负责将商品（或原材料）从仓库运送到供应链的下一个环节，这包括选择合适的运输方式、规划运输路线、安排运输车辆等。

（3）物流信息管理。物流信息管理贯穿整个物流流程，通过收集、处理和分析物流信息，实现物流活动的可视化和可追溯，这有助于提高物流效率，降低物流成本。

图 6-3 传统零售供应链中的物流

（四）资金流

资金流是确保商品交易顺利进行和资金有效循环的关键环节，零售商通过销售商品给消费者，实现商品的价值转移和资金的回笼。这一过程中，消费者支付货款，资金从消费者流向零售商。零售商、分销商、制造商、供应商之间也需要进行货款结算，最终，资金从零售商流向供应商，如图 6-4 所示。

图 6-4 传统零售供应链中的资金流

> **专家点拨**
>
> 在传统零售供应链中，信息流、物流和资金流是紧密相连、相互影响的。信息流在供应链中起着传递市场需求、生产计划、库存状况等关键信息的作用，物流负责将商品从上游环节传递到下游环节，资金流则为各个环节提供必要的资金支持。

三、新零售供应链

新零售是指零售企业以互联网为依托，通过运用大数据、人工智能等先进技术，对商品的生产、流通与销售过程进行升级改造，进而重塑业态结构与生态圈，并对线上服务、线下体验和现代物流进行深度融合的零售新模式。这种模式下产生的供应链即新零售供应链，它是一种通过数字化、智能化技术实现更高效、更灵活、更智能的运营模式。

（一）传统零售供应链变革为新零售供应链的过程

在零售供应链的发展历程中，传统零售供应链向新零售供应链的变革过程大致可以划分为3个阶段，通过人、货、场这3个零售要素可以展现具体的变革过程。

1. 第一阶段：货→场→人

此阶段是典型的传统零售供应链阶段。在这个阶段，供应链的核心是商品本身，零售企业主要关注的是如何采购到优质的商品，并将其摆放在合适的销售场所（即"场"）中。销售主要在实体店铺中进行，消费者需要前往店铺购买商品，供应链关系相对简单，主要围绕商品的采购、存储和销售展开。

2. 第二阶段：场→货→人

此阶段可以视为新零售供应链初期阶段。随着商品种类的丰富和规模的扩大，消费者的基本需求能够得到满足，同时伴随电子商务的兴起，线上销售渠道逐渐成为主流，供应链关系开始发生变化。零售企业开始注重线下和线上销售平台（即"场"）的建设和优化，消费者更愿意在大型商店或有品质保障的线上平台购物。

3. 第三阶段：人→货→场

此阶段为新零售供应链成熟阶段。在这个阶段，供应链的核心转变为消费者（即"人"），零售企业通过深入了解消费者需求、提供个性化服务来增强消费者黏性和提高消费者满意度。借助大数据、人工智能等技术，零售企业能够实现对消费者的精准画像和个性化推荐，并提供符合其需求的商品和服务。同时，零售企业开始注重构建消费场景，通过线上线下融合的方式为消费者提供更加丰富的购物体验。

（二）新零售供应链与传统零售供应链的区别

新零售供应链与传统零售供应链之间存在许多明显的区别，具体如表6-2所示。

表6-2　　　　　　　　　新零售供应链与传统零售供应链的区别

区别点	传统零售供应链	新零售供应链
核心关注点	主要关注商品的采购、存储和销售，以货为中心，注重供应链的稳定性和成本控制	更加关注消费者的需求和行为，以人为中心，通过数据分析来优化供应链、提高响应速度和个性化服务水平
信息化与智能化程度	信息化程度相对较低，信息传递存在滞后和不对称的问题，导致供应链响应速度较慢	充分利用大数据、云计算、物联网、人工智能等先进技术，实现了供应链的数字化和智能化，能够精准预测市场需求，优化库存管理和物流管理

（续表）

区别点	传统零售供应链	新零售供应链
渠道与模式	主要依靠实体店铺销售商品，渠道相对单一，消费者需要前往实体店铺购买商品	实现了线上线下融合，消费者可以通过多种渠道（如线上商城、社交媒体、实体店等）进行购物。零售企业注重构建消费场景，通过场景化营销提升消费者购物体验
协同性	供应链各环节之间的协同性较弱，信息流通不畅，导致供应链整体效率较低	通过信息共享和协同管理，实现供应链上下游之间的紧密合作
个性化与定制化	提供标准化的商品和服务，难以满足消费者日益增长的个性化需求	提供更加个性化的商品和服务，这种个性化服务不仅提升了消费者满意度，还扩大了零售企业的盈利空间

（三）新零售供应链的主要参与者

新零售供应链是一个复杂而动态的系统，涉及多个参与者，主要包括零售商、经销商、物流服务商、品牌商/制造商等。

1. 零售商

在新零售供应链中，零售商需要加强与上游供应链（如品牌商、制造商）的协同合作，通过数据共享、联合预测等方式，提高供应链的透明度和响应速度。零售商还需优化自身的库存管理和补货策略，以降低库存成本并提高运营效率。另外，零售商需要实现多渠道库存共享、订单同步以及物流配送的一体化，确保消费者在任何渠道都能享受到一致的商品和服务。

2. 经销商

经销商在新零售供应链中，需要积极拓展线上渠道，与零售商共同构建线上线下一体化的销售网络，通过多渠道销售扩大市场份额并提升品牌影响力。经销商可以利用大数据技术收集和分析消费者行为，为供应链管理提供精准的需求预测和市场洞察，优化采购策略、合理调配库存，并提供更符合市场需求的商品组合。

3. 物流服务商

物流服务商需要适应新零售时代的物流配送需求，创新物流配送模式，提供高效的物流服务。物流服务商还需加强与零售商、经销商的合作，通过信息共享和资源整合，提高物流配送的效率和准确性。另外，物流服务商可以利用物联网、人工智能等先进技术对仓库进行智能改造，提高拣选、打包、出库的自动化水平，实时跟踪商品流动状态，有效缩短交货周期并提升消费者服务体验。

4. 品牌商/制造商

品牌商/制造商需要关注消费者需求变化和市场趋势，不断推出符合市场需求的新商品，通过定制化生产满足消费者的个性化需求，提升商品竞争力和市场占有率。同时，品牌商/制造商也需要加强与零售商、经销商等供应链伙伴的协同合作，通过数据共享和联合预测等方式提高供应链的透明度和响应速度。

📺 **任务实施**

🍵 任务演练：为集团的连锁便利店设计新零售供应链方案

【任务目标】

通过优化供应商管理、库存管理与物流管理，以及商品和消费者购物体验，将集团旗下连锁便利店的传统供应链调整为新零售供应链。

【任务要求】

本次任务的具体要求如表 6-3 所示。

表 6-3 　　　　　　　　　　　　　　　　任务要求

任务编号	任务名称	任务指导
（1）	优化供应商管理、库存管理与物流管理	实现供应商协同管理、优化库存管理，创新物流配送方式
（2）	优化商品和消费者购物体验	精准预测市场需求，提升消费者的购物体验与服务体验

【操作过程】

1. 优化供应商、库存与物流管理

为更好地调整便利店目前的供应链，小张和同事们认为首先需要进行供应商协同管理、库存优化管理和物流创新管理，具体方案如表 6-4 所示。

表 6-4 　　　　　　　　　　对供应商、库存和物流的优化方案

优化对象	优化内容
供应商管理	① 供应商评估与选择。基于供应商的历史表现、交货准时率、商品质量等因素，对供应商进行综合评估，选择优质供应商建立长期合作关系 ② 信息共享。与供应商建立信息共享机制，实时传递销售预测、库存状况等信息，促进供应链协同运作
库存管理	① 智能补货系统。根据销售预测和库存实际情况，自动触发补货指令，减少人为干预，提高补货效率 ② 库存可视化。利用物联网技术，对便利店库存进行实时监控和可视化展示，确保库存信息的准确性和及时性
物流管理	① 智能配送网络。与物流服务商合作，构建智能配送网络，实现商品的快速配送和精准投放 ② 库存共享与订单同步。建立新零售系统，实现便利店、线上商城等多渠道库存共享和订单同步，提高整体配送效率

2. 优化商品和消费者购物体验

对于商品管理和消费者购物体验的优化方案，小张他们认为需要构建大数据平台和开发线上商城、移动应用等软件应用系统才能实现，具体方案如表 6-5 所示。

表6-5 对商品管理和消费者购物体验的优化方案

优化对象	优化内容
商品管理	① 建立数据平台。整合便利店的销售数据、消费者行为数据、库存数据等，构建大数据平台 ② 需求预测。利用大数据分析技术，结合历史销售数据和市场动态，精准预测便利店商品需求
消费者购物体验	① 线上线下融合。开发线上商城和移动应用，实现线上线下商品、价格、促销等信息同步，为消费者提供便捷的购物渠道 ② 个性化推荐。利用大数据分析消费者购买行为和偏好，为其提供个性化的商品推荐和优惠信息 ③ 消费场景构建。在便利店内设置特色主题区域和互动体验区，提升消费者购物体验，增强消费者黏性

任务二 体验数字化供应链

微课视频

体验数字化
供应链

任务描述

为提升便利店的市场竞争力，满足消费者日益增长的个性化需求，集团决定为便利店设计一套零售数字化供应链解决方案，本次任务的具体情况如表6-6所示。

表6-6 任务单

任务名称	体验数字化供应链	
任务背景	随着新零售模式的兴起和消费者需求的日益多样化，传统便利店面临诸多挑战，如库存管理效率低下、供应链响应速度慢、消费者体验不佳等，为避免集团旗下的便利店出现这种情况，需要构建数字化供应链进行优化管理	
任务类别	□ 调查活动 □ 分析活动 ■ 设计活动	
工作任务		
任务内容	任务说明	
任务演练：为便利店设计零售数字化供应链解决方案	通过数字化手段优化采购、库存、物流等环节，提高供应链的响应速度和灵活性	
任务总结：		

知识准备

一、数字化供应链的含义

数字化供应链是一种基于互联网、物联网、大数据、人工智能等新一代信息技术构建的供应链体系，它以消费者需求为导向，以提高质量和效率为目标，通过整合各种数字技术，对供应链各个环节（如采购、生产、物流、仓储、销售等）进行优化和整合，实现信息的实时共享、协同合作、供应链可视化和智能化。其核心内容如下。

（1）以消费者为中心。强调以消费者需求为中心，通过精准营销和个性化服务提升消费者满意度和忠诚度。

（2）信息集成与共享。实现供应链各环节信息的实时集成与共享，提高供应链的透明度和协同效率。

（3）智能化决策。对零售企业内外部数据进行深度挖掘和分析，提供精准的决策支持，提高供应链的响应速度和精准度。

（4）自动化与协同。推动各环节的自动化和协同作业，降低人力成本，提高供应链的整体效率和灵活性。

二、数字化供应链的优势

数字化供应链相较于传统供应链，具有多方面的显著优势，下面从供应链可视化、供应链人工智能化、供应链指挥智慧化这 3 个角度进行说明。

（1）供应链可视化。数字化供应链通过实时数据采集和监控，使得供应链各环节的状态和运行情况变得透明可视，供应链系统能够实时监控潜在的风险因素，并通过预警机制提前通知相关人员，降低风险发生的可能性。

（2）供应链人工智能化。人工智能技术能够处理和分析大量的数据，从中发现规律和趋势。自动化和智能化的管理可以减少人工干预，降低人为错误率，提高供应链的效率和准确性。

（3）供应链指挥智慧化。数字化供应链系统能够将供应链中的不同参与方连接起来，实现信息共享和协同工作。智慧化的供应链系统能够根据实时数据和市场变化，快速调整供应链策略和计划。通过全局性的数据分析和优化算法，智慧化的供应链系统能够实现对整个供应链流程的全局优化。

三、数字化零售供应链的关键技术

数字化零售供应链的实现依托大数据、人工智能、物联网、云计算、区块链等技术，具体如表 6-7 所示。

表 6-7　　　　数字化零售供应链的关键技术

技术	说明
大数据	大数据是一种专门用于处理和分析海量数据的技术体系，旨在从各种类型的数据中快速获得有价值的信息。凭借大数据，通过对海量数据的收集、存储、处理和分析，零售企业能够深入了解市场需求、消费者行为、库存状况等关键信息，为供应链的优化提供数据支持。利用大数据进行需求预测，零售企业可以更加精准地制定采购策略、库存管理措施等，提高供应链的响应速度和灵活性

（续表）

技术	说明
人工智能	人工智能是一种模拟人类智能行为的技术，它涉及开发计算机系统和算法，使其能够执行通常需要人类智能才能完成的任务。通过机器学习、深度学习等算法，人工智能系统能够自动优化供应链的各个环节，包括库存管理、订单处理、物流配送等；能够通过自然语言处理和图像识别技术实现智能化服务，提升消费者体验。同时，在供应链风险预测和异常检测方面，人工智能也展现出强大的能力
物联网	物联网是指通过信息传感设备与技术，如射频识别、红外感应器、全球定位系统、激光扫描器等，将各种物品与互联网连接起来，进行信息交换和通信，以实现智能化识别、定位、跟踪、监控和管理的一种网络。为供应链中的各个环节配备传感器和射频识别（一种非接触式的数据通信技术，其应用包括感应卡、电子标签等）标签等设备，可以实现物理世界与数字世界的深度融合，零售企业因此可以实时监控商品的生产、运输、仓储和销售等过程
云计算	云计算是一种基于互联网的计算方式，它允许企业或个人用户通过网络以按需、易扩展的方式获得所需的计算资源（包括硬件、平台、软件）。其为数字化零售供应链提供了强大的数据处理和存储能力，使得零售企业可以灵活地扩展计算资源，满足供应链在高峰期的数据处理需求
区块链	区块链是一种分布式数据库，它以去中心化和去信任的方式集体维护一个可靠数据库，确保链上的数据不能被篡改、不能被伪造。凭借区块链去中心化、不可篡改和高度透明的特点，零售企业可以确保供应链中的数据安全和信任，防止信息被篡改或伪造。此外，区块链还能实现供应链中各环节的信息追溯和共享，提高供应链的透明度和可信度

素养课堂

　　面对新兴事物，我们应当保持足够的好奇心，勇于探索未知领域，这是学习新知识、掌握新技能的重要动力。

任务实施

任务演练：为便利店设计数字化零售供应链解决方案

【任务目标】

　　设计一套数字化零售供应链解决方案，达到提高便利店供应链效率、提升消费者体验、降低运营成本等目的。

【任务要求】

本次任务的具体要求如表6-8所示。

表6-8　　　　　　　　　　　　　　　　任务要求

任务编号	任务名称	任务指导
（1）	数字化采购管理	设计能够实现精准采购和供应商协同运作的方案
（2）	智能化库存管理	设计能够实时监控库存并能实现智能补货的方案
（3）	数字化物流管理	设计智能配送和物流信息可视化的方案
（4）	个性化消费者体验	设计可以构建消费者画像和实现个性化推荐的方案
（5）	数字化营销与促销	设计能够精准营销且能够反馈和分析数据的方案

零售基础
（微课版）

【操作过程】

小张和同事们将供应链各个环节的优化方法整合到一起形成优化方案,具体如表6-9所示。

表6-9　　　　　　　　　　　数字化零售供应链的优化方案

环节	优化内容
数字化采购管理	① 大数据需求预测。利用大数据收集并分析历史销售数据、市场趋势、消费者行为等信息,建立需求预测模型,为便利店提供精准的采购建议 ② 供应商智能协同。与供应商建立数字化协同平台,实现采购订单的实时传输和跟踪,提高采购效率
智能化库存管理	① 实时库存监控。通过物联网为便利店商品配备射频识别标签或传感器,实时监控库存状态,包括商品的数量、位置、保质期等 ② 智能补货系统。结合销售数据和库存数据,利用人工智能算法预测未来库存需求,自动生成补货计划,并自动触发补货流程
数字化物流管理	① 智能配送优化。利用大数据和人工智能,优化物流路线、运输方式、配送时间等,降低物流成本,提高配送效率 ② 物流信息可视化。通过数字化平台,实时展示物流状态,包括运输位置、预计到达时间等,提升供应链透明度
个性化消费者体验	① 消费者画像构建。利用大数据收集消费者购物记录、浏览行为等信息,构建消费者画像,了解消费者偏好和需求 ② 个性化推荐系统。基于消费者画像,利用人工智能为消费者提供个性化商品,提升购物体验和转化率
数字化营销与促销	① 精准营销。结合消费者画像和购物行为数据,制定精准的营销策略,如定向推送优惠券、个性化广告等 ② 数据分析与反馈。借助大数据、人工智能等技术对营销活动的效果进行自动评估,并反馈营销调整策略

综合实训　为超市设计新零售供应链方案

实训目的：通过深入理解新零售供应链的理论与实践,结合超市的运营环境,为超市设计一套全面、高效的新零售供应链方案,提升超市的竞争力。

实训要求：设计新零售供应链方案需考虑供应链管理、库存管理、物流管理以及消费者体验等方面,并适当应用数字化零售供应链中的关键技术。

实训思路：本次实训的具体操作思路可参考图6-5。

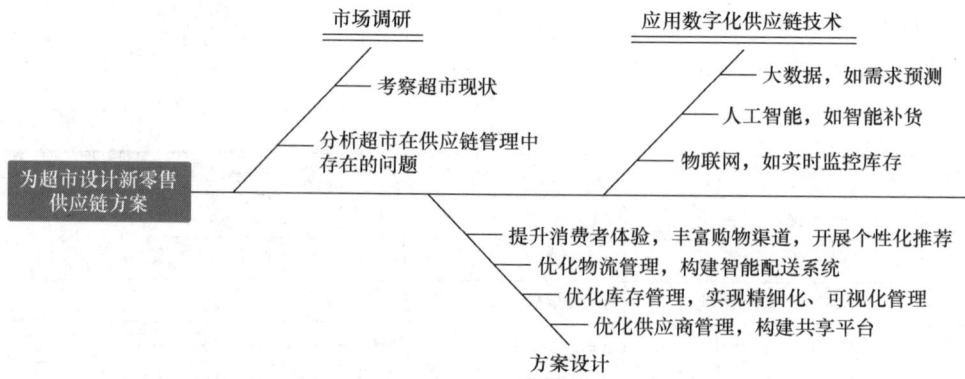

图6-5　实训操作思路

　　实训结果：超市的新零售供应链方案可以围绕消费者需求、商品采购与库存管理、线上线下融合销售、智能物流配送以及供应链协同管理等方面展开，以数据为驱动，实现供应链的数字化、智能化和高效化。扫码右侧二维码可以查看方案示例。

扫一扫

超市新零售
供应链方案

📊 案例分析　盒马鲜生与新零售供应链

　　盒马鲜生通过一系列新零售供应链的创新实践，包括供应商精选、数字化信息共享、智能库存管理、高效配送网络及库存共享与订单同步机制，成功构建了高效、灵活、响应迅速的供应链体系，显著提升了供应链效率与消费者满意度。

一、供应商精选

　　盒马鲜生在构建新零售供应链时，对供应商的评估与选择非常严谨。依据独有的供应商评估考核管理体系，盒马鲜生通过多层次的审核机制（准入审核、年度审核、飞行审核）及日常绩效评分体系，全面考量供应商的业绩、信誉度、产品质量及合规性。此外，盒马鲜生还实施了供应商绩效的动态监控与反馈机制，通过定期评估与奖惩措施，确保供应链的稳定运行与持续优化，从而精选出与新零售模式高度契合的优质供应商。

二、新零售解决方案

　　为整合传统零售分散的部分，实现线上线下无缝连接，并为新零售行业全面赋能，盒马鲜生发布了新零售操作系统"ReXOS"这一全新的解决方案。该系统涵盖门店、仓储、物流、线上 App 等盒马新零售的各个有机组成部分，赋能的业务场景包括生鲜超市、便利店、大型商超以及智能餐厅等，这不仅提高了零售效率，优化了运营品质，更实现了线上线下一体化，实现了共享供应链，促进了零售生态的快速发展。

三、智能库存管理

　　在库存管理方面，盒马鲜生引入了智能补货系统与库存可视化技术，通过集成智能履约集单算法、店仓作业自动化、配送调度优化及智能订货库存分配系统，实现了库存的精细化管理。这些系统不仅实现了库存的实时追踪与可视化展示，还能根据销售预测与库存状况自动调整补货策略，有效降低了库存成本，提升了库存周转率。

四、高效配送网络

　　盒马鲜生构建了去中心化、分布式的智能配送网络，该网络由供应商、区域配送中心（DC）及终端门店/消费者 3 层构成。通过智能履约集单算法优化订单处理流程，结合先进的智能配送调度系统，盒马鲜生将订单配送成本降至最低，并实现了配送效率的最大化。其物流链路分为 B2B（DC 至门店）与 B2C（门店至消费者）两段，确保了配送服务的快速响应与精准送达。

五、库存共享与订单同步机制

　　盒马鲜生在新零售模式下，实现了线上线下库存的共享与订单同步处理。通过数字化手段，盒马鲜生能够实时同步库存状态，实现库存的动态分配与智能调度，有效避免了库存积压与缺

零售基础
（微课版）

货现象。这一机制不仅提升了供应链的整体效率，还为消费者提供了更加便捷、灵活的购物体验，是盒马鲜生在供应链优化方面的关键创新点。

【案例思考】

从新零售供应链的角度来看，盒马鲜生在库存与配送方面有哪些亮点？

巩固提高

1. 供应链的含义是什么？请简要说明其构成要素。

2. 传统零售供应链通常包含哪些层级？这些层级之间是如何相互连接的？

3. 在新零售供应链中，信息流的主要作用是什么？如何确保信息流的顺畅？

4. 数字化供应链有哪些优势？

5. 新零售供应链的变革过程中，零售企业如何通过数字化技术手段提升消费者满意度？

6. 假设你是一家电子产品线下体验店的供应链管理人员，你会如何利用大数据、人工智能、物联网、云计算、区块链等技术来实现数字化供应链管理？

零售服务

📝 学习目标

【知识目标】

1. 熟悉零售服务的含义、特性与类型。
2. 熟悉零售服务设计的内容。
3. 熟悉零售服务质量差距模型。
4. 掌握零售服务质量差距的解决措施。

【技能目标】

1. 能够设计出便利店的零售服务总体方案。
2. 能够准确分析便利店的服务问题并制定改进方案。

【素养目标】

1. 形成"消费者至上"的服务理念，学会站在消费者的角度思考问题，提升消费者满意度和忠诚度。
2. 具备包容心态，能够理解和接纳不同观点和意见，营造和谐的服务环境。

📖 项目导读

在当下信息透明、选择多样的时代，优质的零售服务成为吸引和留住消费者的关键因素，它不仅能满足消费者的即时需求，更能通过提供超越消费者期望的服务使消费者形成品牌忠诚度和品牌认同感。这种忠诚度和认同感，对零售企业来说，是与消费者构建长期关系、实现稳定增长的重要基石。

为进一步提升便利店的服务质量，老李要求小张他们设计集团连锁便利店的零售服务总体方案，以加快订单处理速度，减少消费者投诉、退换货等问题的发生，降低便利店的运营成本。另外，老李还需要小张他们分析便利店可能存在的服务问题，并制定相应的改进方案，这不仅有助于改善消费者对便利店的既有印象，还能使便利店在市场上树立起积极、专业的品牌形象，吸引更多潜在消费者的关注。

引导案例

京东的零售服务

京东是我国规模较大的零售企业，其以贴心的零售服务赢得了许多消费者的喜爱，是行业内的典范。京东深知，在数字化时代，优质的零售服务不仅是商品交易的延伸，更是建立品牌忠诚度和深化市场渗透力的关键。

京东倾力打造的京东物流体系，以高效、准确的配送服务赢得了社会各界的广泛赞誉。无论是城市还是偏远地区，京东都能实现快速送达，部分城市更是实现了"次日达""当日达"等极致配送服务。这种超越消费者期望的物流体验，极大地提升了消费者的满意度和忠诚度。

在售后服务领域，京东同样展现出深厚的洞察力和强烈的责任感，其推出的"七天无理由退换货""正品保障""价格保护"等一系列贴心政策，不仅为消费者营造了安心无忧的购物环境，更是打消了他们的后顾之忧，进一步提升了消费者的信任感和忠诚度。

此外，京东还利用大数据和人工智能技术，深入分析消费者的消费行为和偏好，为消费者提供个性化的商品推荐信息和购物建议。这种精准营销不仅提高了销售转化率，也让消费者感受到京东对其个性化需求的关注和尊重。

点评： 京东的零售服务策略充分展示了其在数字化时代的前瞻性和创新性。通过自建物流体系、优化售后服务、实施精准营销等一系列举措，京东不仅为消费者提供了卓越的购物体验，更为整个零售行业树立了新的标准。

任务一　零售服务设计

微课视频

零售服务设计

任务描述

为提高集团旗下连锁便利店的服务水平，老李先以京东的零售服务为例，让部门成员学习和总结经验；接下来，老李要求小张他们设计可靠的零售服务总体方案。本次任务的具体情况如表 7-1 所示。

表 7-1　　　　　　　　　　　　　　任务单

任务名称	零售服务设计	
任务背景	随着消费者对购物体验的要求越来越高，便利店作为提供便捷购物服务的零售业态，需要在商品销售的基础上，通过提供优质的零售服务来增强消费者黏性，提升消费者满意度和忠诚度	
任务类别	☐ 调查活动　　　☐ 分析活动　　　■ 设计活动	
工作任务		
任务内容		**任务说明**
任务演练：设计集团连锁便利店零售服务总体方案		从零售服务设计应考虑的因素出发完成对便利店服务总体方案的设计
任务总结：		

知识准备

一、零售服务的含义与特性

"服务"一词被定义为：为了满足顾客需要，在供方和顾客接口处的活动以及供方内部的活动所产生的结果。其中的"供方"指为顾客提供商品的企业，"接口处"可以理解为"接触"。本书认为，零售服务是零售企业在出售商品前、出售商品时、出售商品后为消费者提供的与消费者购买商品相关的所有服务行为，目的在于让消费者在购物时获得各种附加价值。

了解零售服务的特性有助于更好地理解零售服务这一概念。零售服务的特性如表 7-2 所示。

表 7-2　　　　　　　　　　　　　　零售服务的特性

特性	说明
无形性	零售服务是一种非实物的活动或过程，不能像有形商品那样被看到、摸到，其存在和价值主要体现在其提供的效用和满足感上
同时性	零售服务的提供和消费通常是同时进行的，这意味着消费者在购物的过程中也在体验着零售企业提供的服务
差异性	由于零售服务一般需要有人参与，而不同的人的知识、技能、态度等都有所不同，因此零售服务的质量和效果也会存在差异
不可存储性	零售服务一旦提供就无法被存储或保留下来供未来使用，因此在需求产生时就应当向消费者即时提供，否则就会失去价值
不可转让性	零售服务的所有权和使用权通常不可分割，且服务一旦提供就无法转让给其他人，这是因为零售服务是基于特定时间和情境的活动，无法像有形商品那样进行转让或交易

二、零售服务的类型

零售服务可以根据不同的标准进行划分，其中较常见的划分标准有消费者购物过程及投入的资源。

（一）按消费者购物过程划分

按消费者购物过程不同，零售服务可分为售前服务、售中服务和售后服务。

（1）售前服务，指零售企业在消费者购物前所提供的服务，目的是帮助消费者了解商品信息，激发其购买欲望，如商品推荐、商品展示等。

（2）售中服务，指零售企业向进入店铺或已经处于选购过程的消费者提供的服务，目的是进一步使消费者了解商品特点及使用方法，并通过服务表现对消费者的热情、尊重、关心，向消费者提供额外帮助让消费者做出购买决策，如提供舒适的购物现场、现场导购、现场演示、现场试用、照看婴儿、现场培训等。

（3）售后服务，指零售企业向已购买商品的消费者所提供的服务，是商品质量的延伸，也是对消费者感情的延伸，目的是增加商品的附加价值，解决消费者使用商品时的一切问题和麻烦，增强消费者购物后的满足感，如免费送货、安装和调试、包退包换、以旧换新、技术培训、上门维修等。

（二）按投入的资源划分

按投入的资源不同，零售服务可分为硬服务和软服务。

（1）硬服务，指零售企业为消费者提供的一定物资设备或设施服务，目的是使消费者在购物时感到方便，如休息室、电梯、停车场、寄存处、购物车、试衣室等。

（2）软服务，指零售企业的员工为消费者提供的服务，目的是解决消费者在购物过程中遇到的问题，如商品展示、导购、培训等。

> **专家点拨**
>
> 零售服务还可以根据其他标准进行划分，如按服务方式的不同可以分为标准化服务、定制化服务和延伸服务，根据服务项目的不同可以划分为咨询服务、信贷服务、送货服务、退换服务、安装维修服务等。

三、零售服务设计的内容

零售服务设计的内容涵盖多个方面，具体包括服务项目设计、服务质量设计、服务收费设计、消费者体验设计、员工管理设计、技术应用设计等。

（1）服务项目设计。根据消费者需求和业务特点，设计多样化的服务项目，同时针对不同消费者和商品特性，提供定制化的服务项目，满足消费者的个性化需求。

（2）服务质量设计。明确服务流程、服务态度和服务效果的标准，确保每位员工都能按照统一的标准为消费者提供服务。建立服务质量监控机制，定期对服务过程进行评估和改进，确保服务质量的持续提升。

（3）服务收费设计。根据服务项目的成本和消费者价值感知，制定合理的服务收费标准，确保既能为消费者提供物有所值的服务，又能为零售企业带来合理的收益。在服务过程中，确保收费信息透明、清晰，避免产生不必要的误解和纠纷。

（4）消费者体验设计。通过营造舒适、温馨的购物环境来提升消费者的购物体验。同时通过智能设备等现代科技手段，增加消费者与商品的互动体验，提升消费者的参与感和满意度；也可引入智能客服、智能推荐等智能化服务手段，提升消费者体验。

（5）员工管理设计。定期对员工进行商品知识、服务技能等方面的培训，提升员工的专业素养和服务水平。建立有效的激励机制，鼓励员工积极为消费者提供优质服务，提高员工的工作积极性和满意度。

（6）技术应用设计。开发或引入高效的客户关系管理系统，实现消费者信息的整合与管理，提升个性化服务的能力。同时，加强网络安全防护，保护消费者隐私，增强消费者对品牌的信任感。

四、零售服务设计应考虑的因素

零售服务设计应当综合考虑消费者需求、商店定位与经营策略、竞争对手、经济因素、服务与销售的关联以及消费者反馈与持续改进等多个方面，通过科学的设计和优化，向消费者提供更优质的服务。

（1）消费者需求。了解消费者对零售服务的期望，如消费者希望零售企业能够提供的最高水平的服务和最低服务标准。识别消费者可以接受的服务水平范围，从而避免提供的服务水平低于这一范围的下限，以免导致消费者不满。

（2）商店定位与经营策略。根据商店定位（如高端、中端、低端）和经营策略（如差异化策略、成本领先策略）来决定要投入的服务领域。同时，还应根据商品的类型（如高价值商品、易耗品等）来设计相应的服务，对于需要专业知识介绍的商品，应提供专业的咨询和展示服务。

（3）竞争对手。分析竞争对手的服务水平，以确定自身的服务优势或不足。通过提供与竞争对手不同的服务来吸引消费者，增强市场竞争力。

（4）经济因素。评估提供的各项服务的成本，并考虑这些成本对商品价格的影响，确保服务成本在可控范围内。了解消费者对不同服务的支付意愿，即哪些服务是消费者愿意付费的，以及愿意支付的金额为多少。

（5）服务与销售的关联。设计服务时应考虑其对销售的促进作用，一些服务可能直接增加销量，而另一些则可能通过提升消费者满意度来间接促进销售。

（6）消费者反馈与持续改进。积极收集消费者对服务的反馈意见，了解服务中的不足和改进方向。根据消费者反馈和市场变化，不断优化服务设计，提升服务质量。

任务实施

任务演练：设计集团连锁便利店零售服务总体方案

【任务目标】

为集团旗下的连锁便利店设计一套服务方案，以提升消费者购物体验并促进销售增长。

【任务要求】

本次任务的具体要求如表 7-3 所示。

表 7-3　　　　　　　　　　　　　　　　任务要求

任务编号	任务名称	任务指导
（1）	服务项目设计	为售前、售中和售后环节设置相应的服务项目
（2）	服务质量设计	通过设计控制服务的质量
（3）	服务收费设计	根据实际情况设计哪些服务需要收费
（4）	消费者体验设计	设计能够提升消费者体验的服务
（5）	员工管理设计	设计员工管理的相关内容，确保服务质量
（6）	技术应用设计	考虑是否需要利用新兴技术来提供或辅助服务

【操作过程】

根据集团对便利店提出的服务要求，小张和同事们经过调查、讨论和分析后，制定了便利店零售服务总体方案，具体如表 7-4 所示。

表 7–4　　　　　　　　　　　　便利店零售服务总体方案

设计对象	具体内容
服务项目	① 售前服务。提供清晰、准确的商品信息，包括商品价格、生产日期、保质期等；设置商品咨询区，配备专业人员解答消费者疑问；利用社交媒体进行新品推荐和促销活动预告 ② 售中服务。保持店内环境整洁、明亮，营造舒适的购物氛围；提供便捷的支付方式和自助结账服务；设置快速通道，满足消费者急需购买的需求；加强导购服务，引导消费者快速找到所需商品 ③ 售后服务。提供便捷的退换货服务，保障消费者权益；建立消费者投诉反馈机制，及时响应并解决问题；定期开展会员活动，增强消费者黏性
服务质量	① 制定统一的服务标准和操作流程，确保每位员工都能按照标准提供服务 ② 建立服务质量监控机制，定期评估和改进服务过程，确保服务质量的持续提升 ③ 加强员工培训，提升员工的专业素养和服务水平，确保消费者获得优质的服务体验
服务收费	① 根据服务项目的成本和消费者价值感知，为部分服务项目制定合理的收费标准，确保服务价格透明、合理 ② 对于便利店会员，提供一定的服务折扣或优惠，提升会员价值感
消费者体验	① 优化店内布局和商品陈列，提高消费者购物效率 ② 引入智能设备，如自助结账机、智能推荐系统等，提升消费者购物体验 ③ 提供免费 Wi-Fi、充电站等便利设施，满足消费者在店内的其他需求
员工管理	① 建立有效的激励机制，鼓励员工积极为消费者提供优质服务 ② 定期组织员工交流会和培训活动，增强团队凝聚力 ③ 加强员工考勤和绩效考核管理，确保员工按时到岗、认真工作
技术应用	① 尝试利用大数据和人工智能技术，分析消费者购物行为和偏好，为精准营销和服务优化提供依据 ② 开发便利店 App 或小程序，提供线上购物、积分兑换、会员管理等功能，方便消费者随时随地购物和享受服务

素养课堂

无论是售前、售中还是售后服务，都应以消费者为中心，深入理解消费者的需求，解决消费者的问题，优化消费者的体验。

任务二　提高零售服务质量

微课视频

提高零售服务质量

任务描述

小张和同事们按照老李的要求，准备着手调查便利店存在的服务问题，并提出解决方法，以提高便利店的服务质量。本次任务的具体情况如表 7-5 所示。

表 7-5　　　　　　　　　　　　　　　　　任务单

任务名称	提高零售服务质量	
任务背景	便利店在经营过程中难免会出现各种问题，为提高服务质量，需要利用零售服务质量差距模型，系统分析便利店的服务问题，并制定具体的改进方案	
任务类别	□ 调查活动　　　　■ 分析活动　　　　■ 设计活动	
工作任务		
任务内容	任务说明	
任务演练：分析便利店的服务问题并制定改进方案	① 分析店铺存在的服务问题 ② 制定解决服务问题的方案	
任务总结：		

知识准备

一、零售服务质量差距模型概述

零售服务质量差距模型，通常也被称为服务质量差距模型或 5GAP 模型，由美国营销学家 A·帕拉休拉曼（A.Parasuraman）、瓦拉瑞尔·A.赞瑟姆（Valarie A.Zeithamal）和伦纳德·L. 贝利（Leonard L.Berry）等人提出。该模型是一种用于分析零售服务过程中存在的质量差距的工具，目的在于帮助零售企业识别服务质量问题，并采取相应的措施进行改进。

图 7-1 所示为零售服务差距模型，它将消费者在购物前后，以及零售企业在商品销售前后的表现作为重要环节，在各个环节之间分析零售企业的零售服务质量情况，如消费者在购物前期望的服务与消费者在购物中和购物后实际感受到的服务差距，零售企业设计的具体服务规范与在实际运营过程中向消费者实际提供的服务差距，等等。

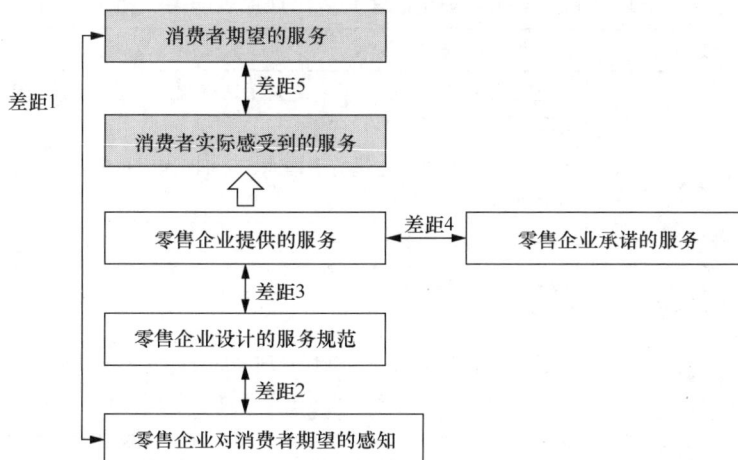

图 7-1　零售服务质量差距模型

二、零售服务质量差距模型的 5 个主要差距

零售服务质量差距模型通常包括 5 个主要差距，这些差距是分析零售服务过程是否存在质量问题的重要标准，有助于零售企业识别问题并改进服务。

（一）消费者期望与管理层感知的差距

此差距是指消费者对零售服务质量的期望与零售企业管理层对这些期望的感知之间的差异，通常发生在管理层未能准确理解或预测消费者期望的时候。其出现原因与解决措施如表 7-6 所示。

表 7-6　　　　　　　　消费者期望与管理层感知的差距的出现原因与解决措施

类别	细分	具体内容
出现原因	市场调研不足	管理层未进行充分的市场调研，或调研方法不当，导致无法准确了解消费者的期望
	沟通不畅	消费者和管理层之间的信息传递可能存在障碍，如沟通渠道不畅、信息失真等，使得管理层难以准确理解消费者期望
	管理层偏见	管理层可能基于个人经验或行业惯例来推断消费者期望，而忽视了消费者实际期望的变化
解决措施	加强市场调研	定期进行深入的市场调研，采用问卷调查、访谈、社交媒体分析等多种方法来收集和分析消费者意见
	建立有效的沟通机制	建立消费者反馈系统，确保消费者的声音能够顺畅地传递给管理层，同时管理层也及时回应消费者的关切
	培养同理心	鼓励管理层和员工培养同理心，设身处地地思考消费者的期望和感受

（二）管理层感知与服务规范的差距

管理层感知与服务规范的差距是指零售企业管理层对消费者期望的感知与实际制定的服务规范之间的不一致性，这反映了零售企业管理层在将消费者期望转化为可操作的、明确的服务标准的过程中存在的问题。其出现原因与解决措施如表 7-7 所示。

表 7-7　　　　　　　　管理层感知与服务规范的差距的出现原因与解决措施

类别	细分	具体内容
出现原因	沟通不足	管理层与一线员工、消费者之间缺乏有效的沟通，导致管理层难以及时了解并准确理解消费者的真正期望
	理解偏差	即使管理层与消费者进行了沟通，也可能因为理解上的偏差未能准确把握消费者的期望
	目标设定不清	管理层在设定服务目标时，可能过于笼统或模糊，没有细化成具体的服务规范
	资源限制	管理层受限于零售企业资源（如人力、物力、财力），无法完全满足这些期望，并在制定服务规范时做出妥协
解决措施	加强沟通	建立有效的沟通机制，确保管理层能够及时了解并准确理解消费者的服务期望；加强与一线员工的沟通，了解他们在服务过程中遇到的问题和困难
	深入调研	定期开展市场调研和消费者满意度调查，以获取全面的消费者反馈和期望信息，识别消费者期望的变化和趋势，为服务规范的制定提供依据

（续表）

类别	细分	具体内容
解决措施	明确目标	在制定服务规范时，要设定明确、具体、可衡量的目标，这些目标应该与消费者的期望紧密相关，并能够指导一线员工的具体操作
	优化资源配置	根据服务规范的要求和消费者的期望，合理配置零售企业资源，在资源有限的情况下，优先考虑满足消费者的核心期望，确保服务质量的关键要素不受影响

（三）服务规范与服务传递的差距

服务规范与服务传递的差距是指零售企业制定的服务规范与实际执行情况之间存在的差异，即使零售企业制定了完善的服务规范，但在实际操作中，由于各种原因，这些规范可能无法得到完全的执行，导致消费者感受到的服务与零售企业承诺的服务不符。其出现原因与解决措施如表 7-8 所示。

表 7-8　　　　　服务规范与服务传递的差距的出现原因与解决措施

类别	细分	具体内容
出现原因	员工能力	员工可能缺乏必要的技能、知识或培训，无法按照服务规范提供高质量的服务
	员工态度	员工对服务规范的理解不足或缺乏积极性，在实际操作中忽视或偏离服务规范
	资源限制	零售企业可能因资源有限而无法充分支持服务规范的执行
	管理监督不足	管理层对服务传递过程监督不够严格，未能及时发现和纠正服务传递过程中的偏差
	服务流程问题	服务流程设计不合理或执行不顺畅，导致服务规范无法得到有效执行
解决措施	加强员工培训	定期对员工进行服务规范、技能、知识等方面的培训，提高员工的专业素养和服务水平
	建立激励机制	通过奖励制度、晋升机制等激励员工积极执行服务规范，提高员工的工作积极性和满意度
	优化资源配置	根据服务规范的需求，合理配置零售企业资源，确保服务规范能够得到充分执行
	加强管理监督	建立严格的服务质量监控机制，定期评估和改进服务过程，确保服务规范得到有效执行
	优化服务流程	梳理和优化服务流程，确保流程顺畅、高效，减少服务传递中的偏差和失误

（四）服务传递与外部沟通的差距

服务传递与外部沟通的差距是指零售企业在向消费者传递服务的过程中，其实际提供的服务内容与通过广告、宣传等外部沟通手段所承诺或展示的服务内容之间存在的差异。这种差距可能会导致消费者产生不满，因为他们在接触零售企业的宣传后，对服务有着较高的期待，但实际体验到的服务却未能达到这些期待。其出现原因与解决措施如表 7-9 所示。

表 7-9   服务传递与外部沟通的差距的出现原因与解决措施

类别	细分	具体内容
出现原因	过度承诺	零售企业在广告宣传中可能为吸引消费者而夸大服务效果，导致实际提供的服务难以达到宣传中的标准
	沟通不足	零售企业可能未能充分地将服务细节、限制条件等关键信息传达给消费者，导致消费者对服务的理解存在偏差
	执行不力	虽然零售企业制定了明确的服务规范，但在实际操作中由于员工培训不足、激励机制不完善等原因，导致服务传递不到位
	消费者期望管理不当	零售企业可能未能有效管理消费者的期望，使得消费者对服务的期望超出零售企业实际能够提供的范围
解决措施	诚实守信	在广告宣传中坚持诚实守信的原则，避免过度承诺，确保宣传内容与实际提供的服务相符
	加强沟通	通过多种渠道和方式加强与消费者的沟通，充分展示服务内容、限制条件等关键信息，确保消费者对服务有准确的了解
	强化培训	定期对员工进行服务规范和专业技能的培训，提高员工的服务意识和执行能力，确保服务传递的一致性和高质量
	合理管理消费者期望	通过市场调研、消费者反馈等方式了解消费者的期望，合理设定服务标准，并在宣传中明确告知消费者服务范围和限制条件，避免产生误解

（五）消费者期望与服务感知的差距

消费者期望与服务感知的差距是指消费者对零售服务的期望与他们在实际消费过程中实际感知到的服务水平之间的差距。这种差距是服务质量的最终衡量标准，反映消费者对零售企业服务表现的主观评价。其出现原因与解决措施如表 7-10 所示。

表 7-10   消费者期望与服务感知的差距的出现原因与解决措施

类别	细分	具体内容
出现原因	信息不对称	消费者在购物前可能通过广告、口碑等方式形成了对服务的期望，但这些信息可能与实际提供的服务不完全一致
	个人因素	不同消费者具有不同的背景、需求和偏好，因此对相同的服务可能会有不同的感知和评价
	服务传递过程中的变异	服务在传递过程中可能因员工能力、情绪、环境因素等多种因素的影响而变异
	消费者期望的动态性	消费者的期望可能会随着时间和环境的变化而变化，如果零售企业未能及时调整服务以满足这些变化，就会产生差距
解决措施	加强消费者沟通	通过有效的沟通渠道，及时了解消费者的期望，确保零售企业提供的服务与消费者期望相一致
	提高服务透明度	通过公开服务标准、服务流程等信息，增加消费者对服务的了解，减少信息不对称
	加强员工培训和激励	定期对员工进行服务技能和态度的培训，提升他们的专业素养和服务水平。同时，建立有效的激励机制，鼓励员工积极为消费者提供优质服务
	灵活调整服务策略	密切关注市场动态和消费者期望的变化，灵活调整服务策略，以满足消费者不断变化的期望

任务实施

任务演练：分析便利店的服务问题并制定改进方案

【任务目标】

基于零售服务质量差距模型，全面列举便利店在服务过程中存在的各类问题，并针对每个问题制定切实可行的改进方案。

【任务要求】

本次任务的具体要求如表 7-11 所示。

表 7-11　　　　　　　　　　　　　　任务要求

任务编号	任务名称	任务指导
（1）	分析便利店存在的服务问题	找出便利店存在的服务问题，分析每类问题出现的原因
（2）	制定解决服务问题的方案	根据出现的问题制定改进方案，提升便利店的服务质量

【操作过程】

1. 分析便利店存在的服务问题

综合调查了集团旗下的多家便利店，小张和同事们归纳了便利店存在的各种服务问题，并分析了问题出现的原因，如表 7-12 所示。

表 7-12　　　　　　　　　　便利店存在的服务问题和原因

差距类型	存在的问题	出现的原因
消费者期望与管理层感知的差距	未能提供便捷、高效的购物体验，缺乏个性化的商品推荐	市场调研不足、沟通不畅、管理层偏见
管理层感知与服务规范的差距	服务标准与实际需求脱节	沟通不足、理解偏差、目标设定不清、资源限制
服务规范与服务传递的差距	员工在执行服务规范时服务态度冷淡、操作不规范	员工能力不足、态度不端、资源限制、管理监督不足
服务传递与外部沟通的差距	促销活动的兑现问题、服务时间的调整未提前通知	过度承诺、沟通不足、执行不力
消费者期望与服务感知的差距	商品缺货、排队等候时间长	信息不对称、个人因素、服务传递过程中的变异、消费者期望的动态性

2. 制定解决服务问题的方案

根据发现的问题，小张他们制定了相应的改进方案，具体如下。

（1）针对消费者期望与管理层感知的差距。加强市场调研，采用问卷调查、访谈、社交媒体分析等多种方式收集消费者意见；建立有效的沟通机制，确保消费者的声音能够顺畅地传递给管理层；培养管理层和员工的同理心，设身处地地思考消费者的期望和感受。

（2）针对管理层感知与服务规范的差距。加强管理层与员工、消费者之间的沟通，确保管理层能够及时了解并准确理解消费者的期望；在制定服务规范时设定明确、具体、可衡量的目标；优化资源配置，确保关键服务要素不受影响。

（3）针对服务规范与服务传递的差距。加强员工培训，提高员工的专业素养和服务水平；建立激励机制，鼓励员工积极执行服务规范；优化服务流程，减少服务传递中的偏差和失误；加强管理监督，定期对服务过程进行评估和改进。

（4）针对服务传递与外部沟通的差距。在广告宣传中坚持诚实守信的原则，避免过度承诺；通过多种渠道和方式加强与消费者的沟通，充分展示服务内容、限制条件等关键信息；合理管理消费者期望，避免产生误解。

（5）针对消费者期望与服务感知的差距。加强与消费者的沟通，及时了解消费者的期望；提高服务透明度，公开服务标准、服务流程等信息；加强员工培训和激励，提升服务传递的一致性和高质量；灵活调整服务策略，满足消费者不断变化的期望。

综合实训　设计超市服务方案

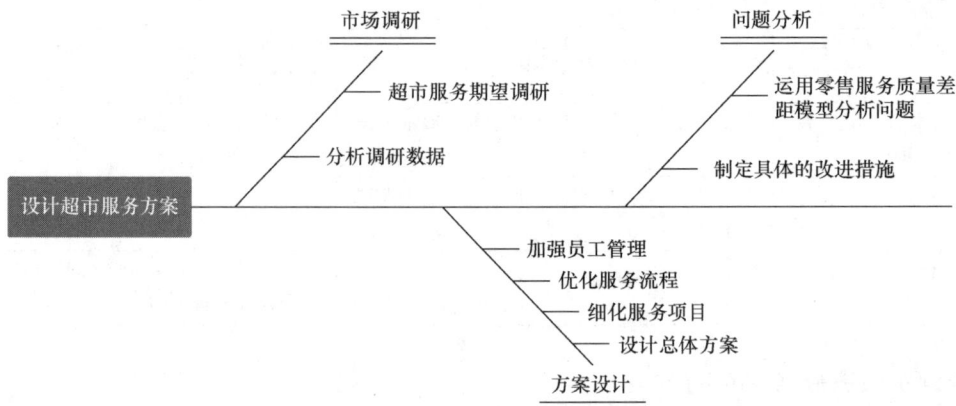

实训目的：掌握零售服务设计的内容和方法，能够运用零售服务质量差距模型分析并解决服务问题。

实训要求：通过问卷调查、访谈、网络搜索等方式收集消费者对超市服务的期望，根据收集到的信息，设计超市服务方案，并运用零售服务质量差距模型，分析超市服务过程中可能存在的问题，提出改进措施。

实训思路：本次实训的具体操作思路可参考图7-2。

实训结果：本次实训的参考示例请扫描右侧二维码查看。

图 7-2　实训操作思路

案例分析　K11购物艺术中心的艺术、文化与商业融合

K11购物艺术中心由香港新世界发展有限公司打造，在全国多个城市均有布局，该购物中

心是一个集购物、艺术、文化、娱乐等多功能于一体的综合性商业体，图 7-3 所示为上海 K11 购物艺术中心的内部环境。

图 7-3　上海 K11 购物艺术中心的内部环境

一、K11 购物艺术中心的服务特点

K11 购物艺术中心的服务是无形但可感知的，其通过艺术展览、文化活动和创意商品，为消费者提供超越传统购物体验的服务感受。消费者在游览艺术品展区、参与文化活动的同时，也在享受着这些活动带来的审美体验。这种无形性服务的即时提供，正是 K11 购物艺术中心服务设计的关键。

K11 购物艺术中心注重为消费者提供差异化的服务体验，每场艺术展览、文化活动都具有差异性，这使得消费者在 K11 购物艺术中心的购物成为非常独特的经历。这种差异性的服务体验无法被存储或复制，因为它们都是在特定时间和情境下的产物。利用这一点，K11 购物艺术中心不断推出新的展览和活动，以保持其新鲜感和对消费者的吸引力。

二、服务的类型与设计

在售前服务上，K11 购物艺术中心通过线上线下的宣传和社交媒体营销，成功地吸引了大量潜在消费者的关注。此外，K11 购物艺术中心还设立了艺术顾问和文化活动策划团队，为消费者提供专业的艺术咨询和文化活动推荐，帮助消费者做出明智的选择。

在 K11 购物艺术中心购物，消费者不仅能享受到高品质的商品销售服务，还能沉浸在丰富的艺术和文化氛围中。商场内的艺术装置、文化活动以及幽雅的购物环境，共同营造了一种舒适、高雅的购物体验。此外，K11 购物艺术中心还提供便捷的支付方式和智能化的自助结账服务，使消费者在购物过程中省时省力。

K11 购物艺术中心的售后服务同样值得称道，除常规的退换货服务外，其还提供会员制度、积分兑换、活动预订等一系列增值服务。通过这些服务，K11 购物艺术中心不仅增强了与消费者的互动和联系，还进一步提升了消费者的忠诚度和满意度。

三、艺术、文化与商业服务的融合

K11 购物艺术中心内设有多个艺术展览空间，会定期举办国内外知名艺术家的作品展览，这些展览不仅可以丰富消费者的购物体验，还为他们提供了近距离接触艺术、感受艺术魅力的机会。同时，K11 购物艺术中心还通过互动装置、AR 体验等现代科技手段，让艺术更加生动有趣。除此以外，K11 购物艺术中心会定期举办艺术讲座、工作坊等活动，邀请艺术家、学者与消费者面对面交流，分享艺术创作的经验和心得。这些活动不仅可以提升消费者的艺术素养，还为他们提供了一个学习、交流的平台，进一步促进了艺术与商业的融合。

文化融合方面，K11 购物艺术中心经常举办各类文化主题活动，如音乐节、电影节、文化节等。这些活动不仅可以丰富消费者的精神生活，还增强了 K11 购物艺术中心的文化氛围和吸引力。在整体环境设计上，K11 购物艺术中心融入了丰富的文化元素，从建筑风格到内部装饰，都体现了对传统文化的尊重和创新。K11 购物艺术中心内设有多个文化主题区域，如传统手工艺区、文化书籍区等，让消费者在购物的同时也能感受到浓厚的文化氛围。

K11 购物艺术中心通过艺术、文化与商业服务的深度融合，为消费者打造了一个集购物、休闲、娱乐、学习于一体的综合性服务空间。这种创新的服务模式不仅提升了消费者的购物体验，还增强了其影响力和市场竞争力。

【案例思考】

K11 购物艺术中心如何通过艺术展览和文化活动的差异化服务体验来吸引并留住消费者？

巩固提高

1. 零售服务的含义是什么？请简要阐述其特性。
2. 零售服务设计的内容有哪些？
3. 零售服务质量差距模型的主要差距有哪些？
4. 如何理解"消费者至上"的服务理念在零售服务中的重要性？
5. 在设计便利店零售服务总体方案时，应如何利用各种技术来提高服务质量？
6. 调查一家或几家电子产品线下体验店，基于零售服务质量差距模型，找出其存在的服务问题，并提出改进意见。

项目八

电子商务零售

学习目标

【知识目标】

1. 掌握电子商务零售的含义、特征和发展情况。
2. 掌握电子商务零售的交易模式和电子商务对传统零售业的影响。
3. 掌握电子商务零售的推广策略和营销策略。
4. 掌握电子商务零售的消费者服务。

【技能目标】

1. 能够提出便利店线下转线上的可行性方案。
2. 能够制定便利店线上零售推广与营销策略。

【素养目标】

1. 具备快速获取并分析相关信息的能力，培养独立解决问题的能力。
2. 树立公平竞争的意识，遵守市场规则，避免恶意竞争。

项目导读

随着互联网的普及和技术的飞速发展，传统零售业正经历着深刻的变革，而电子商务零售作为这一变革的核心驱动力，正以蓬勃的活力推动着零售行业的发展。当前，电子商务零售已成为全球零售市场不可或缺的一部分，从日常百货到汽车珠宝，从生鲜食品到虚拟服务，几乎所有商品和服务都能在线上找到。消费者只需轻点鼠标或滑动屏幕，就能享受到打破地域限制的购物体验。

为跟上零售业发展的步伐，集团也在考虑便利店线下转线上的可行性。为此，老李准备带领小张他们分析便利店现状，并讨论和评估便利店线下转线上的可行性，如能成功实现转型，将为集团提供一个拓展市场、提升品牌影响力的契机。此外，老李为进一步培养小张他们对电子商务零售的熟悉程度，还要求他们制定便利店的线上零售推广与营销策略，以便为转型成功后的电子商务零售运营工作做好准备。

📖 引导案例

佳惠百货的零售转型

湖南佳惠百货有限责任公司（以下简称"佳惠百货"）是一家大型民营零售连锁企业，自1999年创立以来，始终坚持"做强超市、发展百货、业态互补、区域领先"的发展战略。在传统零售领域深耕多年后，佳惠百货敏锐地捕捉到电子商务零售的机遇，并果断迈出线上线下融合的步伐。

面对电子商务的冲击，佳惠百货没有选择逃避或固守成规，而是积极拥抱变化，与美团牵牛花等数字化解决方案服务商合作，通过引入即时零售数字化系统，实现零售业务的全面升级。美团牵牛花系统为佳惠百货提供了从商品管理、履约管理到消费者管理等全链路的数字化支持，使得佳惠百货不仅提升了运营效率，还极大地改善了消费者体验。

在电子商务零售的实践中，佳惠百货充分利用线上平台的便捷性和广泛性，拓展销售渠道，吸引更多年轻消费者。同时，随着线上线下会员积分体系的打通，佳惠百货成功地将线上流量转化为线下消费，增强了消费者黏性，提升了复购率。此外，佳惠百货还积极探索以旧换新等新型促销方式，进一步激发消费者的购买欲望。

点评：佳惠百货的转型，是众多中国零售企业在数字化转型过程中的一个缩影。它告诉零售企业，无论规模大小，只要勇于创新、敢于尝试，就能在电子商务零售的浪潮中占据一席之地。

任务一　电子商务零售基础

微课视频

电子商务零售
基础

🖥 任务描述

老李通过佳惠百货的零售转型案例向小张他们展示了电子商务零售的冰山一角，接下来，为使便利店能够更好地应对竞争，老李和小张他们需要分析探讨便利店线下转线上的可行性。本次任务的具体情况如表8-1所示。

表 8-1　　　　　　　　　　　　　　任务单

任务名称	电子商务零售基础	
任务背景	随着互联网技术的飞速发展，电子商务零售已成为零售行业的重要趋势。传统便利店面临着客流量减少、运营成本上升、市场竞争激烈等挑战。为应对这些挑战，传统便利店需要考虑新的运营模式	
任务类别	☐ 调查活动　　■ 分析活动　　☐ 设计活动	
工作任务		
任务内容	任务说明	
任务演练：探讨便利店线下转线上的可行性	分析便利店现状，讨论可行性，并评估风险	
任务总结：		

知识准备

一、电子商务零售的含义与特征

随着社会的发展与科技的不断进步，电子商务零售已经成为零售行业的一个重要分支，这种零售方式主要借助互联网和移动网络技术，通过线上平台实现商品的选择、销售和交易。

（一）电子商务零售的含义

电子商务零售是指通过互联网、移动网络等电子通信技术，使商品的购买、销售和交易过程得以电子化、网络化的商业活动。它涵盖 B2C、C2C（Customer To Customer，消费者对消费者）等多种交易模式，并涉及在线商品展示、交易磋商、支付结算、物流配送等各个环节。

（二）电子商务零售的特征

电子商务零售具有多个显著特征，这些特征不仅体现了其相对于传统零售的优势，也反映了电子商务行业快速发展的趋势。

（1）全球化与无界限。电子商务零售打破了地理界限，使得商品可以跨越国界进行交易。消费者可以轻松购买到来自世界各地的商品，而商家也可以将商品推向全球市场。

（2）便捷性与即时性。消费者可以随时随地通过互联网访问电商平台，浏览商品、比较价格、下单购买。这种即时性和便捷性大大地提高了购物效率，满足了现代消费者的快节奏生活需求。

（3）丰富的商品选择。电商平台通常拥有庞大的商品库，涵盖各种品类和品牌的商品。消费者可以在平台上找到几乎所有的商品，满足多样化的购物需求。

（4）透明的价格与评价系统。电商平台上的商品价格通常比较透明，消费者可以轻松比较不同商家的商品价格。同时，电商平台还提供购买评价和评分系统，帮助消费者了解商品的真实情况和商家的信誉度。

（5）高效的物流与配送。电子商务零售与物流配送紧密相连，电商平台通过优化物流网络和配送系统，实现快速、准确的商品配送。消费者可以在短时间内收到购买的商品，提高购物的便利性和满意度。

（6）个性化与定制化。电商平台利用大数据和人工智能技术，分析消费者的购物行为和偏好，提供个性化的商品推荐信息和定制化的服务。这种个性化体验有助于提高消费者的购物满意度和忠诚度。

（7）低成本的运营。相较于传统零售，电子商务零售在运营成本上具有优势。电商平台无须承担高昂的租金和人工成本，可以通过规模化和自动化的方式降低运营成本，提高盈利能力。

（8）互动性与社交性。电商平台提供丰富的互动功能，如在线客服、消费者评论、社区交流等。这些功能可以增强消费者与商家之间的沟通和互动，同时也能促进消费者之间的社交和分享。

二、电子商务零售的发展

我国电子商务零售从诞生到现在，经历了许多重要阶段，具体如下所示。

（1）起步阶段（20世纪90年代末）。互联网开始在中国普及，一些早期的电商平台，如阿里巴巴等开始出现。这一时期，许多人对在线购物持谨慎态度。

（2）快速发展阶段（21世纪初）。2003年，淘宝网成立，这标志着中国C2C电子商务的兴起。随后，京东、当当网等B2C平台也开始快速发展。支付宝等工具的推出以及物流体系的逐步完善，促进了电子商务的快速发展。

（3）成熟与竞争阶段（2010年左右开始）。随着网络覆盖和智能手机的普及，电子商务市场规模迅速扩大，除传统的电子商务模式，还出现社交电子商务、内容电子商务、垂直电子商务等新型模式。电商平台之间的竞争愈发激烈，市场逐渐开始成熟。

（4）转型与创新阶段（2015年左右开始）。2016年，阿里巴巴提出"新零售"概念，推动电子商务向更高效、更智能的方向发展。大数据、云计算、人工智能等技术在电子商务中的应用，使得电子商务零售开始进入转型和创新的全新时期。

（5）国际化与规范化阶段（2020年左右开始）。我国电商平台开始拓展海外市场，通过海外并购、建立海外仓库等方式，服务全球消费者。同时，政府加强对电子商务市场的监管，并出台一系列法律法规。

随着技术的不断进步和市场环境的日益成熟，电子商务零售将继续保持快速发展的健康态势。

三、电子商务零售的交易模式

电子商务零售的交易模式多种多样，且随着技术的发展和消费者需求的变化在不断演进。目前常见的一些电子商务零售的交易模式如下。

（1）B2C，指企业与消费者之间的电子商务零售模式。在这种模式下，零售企业通过互联网平台直接向消费者销售商品或服务，淘宝、京东等就是这种交易模式的典型代表。

（2）C2C，指消费者与消费者之间的电子商务零售模式。在这种模式下，个人卖家通过互联网平台直接向个人买家销售商品或服务。阿里巴巴旗下的二手交易平台闲鱼便为消费者搭建了二手商品交易渠道，消费者之间可以通过该平台完成商品交易。

（3）O2O（Online To Offline，线上与线下），指线上与线下相结合的电子商务零售模式。在这种模式下，线上的商务机会与互联网结合，让互联网成为线下交易的前台，其核心是将线上的消费者引导到线下进行消费体验。美团、滴滴出行等就是这种交易模式的典型代表。

（4）新零售模式，指在传统电子商务模式的基础上，结合线上线下优势，为消费者提供更加便捷、高效、个性化的购物体验。这种模式以消费者体验为核心，利用大数据、人工智能、物联网等先进技术手段，实现线上服务、线下体验以及现代物流的深度融合。例如，盒马鲜生结合超市和餐饮业务，提供线上线下一体化的购物体验。

四、电子商务对传统零售业的影响

电子商务对传统零售业产生了深刻而复杂的影响，涉及消费习惯、运营成本、市场范围、产业结构、消费者体验以及竞争格局等方面，如表 8-2 所示。传统零售业需要积极应对这些变化和挑战，通过转型升级和创新发展来适应市场变化并抓住新的发展机遇。

表 8-2　　　　　　　　　　　　电子商务对传统零售业的影响

影响方面	影响情况
改变了消费习惯	消费者可以随时随地通过移动设备浏览商品、比较价格、下单购买，并享受送货上门的服务，这种便捷性使得传统实体店的客流量逐渐减少
降低了运营成本	电子商务企业无须承担高昂的店面租金、装修费用以及大量的人员开支。电商平台可以通过大数据和智能算法优化库存管理，减少库存积压和浪费，进一步降低运营成本
扩大了市场范围	通过电商平台，零售企业可将商品销往全国乃至全球各地，扩大了市场范围
加速了产业结构调整	电子商务通过技术创新和市场需求引导，推动传统零售业向数字化、智能化转型，同时催生新零售模式，促进产业链上下游企业的紧密合作与资源整合，加速产业结构向高效、多元化和可持续发展的方向调整
提升了消费者体验	电子商务通过提供丰富的商品种类、便捷的购物方式以及高效的物流配送服务，提升了消费者的购物体验。同时，电商平台还提供完善的售后服务和退换货政策，保障了消费者的权益
加剧了竞争格局	电子商务兴起以后，无论是传统零售与电子商务零售之间的竞争，还是零售企业之间的竞争，都变得更加激烈，促使零售企业需要不断优化服务质量和不断创新来提高竞争力
推动了线上线下融合	面对电子商务的冲击，许多传统零售企业开始实施线上线下融合的新零售模式，通过整合线上线下的资源和优势，传统零售企业可以提供更加便捷、高效、个性化的服务

任务实施

任务演练：探讨便利店线下转线上的可行性

【任务目标】

明确便利店在当前市场环境下面临的挑战，借鉴电子商务零售的成功经验，探讨便利店线下转线上的可行性。

【任务要求】

本次任务的具体要求如表 8-3 所示。

表 8-3　　　　　　　　　　　　　任务要求

任务编号	任务名称	任务指导
（1）	分析便利店现状	分析便利店的客流量、运营成本、市场竞争等现状
（2）	讨论可行性	讨论平台建设、商品选择、物流配送、营销推广等各个环节转型的可行性
（3）	评估风险	进行风险评估

【操作过程】

1. 分析便利店现状

在老李的指导下，小张和同事们对便利店的现状进行了分析，并借鉴电子商务零售的特征为线下转线上提供了一些基础设想，具体如表 8-4 所示。

表 8-4 便利店的现状与设想

事项	要点	内容
现状	客流量减少	越来越多的消费者选择在线购物，导致便利店客流量明显减少
	运营成本上升	高昂的店面租金、人力成本以及库存压力使得便利店运营成本不断增加
	市场竞争加剧	传统便利店与新的零售模式（如社区团购、无人便利店）间的竞争日益激烈
设想	便捷性与即时性	借鉴电商平台 24 小时在线、快速配送的特点，提升便利店的服务效率
	丰富的商品选择	通过线上平台拓展商品种类，满足消费者的多样化需求
	透明的价格与评价系统	建立公开透明的价格体系和评价系统，增强消费者信任

2. 讨论可行性

根据对便利店现状的分析结果和转型设想，小张他们讨论了便利店线下转线上的可行性，如表 8-5 所示。

表 8-5 便利店线下转线上的可行性

项目	转型说明
平台建设	① 开发或接入第三方电商平台，建立便利店线上商城，实现线上线下同步销售 ② 主要功能包括商品展示、在线下单、支付结算、订单跟踪、售后服务等
商品选择	① 根据历史销售数据和消费者偏好，精选线下热销商品上线 ② 引入地方特色商品、进口食品等独家商品，提升线上商城的差异化竞争力
物流配送	① 根据订单量和配送范围，选择自建物流团队或与第三方物流公司合作 ② 确保商品在承诺时间内送达消费者，提升购物体验
营销推广	① 通过线下门店宣传线上商城，同时通过线上平台引流至线下门店 ② 定期开展满减、折扣、赠品等促销活动，吸引消费者购买 ③ 利用微博、微信、抖音等社交媒体平台进行品牌推广和互动营销

3. 评估风险

就讨论的可行性结果而言，小张和同事们认为，随着消费者对线上购物的接受度不断提高，便利店线下转线上具有较大的市场空间和发展潜力。同时，借助电商平台的技术支持和资源优势，可以降低转型难度和成本。与此同时，不能忽视存在的风险，如市场竞争的状况、物流配送的成本和效率、线上商城的技术安全等，这些都直接影响方案的可行性。

任务二 电子商务零售的推广与营销策略

任务描述

老李接到集团下达的任务后，准备带领小张他们研究便利店线上零售的情况，制定有针对性的推广与营销策略。本次任务的具体情况如表 8-6 所示。

微课视频

电子商务零售的
推广与营销策略

表 8-6   任务单

任务名称	电子商务零售的推广与营销策略	
任务背景	随着互联网的普及和电子商务的快速发展，便利店的线上零售业务逐渐成为重要的销售渠道，为了抓住这一机遇，需要制定有效的营销策略，提升品牌知名度和扩大市场份额	
任务类别	☐ 调查活动 ☐ 分析活动 ■ 设计活动	
工作任务		
任务内容		任务说明
任务演练：制定便利店线上零售推广与营销策略		制定便利店线上零售的推广策略和营销策略，并优化消费者服务
任务总结：		

🖥 知识准备

一、电子商务零售推广策略

电子商务零售推广策略是为提升电子商务零售业务在目标市场中的知名度，吸引更多消费者，提高销售业绩而采取的一系列有计划、有组织的行动和措施。零售企业通过电子商务零售推广策略，利用各种渠道和方式，将商品、服务、品牌信息等传递给目标消费者，并激发他们的购买欲望和行为。

（一）电子商务零售推广策略与传统零售推广策略的区别

电子商务零售推广策略与传统零售推广策略的区别如表 8-7 所示。

表 8-7   电子商务零售推广策略与传统零售推广策略的区别

对比维度	电子商务零售推广策略	传统零售推广策略
目标市场与消费者分析	更加依赖数据分析技术，通过大数据、消费者画像等手段，精准分析目标市场的特点和消费者行为，这种分析方式能够更快速、更准确地定位核心客群	虽然也会进行市场调查和消费者分析，但往往依赖传统的问卷调查、访谈等方式，数据收集和分析的效率相对较低，且消费者画像的精准度相对更低
推广渠道与媒体选择	更侧重线上渠道和媒体的运用，如搜索引擎优化、社交媒体推广、电子邮件营销、内容营销等。同时也会利用电商平台内部的推广工具进行精准投放	主要依赖线下渠道，如门店、展会、传统媒体广告等。虽然也会尝试线上推广，但投入和重视程度相对较低
推广内容与形式	推广内容更加多样化，包括文字、图片、视频等多种形式，且注重内容的创意和吸引力。同时会利用短视频、直播等新兴媒体形式，与消费者进行实时互动	推广内容相对单一，以海报、传单、广告等传统形式为主。虽然也会尝试创新，但受限于渠道和媒体的选择，推广内容与形式整体上没有电子商务零售推广策略丰富
推广效果监测与优化	能够利用先进的数据分析工具，实时监测推广效果，包括点击率、转化率等关键指标。根据数据分析结果，可及时调整和优化策略，实现精准营销和效果最大化	推广效果的监测和优化相对滞后，往往需要通过销售数据、消费者反馈等方式进行间接评估。调整策略时，需要更长的时间来验证效果

（二）电子商务零售推广策略的制定流程

电子商务零售推广策略的制定流程涉及市场研究与分析、目标设定与策略规划、执行与推广、监控与评估等环节。

1．市场研究与分析

制定推广策略时，首先，应确定电子商务零售业务的目标市场，包括地理区域、消费者、购买习惯等。其次，分析目标市场的规模、增长潜力、竞争格局及市场趋势。再次，研究目标消费者的需求、偏好、购买动机及决策过程。最后，分析主要竞争对手的推广策略、市场表现等。

2．目标设定与策略规划

根据市场研究和企业战略，设定具体的推广目标，如提升品牌知名度、增加网站流量、提高转化率等；然后根据目标市场、消费者行为及竞争对手分析，制定针对性强的推广策略，如确定推广渠道、预算和具体执行方案。

3．执行与推广

根据推广策略，创作高质量的推广内容，如广告文案、宣传视频、博客文章等，并对内容进行优化，确保其符合搜索引擎的排名规则和消费者阅读习惯，从而获得较高的浏览量和点击量。接着，可以在选定的推广渠道上投放推广内容，确保目标消费者能够接收到信息，提高广告曝光率和点击率。

4．监控与评估

使用电商平台的数据分析工具（如生意参谋、京东商智等）或其他数据分析工具（如 Excel、Power BI 等）收集推广活动的数据，对数据进行深入分析，了解推广效果和消费者行为。根据设定的推广目标，评估推广活动的效果是否达到预期，分析成功与失败的原因，总结经验教训。最后根据评估结果，调整和优化推广策略。

（三）常见的推广指标

制定的电子商务零售推广策略是否有效，可以通过对核心指标进行分析来得出结论。推广涉及的指标有很多，其中部分核心指标如表 8-8 所示。

表 8-8　　　　　　　　　　与电子商务零售推广相关的部分核心指标

指标	含义
浏览量	店铺或商品详情页被访问的次数，一位消费者在统计时间内访问多次记为多次
访客数	店铺或商品详情页被访问的去重人数，一位消费者在统计时间内访问多次只记为一次
点击量	店铺页面被消费者点击的次数，一位消费者在统计时间内多次点击该页面记为多次
广告点击率	广告被点击的次数与广告展示次数的比例，反映广告的吸引力和定位准确性，高点击率通常意味着更多的潜在消费者和更高的曝光度
下单转化率	提交订单的消费者数量和访客数的比例，即下单转化率=下单买家数/访客数×100%

（续表）

指标	含义
客单价	每一位产生交易行为的消费者平均交易的金额，即客单价=交易总额/支付买家数
支付转化率	产生支付行为的消费者数量和访客数的比例，即支付转化率=支付买家数/访客数×100%
投资回报率	某一活动期间产生的交易金额与活动投放成本金额的比值，即投资回报率=交易金额/活动投放成本×100%

二、电子商务零售营销策略

电子商务零售营销是指在电子商务零售环境中，零售企业通过各种营销手段，刺激和引导消费者购买其商品或服务而开展的活动。

（一）电子商务零售营销策略与传统零售营销策略的区别

电子商务零售营销策略与传统零售营销策略的区别如表8-9所示。

表8-9　　　　　　　　电子商务零售营销策略与传统零售营销策略的区别

对比维度	电子商务零售营销策略	传统零售营销策略
营销方式	包括打折、送优惠券、满减、社交媒体营销、与关键意见领袖合作、实行会员制度、跨界合作、个性化推荐等多种营销方式，更加多样化	主要通过打折、促销、实行会员优惠、开展店内活动等方式进行营销，营销方式相对较为单一
覆盖范围	可以通过互联网触达全国甚至全球	受限于店铺所在位置，覆盖范围十分有限
成本	通过电子渠道进行推广，降低了人力、物力和时间成本	需要租赁店铺、雇佣员工、制作宣传物料等，成本相对更高
互动性	通过社交媒体、在线聊天等方式与消费者实时互动，互动性较强	主要通过店内交流、消费者参与有限的实体店活动等进行互动，互动性相对较弱
数据分析	利用大数据和人工智能技术精准分析消费者行为，优化促销策略，数据分析效率高	依赖传统的销售数据和市场调研，分析相对滞后，效率较低
营销渠道	主要依赖互联网和移动设备，包括电商平台、社交媒体、电子邮件等	主要依赖实体店铺和线下广告
时间灵活性	可以随时随地开展促销活动，无时间限制	受限于店铺营业时间和人员安排
营销效果评估	实时性强、精准度高，通过数据分析快速评估促销效果	需要通过销售数据和消费者反馈结果来评估营销效果，有一定滞后性
消费者体验	消费者可以在家中浏览商品、下单购买，享受送货上门服务，购物方便	消费者可以到店试穿、试用，体验商品品质，体验感更强

（二）电子商务零售营销策略的制定流程

电子商务零售营销策略的制定需要从明确营销目标开始，经过市场调研与分析、制定营销策略、实施营销策略、监控营销过程、评估与反馈等多个环节，以确保营销活动的成功。

1. 明确营销目标

明确营销目标是制定营销策略的第一步，它决定后续营销活动的方向和重点，对确保营销活动的顺利开展至关重要。

营销目标应该具体而明确，避免模糊不清或过于笼统。同时，营销目标应该基于实际情况和市场环境来设定，确保是可实现的。过高的目标可能会导致团队士气低落，过低的目标则可能无法激发团队的积极性和创造力。无论目标是提升店铺销售额、增加店铺流量，还是提高支付转化率、提高品牌知名度等，都应当具体、明确，且与整体战略相契合。

2. 市场调研与分析

在明确营销目标后，需要对市场进行调研与分析，以便制定和实施营销策略。这包括研究当前电商市场的规模、变化趋势，了解消费者的基本信息、购物行为和偏好，调查竞争对手的运营与营销情况等，并对调研数据进行分析，总结市场规模的大小和变化情况，细分不同类别的消费者，找出自身与竞争对手的差距。

3. 制定营销策略

基于市场调研与分析的结果，进一步确定零售企业在目标市场中的位置，明确自身商品或服务的差异化特点，然后制定有针对性的商品策略、价格策略、渠道策略和促销策略。

（1）商品策略。根据市场调研结果，优化商品组合，确保商品能够满足目标消费者的需求。例如，针对年轻消费者推出时尚潮流的商品组合，针对家庭消费者推出性价比高的日用品组合等。

（2）价格策略。制定有竞争力的价格体系，包括定价策略、折扣活动等一系列与商品价格相关的策略，使消费者可以更多地点击商品图片进入店铺浏览并购买商品。

（3）渠道策略。选择合适的电商平台和渠道进行营销。例如，在天猫、京东等主流电商平台提供的各种活动渠道进行营销，或利用其他社交媒体、直播等新兴渠道进行营销，扩大营销范围，吸引更多的消费者。

（4）促销策略。设计有吸引力的促销活动，如满减优惠、赠品活动等。通过社交媒体推广等方式提高活动的曝光率和参与度。

4. 实施营销策略

严格按照制定的营销策略准备并实施营销策略，明确活动的时间节点、参与方式、奖品设置等细节。例如，在"双十一"期间举办大型营销活动，提前一个月进行预热宣传。根据活动规模和预算，合理调配人力、物力、财力等资源，确保活动顺利开展并达到预期效果。

同时还需要充分预测可能出现的风险和挑战，并制定相应的应对措施。例如，针对物流延迟问题提前与物流公司沟通协商解决方案，针对消费者可能询问的各种问题提前对客服进行系统培训，等等。

5. 监控营销过程

在实施营销策略过程中，密切关注市场反馈和消费者需求变化。利用电商平台提供的各种数据分析工具实时监控活动效果，关注关键指标，如点击率、转化率、销售额等的变化情况。另外，应重视消费者在营销活动过程中提出的问题，了解消费者对商品、服务的满意度。

6．评估与反馈

营销活动结束后，需要评估营销活动的效果，分析是否达到预期目标以及存在的问题。总结出成功的经验和失败的教训，提炼出可复制和推广的营销策略和方法。同时还需要根据评估结果和市场变化持续优化营销策略。例如，根据消费者反馈来调整商品布局和定价、优化客服和物流等。

三、电子商务零售的消费者服务

电子商务零售可以为消费者提供全方位、多层次的服务，使消费者在网络购物时更加便捷、安全，享受个性化的购物体验。

（一）个性化服务

电商平台可以通过大数据技术和算法分析，根据消费者的兴趣偏好和购买行为，向其推荐个性化的商品和服务，这种推荐能够减轻消费者的选择负担，提高购物效率，并拓宽消费者的选择范围。例如，根据消费者的浏览记录和购买历史，电商平台能够准确预测其可能感兴趣的商品，并在首页或搜索结果页中展示。

（二）交易保障服务

电商平台可以提供多种交易保障服务，确保在线交易顺利进行，并有效保护消费者权益。下面介绍几种常见的交易保障服务。

（1）实名认证。确保交易双方的身份真实可信，减少欺诈行为的发生。

（2）加密技术。保护消费者的个人信息和交易数据的安全，防止信息和数据被不法分子窃取和篡改。

（3）担保交易机制。在交易过程中，买卖双方的款项由第三方平台进行担保，直到买家确认收货满意后，款项才会转给卖家。

（4）消费者评价制度。这一制度可提高交易透明度和可信度，有助于消费者选择可靠的交易对象。

（5）退换货政策。避免消费者通过正常的交易途径和操作买到假冒伪劣商品，保障消费者的权益，提高消费者的购物满意度。

（三）客户服务

消费者在电商平台购买商品时，如果与商家出现争执，可以通过平台的客服要求平台介入来解决问题。同时，电商平台中的各个企业大多有完善的售后服务体系，方便消费者进行购物咨询。消费者在购物前、购物中和购物后，都可以利用这些客服功能来更好地购物和维权。

（四）社交服务

电商平台提供的社交服务是电子商务零售区别于传统零售的重要特征之一，这些社交服务不仅可以丰富消费者的购物体验，还能促进消费者之间的互动与交流，增强消费者黏性。例如，消费者可以在电商平台上发表购物心得、评价商品和服务。有些电商平台还设有社区和论坛等板块，消费者可以在这些板块围绕共同的兴趣或需求进行交流，分享经验和知识。

素养课堂

在商业活动中坚守诚信，不虚假宣传，不销售假冒伪劣商品，是对消费者负责的体现。作为社会成员，电子商务从业者应当尊重并保护消费者的合法权益，构建公平、公正的消费环境。

任务实施

任务演练：制定便利店线上零售推广与营销策略

【任务目标】

通过为便利店制定合理的线上零售推广与营销策略，提升品牌知名度、增加线上销售额并提升消费者满意度。

【任务要求】

本次任务的具体要求如表 8-10 所示。

表 8-10　　　　　　　　　　　　　　任务要求

任务编号	任务名称	任务指导
（1）	制定推广策略	选择推广渠道、内容、形式，并监测和优化推广效果
（2）	制定营销策略	选择营销方式，规划并评估营销效果
（3）	优化消费者服务	对消费者服务内容进行优化

【操作过程】

1. 制定推广策略

小张和同事们在分析了便利店线上零售业务的目标市场和消费者特征后，制定了表 8-11 所示的推广策略。

表 8-11　　　　　　　　　　　便利店线上零售的推广策略

方案	内容
线上渠道与媒体选择	① 重点投入微信、微博、抖音等社交媒体平台，以及淘宝、京东等电商平台 ② 利用搜索引擎优化提高线上店铺的曝光度 ③ 开展内容营销，通过制作有吸引力的短视频、图文等内容，提升消费者的好感度
推广内容与形式	① 设计创意广告文案和视觉素材，包括优惠券、新品推荐海报等 ② 利用短视频和直播等新兴媒体形式，与消费者进行实时互动，增加购物乐趣和信任感
推广效果监测与优化	① 使用电商平台的数据分析工具实时监测推广效果，包括浏览量、访客数、点击率、转化率等关键指标 ② 根据数据分析结果，及时调整和优化推广策略，实现精准营销和效果最大化

2. 制定营销策略

为在短期内提高销售业绩，小张和同事们继续为便利店的线上零售业务制定了营销策略，大致如表 8-12 所示。

表 8-12 便利店线上零售的营销策略

方案	内容
营销方式选择	① 实施打折、满减、买赠等常见促销方式，增强消费者的购买动力 ② 利用社交媒体与关键意见领袖合作，扩大品牌影响力和消费者覆盖范围
营销策略规划	① 结合节假日、特殊时间节点策划促销活动 ② 合理分配促销预算，确保资源有效利用
营销效果评估	① 通过数据分析工具实时评估促销效果，包括销售额、转化率、投资回报率等关键指标 ② 根据评估结果总结经验教训，为未来的促销活动提供参考

3. 优化消费者服务

为确保推广和促销活动能够达到预期效果，小张和同事们进一步制定了优化消费者服务的方案，通过提供个性化服务、交易保障服务、客户服务和社交服务让消费者购物时无后顾之忧，并能提升购物体验，方案内容如表 8-13 所示。

表 8-13 优化消费者服务方案

方案	内容
个性化服务	① 分析消费者数据，对消费者分类，向不同类别的消费者推送不同的商品信息和活动信息 ② 优化购物界面和购物流程，提升消费者购物体验
交易保障服务	① 确保商品描述真实准确，提供无忧退换货服务 ② 增强物流配送能力，提升配送速度和准确性
客户服务	① 提供 24 小时在线客户服务，及时解答消费者的疑问 ② 建立完善的售后服务体系，包括退换货、维修等服务
社交服务	① 鼓励消费者在社交媒体上分享购物心得和评价，提供减免、优惠券等奖励措施 ② 定期举办线上活动，如晒单抽奖、话题讨论等，增强与消费者之间的互动

综合实训 制定"双十一"大促活动营销策略

实训目的：运用所学知识，为某网店制定针对"双十一"大促活动的营销策略。

实训要求：某网络食品店主营休闲零食和饮品两类商品，面对即将来临的"双十一"，该店铺希望在销售额、流量、转化率和品牌知名度等方面，都能比去年的"双十一"有所提升。请以电子商务零售营销策略的制定流程为依据，为该店铺制定"双十一"大促活动的营销策略。

实训思路：本次实训的具体操作思路可参考图 8-1。

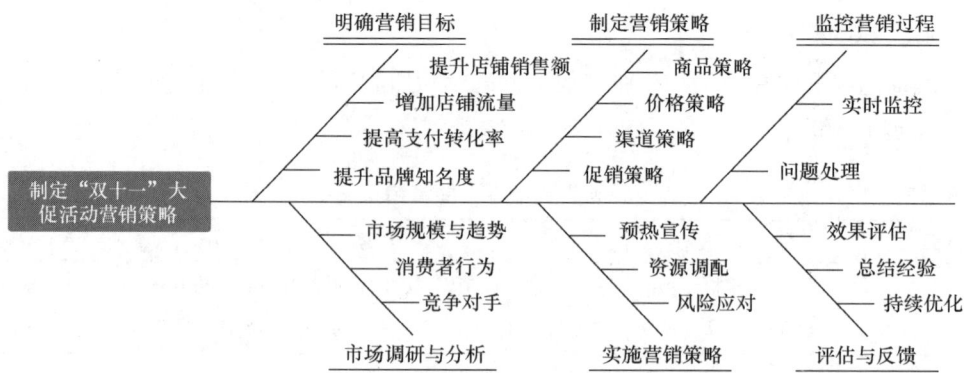

图 8-1　实训操作思路

实训结果：制定网店营销策略，总结实训过程中的经验教训，分析成功与失败的原因。可扫描右侧二维码查看网店营销策略示例。

扫一扫

网店营销策略

案例分析　拼多多的发展壮大之路

拼多多作为我国电商行业的"黑马"，其凭借正确的市场定位、推广策略、营销策略以及消费者服务策略，在短时间内发展壮大。

一、市场定位与目标市场

拼多多自成立之初，便精准定位于三、四线及以下城市的消费群体，通过大数据分析技术，深入了解他们的消费习惯和需求，避开与天猫、京东等头部电商企业的直接竞争，快速吸引了大量消费者。

二、推广策略

拼多多充分利用社交媒体的力量，通过微信、微博等平台进行裂变式传播，其独特的"砍价""助力"等社交玩法，可以激发消费者的参与热情，提升品牌曝光度和增强消费者黏性。在推广过程中，拼多多注重内容的创意和吸引力，通过短视频、直播等形式，展示商品使用场景和效果，增强消费者的购买欲望，并利用数据分析工具实时监测推广效果，根据数据分析结果及时调整和优化推广策略，以确保营销效果。

三、营销策略

拼多多以"低价"为核心竞争力，通过直接补贴、厂家直供等方式降低商品价格，吸引消费者。除常规的打折、发放优惠券等促销方式外，拼多多还创新性地推出"拼团""砍价"等特色促销方式，不仅提高了消费者的参与度，还降低了商品的获客成本。另外，拼多多积极与名人、关键意见领袖等开展合作，这些举措都很好地吸引了消费者并扩大了品牌影响力。

四、消费者服务

拼多多利用大数据和算法分析，为消费者提供个性化的商品推荐信息和购物体验，对商品质量进行严格把关，提供假一赔三、七天无理由退换货等保障服务，增强了消费者的购物信心。

在客户服务方面，拼多多建立了完善的客户服务体系，为消费者提供 7×24 小时的在线客户服务，及时解决消费者问题，提升消费者满意度。

【案例思考】

拼多多在发展壮大的过程中采用了哪些策略？这些策略对拼多多发展电子商务零售事业有什么作用？

巩固提高

1. 什么是电子商务零售？它有哪些特征？

2. "广告点击率"和"下单转化率"是什么意思？如何利用这两个指标来评估推广效果？

3. 简述电子商务零售推广策略的制定流程。

4. 电子商务零售营销策略相较于传统零售营销策略，具有哪些独特的优势？

5. 在电子商务零售中，为什么消费者服务被认为是零售企业营销的关键环节？

6. 假设你是某电商平台上一家电子产品店铺的市场运营人员，请设计一项针对"双十一"的促销活动，活动需要包含促销目标、促销方式、预算分配、宣传方案、执行监控措施及效果评估计划。

项目九
全渠道零售与新零售

学习目标

【知识目标】

1. 熟悉全渠道零售的含义和产生原因。
2. 熟悉全渠道零售战略。
3. 熟悉新零售的含义与发展。
4. 熟悉新零售的模式。

【技能目标】

1. 能够设计全渠道零售战略。
2. 能够以新零售模式为核心设计零售方案。

【素养目标】

1. 养成持续学习新知识、新技术的习惯，以适应行业的发展和变革。
2. 培养良好的团队合作精神和沟通协调能力，在多元化团队中学会尊重差异、包容不同的观点。

项目导读

随着信息技术的飞速发展，全渠道零售已成为零售业的新常态，其优势在于能够满足消费者多样化的需求，提升购物便捷性和消费者满意度，同时为零售企业带来更高的运营效率和更强的市场竞争力。与此同时，新零售作为零售行业的又一次突破性变革，正以前所未有的速度重塑着商业版图，它不是线上线下的融合那么简单，而是一种以消费者为核心，利用大数据、人工智能等先进技术，实现商品、服务、物流等全链条数字化、智能化的新型零售模式。

为给便利店的消费者打造全方位、多触点的购物体验，同时进一步优化便利店的零售运营策略，老李接到集团任务，要求他继续带领部门同事为便利店设计一份全渠道零售方案，并进一步优化便利店的新零售方案，让集团旗下的便利店能够在更好地满足消费者的同时，提升销售额和市场竞争力。

引导案例

邻家小店的全渠道新零售转型

在繁华与竞争并存的零售市场中，邻家小店曾经只是一家默默无闻的社区便利店，但通过积极的创新与转型，它成功融入全渠道新零售的发展浪潮，实现转型升级。

面对线上购物的冲击和消费者日益多样化的需求，邻家小店决定不局限于传统的实体销售模式。其首先引入线上购物平台，消费者可以通过小程序或官网下单，选择到店自提或配送到家服务。为提升购物便捷性，邻家小店还设置了智能自提柜，消费者可以随时取货。同时，邻家小店积极利用社交媒体进行品牌推广和消费者互动，定期发布营销信息，增强与消费者的连接。这种线上线下相结合的全渠道策略，使得邻家小店不仅拓宽了销售渠道，也提升了消费者体验和忠诚度。

在初步实现全渠道布局后，邻家小店并未停下脚步，而是进一步向新零售迈进。其开始运用大数据分析消费者购买行为，优化商品结构和库存管理，确保店内商品既能满足消费者日常需求，又能紧跟消费趋势。此外，邻家小店还引入智能推荐系统，根据消费者的购物历史和偏好，提供个性化的商品推荐服务。为提升消费者购物体验，邻家小店还改造了店内环境，增加休闲区和体验区，消费者可以在店内品尝新品、参与互动游戏，享受购物之余的休闲时光。

点评：邻家小店的转型之路充满挑战，但其坚持与创新最终换来了市场的认可与消费者的喜爱。由此可见，即使是小型零售企业，也能通过积极拥抱全渠道零售和新零售，赢得更广阔的发展空间。

任务一　认识全渠道零售

微课视频

认识全渠道零售

任务描述

在分析与总结邻家小店的全渠道新零售转型案例后，老李和小张他们对集团安排的任务有了大致的思路。接下来，他们需要设计一个针对便利店的全渠道零售方案，旨在通过整合线上线下资源，提升消费者购物体验，并增强品牌影响力。本次任务的具体情况如表 9-1 所示。

表 9-1　　　　　　　　　　　　　　　　任务单

任务名称	全渠道零售方案设计	
任务背景	随着消费者需求的日益多样化，单一的零售渠道已难以满足市场需求，为了应对各方面的挑战，便利店需要构建全渠道零售战略，以提供便捷、个性化的购物体验	
任务类别	☐ 调查活动　　　　☐ 分析活动　　　　■ 设计活动	
工作任务		
任务内容		**任务说明**
任务演练：为便利店设计全渠道零售方案		按照全渠道零售战略的实施重点，设计便利店的全渠道零售方案
任务总结：		

知识准备

一、全渠道零售的含义

全渠道零售是一种现代零售理念，可以理解为零售企业对多种渠道进行整合，提供全渠道营销服务，以满足消费者购物、娱乐和社交等方面的需求。全渠道零售的具体渠道如图 9-1 所示。

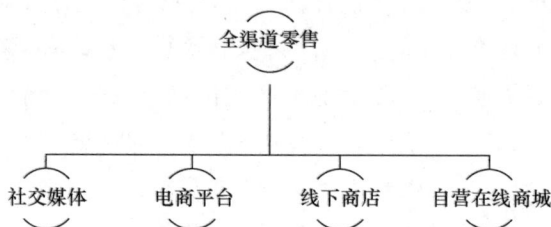

图 9-1　全渠道零售的渠道

"全渠道零售"一词最先由美国国际数据集团（International Data Group，IDG）提出，这一概念产生于 2009 年，当时该公司认为随着科技的发展和消费者需求的多样化，单一的购物渠道已经难以满足消费者的需求，他们会对线上与线下的商品价格进行对比，并尝试拓宽消费渠道。2011 年，美国贝恩咨询公司研究员里格比（Rigby）在《哈佛商业评论》上发表了题为 *The Future of Shopping* 的文章，正式将"全渠道零售"这一概念引入大众视野，并深入探讨了其发展趋势和对企业的影响。

随着全渠道零售概念的普及和发展，越来越多的零售企业开始尝试通过整合线上线下等多种渠道，来提升消费者的购物体验和运营效率，这种趋势不仅推动了零售行业的变革和创新，也为消费者带来更加便捷、个性化的购物方式。

二、全渠道零售产生的原因

全渠道零售的产生是多种因素共同作用的结果，下面从技术、消费者需求、市场竞争和市场环境等角度进行分析。

（一）技术推动

随着互联网的普及和移动设备的广泛应用，消费者能够轻松访问各种购物渠道，包括网站、社交媒体、移动应用等，技术的革新为全渠道零售提供了基础设施支持。大数据和人工智能技术的发展使得零售企业能够收集、分析并利用海量消费者数据，实现精准营销和提供个性化服务，这种技术赋能进一步推动了全渠道零售的发展。

（二）消费者需求变化

现代社会，消费者对购物体验的要求日益多样化，他们不仅关注商品本身，还注重购物过程的便捷性、舒适性和个性化，全渠道零售通过整合多种渠道，为消费者提供更加丰富和个性化的购物体验。同时，消费者希望能够在任何时间、任何地点购物，全渠道零售正好满足了这一需求，无论是线上购物还是线下体验，消费者都可以根据自己的喜好和需求进行选择。

（三）市场竞争加剧

随着零售行业的不断发展，市场竞争日益激烈，为吸引和留住消费者，零售企业需要不断创新和优化服务模式。全渠道零售作为一种新型的零售模式，能够帮助零售企业提升竞争力，应对市场挑战。另外，在竞争激烈的市场环境中，单一渠道的销售模式已经难以满足零售企业的需求，全渠道零售通过整合多种渠道资源，可以实现线上线下渠道的融合与协同，提升零售企业的运营效率和市场响应速度。

（四）市场环境变化

随着科技的发展和消费者需求的多样化，零售渠道呈现出多元化的趋势，除传统的实体店和电商平台外，社交媒体、移动应用等新兴渠道逐渐成为重要的销售渠道，全渠道零售正是顺应渠道多元化的趋势而产生的。

三、全渠道零售战略

全渠道零售战略强调跨渠道的一致性和连贯性，确保满足消费者在实体店、网站、社交媒体等所有渠道上购物的需求。这种战略的核心在于整合和优化各种渠道资源，为消费者提供更加丰富、便捷和个性化的购物体验。

（一）战略要点

全渠道零售战略的要点在于渠道整合与优化、数据共享与分析、无缝购物体验、个性化服务，具体介绍如下。

（1）渠道整合与优化。通过统一的管理和协调，确保各渠道之间的顺畅衔接和高效运作。

（2）数据共享与分析。实现各渠道之间的数据共享和分析，便于收集和分析消费者数据，为精准营销和个性化服务提供有力支持。

（3）无缝购物体验。无论消费者在哪个渠道购物，都能享受到相同的商品信息、价格、促销活动，以及便捷的支付、配送和售后服务。

（4）个性化服务。通过数据分析和人工智能技术为消费者提供更加个性化的服务，如通过社交媒体与消费者互动，提供定制化购物体验等。

（二）全渠道零售战略的实施

全渠道零售战略的实施涉及多个方面的协同和优化，如信息传递、订单管理、支付、物流配送、消费者服务及数字消费者关系管理等。

1. 全渠道信息传递

全渠道信息传递的实施需要做好统一数据源、多渠道协同和个性化内容推送等工作。

（1）统一数据源。构建统一的数据平台，确保所有渠道的数据能够实时同步和共享。使用先进的数据管理系统（如 CRM 系统）来整合消费者信息、交易信息等关键数据。

（2）多渠道协同。通过 API 接口、数据同步工具等技术手段，实现线上线下各渠道之间的无缝对接和高效协同。确保商品信息、价格、促销活动等内容在所有渠道上保持一致和准确，避免因信息不对称而给消费者带来困扰。

（3）个性化内容推送。利用大数据和人工智能技术，分析消费者的购物习惯、偏好等数据，为其推送个性化的商品推荐、优惠信息等。通过社交媒体、邮件、短信等多种渠道，向消费者传递有价值的信息，提高品牌曝光度和增强消费者黏性。

> ⏰ **专家点拨**
>
> CRM 即客户关系管理，英文全称为 Customer Relationship Management，CRM 系统是用来管理和分析消费者数据的软件系统。API 接口即应用程序编程接口，英文全称为 Application Program Interface，是一种允许不同应用程序之间相互通信和交换数据的接口。

2. 全渠道订单管理

全渠道订单管理需要零售企业建立统一的订单管理系统，以支持来自线上线下各种渠道订单的接收、处理和跟踪，实现订单信息的自动同步和状态更新，确保订单处理的准确性和效率。同时还需要具备跨渠道订单协同的功能，支持消费者在不同渠道间自由切换和下单，确保订单信息一致的同时，实现订单的快速分配、打包、发货和退换货处理，提升订单处理速度和消费者满意度。

3. 全渠道支付

全渠道支付的重点是支付方式多样化，满足消费者的各种支付需求，并确保支付过程的安全性和便捷性，提升支付成功率。零售企业内部需要具备统一的支付对账系统，实现线上线下支付数据的实时同步和对账处理，减少人工干预和错误，提高支付效率和准确性。

4. 全渠道物流配送

全渠道物流配送的实施关键在于构建高效的物流网络,采用先进的物流管理系统实现订单、库存、物流等信息的实时共享和协同，并借助该系统优化配送路线和仓储管理，提高配送效率和准确性。同时也需要零售企业引入智能仓储设备、自动化分拣系统、无人配送车等智能化设备，提升物流作业的自动化和智能化水平，实现物流信息的实时追踪和可视化展示，提升消费者体验。

5. 全渠道消费者服务

全渠道消费者服务的实施重点在于建立统一的客服体系，向消费者提供电话客服、在线客服、社交媒体客服等多种客服；引入智能客服系统，利用自然语言处理、机器学习等技术实现自动化客服，提高客服效率和质量。确保服务能够跨渠道协同，实现线上线下服务的无缝衔接和协同处理，使消费者在不同的渠道获得一致的服务体验。

6. 全渠道数字消费者关系管理

全渠道数字消费者关系管理的实施重点主要是建立消费者数据库，利用 CRM 系统收集、整理和分析消费者数据，对消费者进行细分和画像分析，为精准营销和个性化服务提供数据支持。基于消费者数据和行为分析，制定个性化的营销策略和服务方案，通过邮件、短信、社交媒体等途径向消费者推送个性化的商品推荐、优惠券等信息。另外，零售企业需要提升消费者的忠诚度，通过实行会员制度、开展积分兑换等活动，或利用社交媒体等渠道与消费者进行互动和沟通。

任务实施

任务演练：为便利店设计全渠道零售方案

【任务目标】

通过全渠道整合，提供无缝的购物体验，提高消费者满意度，并利用多种渠道推广品牌，提升品牌知名度和美誉度。

【任务要求】

本次任务的具体要求如表 9-2 所示。

表 9-2　　　　　　　　　　　　　　任务要求

任务编号	任务名称	任务指导
（1）	全渠道信息传递	构建统一数据源、实现多渠道协同、推送个性化内容
（2）	全渠道订单管理	建立统一订单管理系统、实现跨渠道订单协同
（3）	全渠道支付	具备多样化支付方式、统一支付对账系统
（4）	全渠道物流配送	构建高效物流网络、实现配送智能化
（5）	全渠道消费者服务	统一客服体系，提供增值服务
（6）	全渠道数字消费者关系管理	建立消费者数据库、实现精准营销、增强消费者互动

【操作过程】

在老李的指导下，小张与同事们根据便利店的现状以及集团对全渠道零售的一些设想，设计了全渠道零售方案，如表 9-3 所示。

表 9-3　　　　　　　　　　　　便利店全渠道零售方案

实施战略	具体内容
全渠道信息传递	① 构建统一数据源。利用 CRM 系统整合消费者信息、商品信息、交易记录等关键数据 ② 实现多渠道协同。开发移动 App、微信小程序、官方网站等线上渠道，并与实体店就商品信息、促销活动等内容保持同步更新，通过 API 接口实现线上线下库存联动 ③ 推送个性化内容。利用大数据分析消费者购物习惯和偏好，通过 App 推送、短信提醒、网络广告等方式，向消费者精准推送个性化商品推荐信息、优惠信息等

（续表）

实施战略	具体内容
全渠道订单管理	① 建立统一订单管理系统。支持来自 App、网站、电话、实体店等所有渠道的订单接收、处理和跟踪，实现订单信息的自动同步和状态更新 ② 实现跨渠道订单协同。系统自动识别并整合消费者在不同渠道中的下单信息，实现快速分配、打包、发货和退换货处理
全渠道支付	① 具备多样化支付方式。提供支付宝、微信、银行卡、货到付款等多种支付方式 ② 统一支付对账系统。实现线上线下支付数据的实时同步和对账处理
全渠道物流配送	① 构建高效物流网络。与第三方物流公司合作，构建覆盖全城的物流网络。采用先进的物流管理系统，实现订单、库存、物流等信息的实时共享和协同 ② 实现配送智能化。引入智能仓储设备、自动化分拣设备等智能化设备，提升物流作业的自动化水平，提供到店自取、快递配送、预约送货等多种配送方式
全渠道消费者服务	① 统一客服体系。引入智能客服系统，实现自动化客服，让人工客服与智能客服跨渠道协同，提供一致的服务体验 ② 添加增值服务。提供会员制度、积分兑换、个性化包装、定制服务等增值服务
全渠道数字消费者关系管理	① 建立消费者数据库。利用 CRM 系统收集、整理和分析消费者数据，进行消费者细分和画像分析 ② 实现精准营销。基于消费者数据和行为分析，制定个性化的营销策略和服务方案。通过邮件、短信、社交媒体等途径向消费者推送个性化的商品推荐、优惠券等信息 ③ 增强消费者互动。利用社交媒体、社群营销等方式与消费者进行互动和沟通，收集消费者反馈，不断优化商品和服务

任务二 全面认识新零售

微课视频

全面认识新零售

任务描述

为进一步提升消费者购物体验，增强便利店的市场竞争力，老李要求小张他们优化便利店的新零售方案。本次任务的具体情况如表 9-4 所示。

表 9-4   任务单

任务名称	全面认识新零售	
任务背景	随着新零售概念的兴起和技术的不断进步，传统零售业态在积极向新零售靠拢。集团为了增强便利店的竞争力，也希望便利店能够积极拥抱新零售，通过创新模式来应对市场变化，满足消费者需求	
任务类别	□ 调查活动　　　　□ 分析活动　　　　■ 设计活动	
工作任务		
任务内容	任务说明	
任务演练：设计并优化便利店新零售方案	通过线上线下融合，实现精准营销和提供个性化服务，并利用新技术和创新模式，提高便利店的销售额和竞争力	
任务总结：		

一、新零售的含义与发展

新零售是企业利用互联网技术和数据分析手段，优化传统零售业的各个环节，实现线上线下融合，提升消费者购物体验，提高经营效率的零售模式。

（一）新零售的含义

新零售是一种新的零售业态，它打破了传统零售业的界限，将线上与线下的销售渠道相融合，形成全渠道销售体系。消费者可以在线下实体店体验商品，并通过线上平台进行购买和支付，也可以在线上平台下单后到线下实体店提货或享受售后服务。

新零售与全渠道零售是两个有着本质区别的概念，前者是一种零售模式、零售业态，后者则可以理解为一种零售思维或零售策略。虽然二者都强调多个销售渠道的整合，并以消费者为中心，致力于提供无缝的购物体验，注重满足消费者在任何时候、任何地点以任何方式购物的需求，但新零售更加注重大数据、人工智能等先进技术的应用，通过技术手段实现零售效率的提升；而全渠道零售尽管也涉及技术应用，但更侧重于如何进行渠道整合。

（二）新零售的发展

"新零售"一词于2016年阿里巴巴集团的阿里云栖大会上被首次提出，之后便开始不断发展和完善，受到许多零售企业的重视和青睐。

1. 新零售的发展阶段

新零售的发展阶段可分为初步探索阶段、技术赋能阶段、深度融合阶段，如图9-2所示。

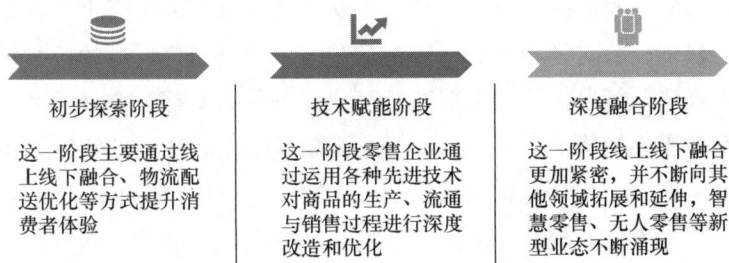

初步探索阶段
这一阶段主要通过线上线下融合、物流配送优化等方式提升消费者体验

技术赋能阶段
这一阶段零售企业通过运用各种先进技术对商品的生产、流通与销售过程进行深度改造和优化

深度融合阶段
这一阶段线上线下融合更加紧密，并不断向其他领域拓展和延伸，智慧零售、无人零售等新型业态不断涌现

图9-2　新零售的发展阶段

即便进入深度融合阶段，新零售目前仍然在高速发展。技术不断完善，数字赋能应用更加成熟，新零售服务商大量涌现，这些条件都为线下实体店提供了强大的技术支持和运营指导。同时，随着消费者购物习惯的变化和技术的不断进步，新零售将继续向更加智能化、个性化的方向发展。

2. 新零售的发展趋势

随着市场需求的变化及新技术的支持，新零售未来的发展呈现以下趋势。

（1）数字化和智能化。随着技术的不断进步和应用，新零售将更加注重数字化和智能化发展。通过运用大数据、人工智能等技术手段，零售企业可以更加精准地了解消费者需求和市场变化，从而提供更加个性化的商品和服务。

（2）线上线下深度融合。线上线下融合将成为新零售发展的重要趋势，零售企业将不断探索线上线下融合的新模式和新业态，提升消费者体验和服务质量。

（3）供应链优化。新零售将更加注重供应链的优化和整合。通过打造高效、协同的供应链体系，零售企业可以降低运营成本、提高响应速度和服务质量，从而更好地满足消费者需求。

二、新零售的模式

新零售的模式是重塑业态结构与生态圈，并对线上服务、线下体验及现代物流进行深度融合的零售新模式。

（一）初级模式：线下实体店的内在变革

新零售的初级模式主要聚焦于线下实体店的内在变革，旨在通过创新的方式提升消费者体验、优化运营效率，并增强实体店的竞争力。

1. 跨界融合

在新零售的初级模式中，跨界融合是一个重要趋势。这种模式通过在实体店中引入新的业态元素，打破传统零售的界限，为消费者提供更加丰富的购物体验。例如，永辉超市推出"超级物种"就是跨界融合的典型案例。永辉超市在超市中加入餐饮元素，消费者在购物之余可以享受美食，这种一站式购物体验可以大幅提升消费者的满意度。

2. 工匠精神与卓越体验

工匠精神强调对商品和服务的卓越追求，不断打磨细节，力求完美。在新零售中，这体现在对商品质量的严格把控、对消费者需求的精准洞察以及对购物环境的持续优化上。例如，国美零售通过"八重真选"标准，层层筛选商品，确保每件商品都符合高标准、高品质的要求。卓越体验则是指在新零售模式下，实体店通过提供超越消费者期望的购物体验，来提高消费者的忠诚度和满意度。例如，7-Eleven便利店通过大数据分析每个店所在地区和商圈的消费者需求，进行个性化的供需配对和推荐，从而满足消费者的个性化需求。同时，7-Eleven便利店还注重精细化管理，从商品陈列、库存管理到员工培训等各个环节都力求完美，为消费者提供良好的购物体验。

> 🔍 **素养课堂**
>
> 对个人而言，工匠精神是干一行、爱一行、专一行、务实肯干、坚持不懈、精雕细琢的敬业精神，是一种职业品质的体现。其是高素质人才必备的实践动能，我们应当培养并践行工匠精神，从而更好地实现自身价值。

（二）中级模式：线上线下融合

新零售的中级模式通过整合线上与线下的资源，打破传统零售的界限，为消费者提供更加丰富的购物体验。

1. 线上线下融合的特点

新零售模式下，线上与线下的销售渠道不再孤立，而是相互融合、互为补充。消费者既可以在线上平台浏览商品、下单购买，也可以在线下实体店体验商品、享受服务。通过大数据等新技术，零售企业可以收集并分析消费者的购物行为、偏好、需求等方面的数据，进而实现精准营销和个性化推荐。这些数据既包括线上平台的交易数据，也包括线下实体店的销售数据和消费者反馈。无论是线上还是线下，消费者都能享受到一致的商品信息、价格、服务等。同时，通过智能化的物流配送系统，零售企业可以提供快速、准确的配送服务，满足消费者的即时需求。

2. 线上线下融合的方式

线上线下融合的方式主要包括线上平台引流线下、线下实体店体验线上购买、线上线下互动营销等。

（1）线上平台引流线下。零售企业通过线上平台，如官方网站、App、社交媒体等，进行品牌宣传和商品推广，吸引消费者关注并引导其到线下实体店进行体验和消费。

（2）线下实体店体验线上购买。线下实体店不仅是商品展示和销售的场所，也是消费者体验商品和服务的场所。消费者可以在线下实体店中亲身体验商品后，再通过线上平台下单购买，这种"先体验后购买"的模式有助于提升消费者的购物满意度和忠诚度。

（3）线上线下互动营销。零售企业可以通过线上线下互动营销的方式增强与消费者的互动。例如，在线下实体店中设置二维码引导消费者扫码关注，将线下流量转化为线上流量，并通过线上活动促进线下销售。

（三）高级模式：数据驱动与智能化

新零售的高级模式会通过深度挖掘和利用数据资源，结合人工智能、物联网等先进技术，实现零售业务的智能化升级和个性化服务，为消费者带来更加便捷、高效的购物体验。

1. 数据驱动的核心作用

在新零售高级模式下，零售企业通过大数据分析消费者的购物行为、需求和偏好，从而制定更加精准的营销策略。例如，根据消费者的购买历史和浏览记录，推送个性化的商品推荐信息和优惠券，以提升营销效果和转化率。数据驱动下的库存管理系统能够实时监控库存状态，预测销售趋势，避免库存积压和缺货现象的发生。通过智能化的库存调度和补货策略，零售企业可以降低库存成本，提高运营效率。另外，基于大数据分析的供应链管理系统能够实现供应链的透明化和可视化，让零售企业更好地掌握供应链各环节的信息。通过优化供应链的布局和流程，零售企业可以降低物流成本，提升供应链的响应速度和灵活性。

2. 智能化的技术应用

人工智能、物联网、自动化与机器人技术等智能化技术是新零售高级模式得以实现的关键，这些技术的应用如下。

（1）人工智能。人工智能技术在新零售模式中的应用日益广泛。例如，通过智能客服系统，零售企业可以提供24小时不间断的客服；通过智能推荐系统，零售企业可以根据消费者的购物历史和偏好，为其推荐个性化的商品和服务。

（2）物联网。物联网技术实现了商品、设备、人员等要素的互联互通。在新零售模式下，物联网技术可以应用于商品的追踪溯源、智能仓储、智能配送等环节，从而提高供应链的透明度和效率。

（3）自动化与机器人技术。自动化与机器人技术的应用进一步提升了新零售模式的智能化水平。例如，自动化仓储系统可以实现商品的快速分拣和打包；智能配送机器人可以在指定区域内进行无人配送，提高配送效率和准确性。

（四）创新模式：社交电商与共享经济

新零售创新模式中的社交电商与共享经济是两个比较具有潜力的领域，它们通过独特的商业模式和运营策略，为传统零售业带来深刻变革。

1. 社交电商

社交电商是指利用社交媒体平台或社交元素进行商品销售和推广的电商模式，它结合了社交互动与电子商务，通过消费者的社交关系网络实现商品的传播和销售，其特点在于能通过强大的消费者裂变效应迅速提升销售额。社交电商的主要模式如下。

（1）社交电商消费返利模式。在这种模式下，消费者在购买商品的同时，自动晋升为代理，享有分享商品链接并获取直接推广奖励的权益。当成功推荐多个代理加入时，其可晋升为团长，从而享受更为丰厚的奖励政策。此外，累计消费达到一定金额后，消费者将积累贡献值，这些贡献值不仅可参与平台分红，还可用于兑换各类奖励，如图9-3所示。此模式巧妙地运用了积分与返现机制，有效激励消费者保持活跃的消费与分享行为，从而迅速扩大消费者规模并显著提升销售额。

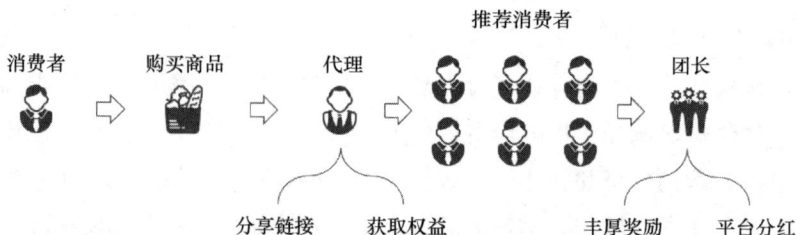

图9-3 社交电商消费返利模式

（2）会员制社交电商模式。在这种模式下，消费者购买会员资格后享受专属优惠和特权，同时成为分销商，通过分享商品链接邀请新消费者注册和购买，获得佣金奖励，如图9-4所示。

其中，会员等级根据消费金额和分享业绩进行划分，不同等级享受不同权益。这种模式有助于形成稳定的分销网络，降低获客成本，提高消费者忠诚度。

图 9-4　会员制社交电商模式

（3）内容电商模式。在这种模式下，内容创作者通过生产高质量的内容，如图文、视频、直播等来吸引消费者关注，并在内容中嵌入商品链接或优惠券，引导消费者购买。内容创作者根据商品销售额获得佣金或广告分成，如图 9-5 所示。这种模式能够提升消费者购物体验，增强消费者对品牌的信任感，提高转化率。

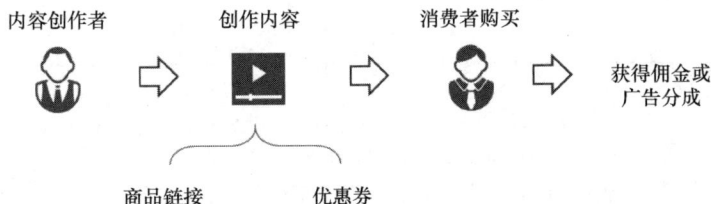

图 9-5　内容电商模式

2. 共享经济

共享经济是指利用互联网等现代信息技术，将闲置资源进行优化配置和高效利用的经济模式。它强调资源的共享和再利用，以降低社会成本和提高资源利用效率。虽然共享经济本身并不直接等同于新零售模式，但它在新零售领域的应用非常广泛，尤其是在物流配送、仓储管理等方面。

（1）物流配送。共享经济模式下的物流配送平台（如众包物流）通过整合社会上的闲散运力资源，提供快速、灵活的配送服务。这不仅可以降低零售企业的物流成本，还可以提高配送效率和服务质量。

（2）仓储管理。共享经济理念也被应用于仓储管理中。通过共享仓储资源，零售企业可以降低仓储成本并优化库存管理。例如，一些零售企业会将闲置的仓库出租给其他零售企业，或者与其他零售企业共享仓储设施以降低成本。

任务实施

任务演练：设计并优化便利店新零售方案

【任务目标】

对便利店的新零售方案进行设计和优化，以提升消费者购物体验，增强市场竞争力，并提高销售额与消费者忠诚度。

【任务要求】

本次任务的具体要求如表 9-5 所示。

表 9-5　　　　　　　　　　　　　　　　任务要求

任务编号	任务名称	任务指导
（1）	线下实体店的内在变革	优化线下实体店的运营模式，提升消费者的购物体验
（2）	线上线下融合	融合线上线下渠道，增强消费者黏性
（3）	数据驱动与智能化	应用数据驱动并引入智能化技术提升营销效果
（4）	社交电商与共享经济	尝试为便利店应用社交电商和共享经济模式

【操作过程】

以新零售的常见应用模式为基础，并综合分析便利店的现状，小张与同事们为便利店设计并优化了新零售方案，具体内容如表 9-6 所示。

表 9-6　　　　　　　　　　　　　　　　便利店新零售方案

级别	内容
初级模式	① 在便利店内引入新的业态元素，如设置小型咖啡吧或快餐区，提供一站式购物与休闲体验；引入自助结账机，减少消费者排队等待时间 ② 严格把控商品质量，确保每件商品都符合高标准、高品质的要求。优化便利店布局和商品陈列，提升购物环境的舒适度和美观度。定期对员工进行培训，提升服务质量和消费者满意度
中级模式	① 建立便利店官方网站、App 和社交媒体账号，进行品牌宣传和商品推广，在线上平台发布优惠券、促销信息等吸引消费者到线下实体店消费 ② 在线下实体店中设置二维码扫码关注、商品信息查询等功能，让消费者在体验商品后可以通过线上平台下单购买，实现"先体验后购买" ③ 开展线上线下互动营销活动，如线上直播、线下体验结合线上抽奖等，增强消费者黏性
高级模式	① 利用大数据分析消费者的购物行为、需求和偏好，制定精准的营销策略。通过智能推荐系统为消费者提供个性化的商品推荐信息和优惠券，提升营销效果和转化率 ② 引入智能客服系统、智能仓储系统和智能配送机器人等智能化技术，提升便利店的运营效率和消费者体验
创新模式	① 在便利店中设置分享奖励机制，鼓励消费者通过社交媒体分享商品链接并邀请好友购买，从而获得积分或优惠券等奖励 ② 与当地物流商合作，提供快速、灵活的配送服务

综合实训　为超市设计全渠道零售和新零售方案

实训目的：通过实践，深入理解全渠道零售和新零售的相关知识，并能为超市设计出全渠道零售和新零售方案。

实训要求：对学校附近的超市进行充分的调研，基于调研结果，分析超市现有零售模式的优势和不足，结合全渠道零售和新零售的理念，设计详细的实施方案。

实训思路：本次实训的具体操作思路可参考图 9-6。

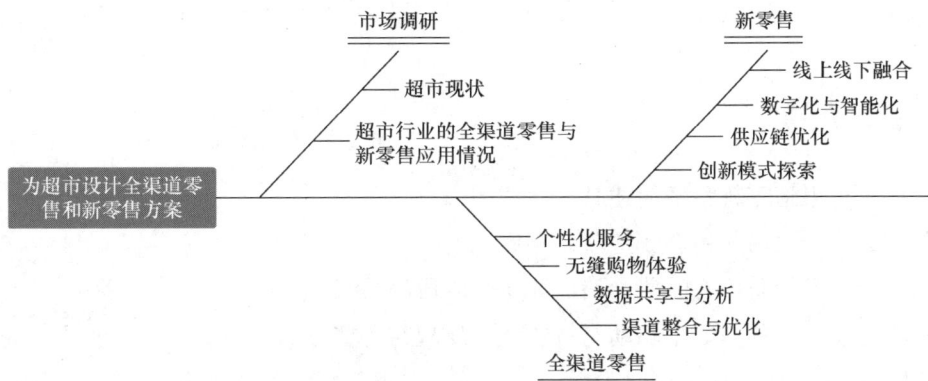

图 9-6 实训操作思路

实训结果：在已经完成市场调研的基础上，设计与超市有关的全渠道零售与新零售方案。扫描右侧二维码可查看方案示例。

扫一扫
全渠道零售与
新零售方案

案例分析 瑞幸咖啡的全渠道零售

瑞幸咖啡作为我国咖啡市场的新兴力量，其以创新的商业模式和高效的运营能力迅速崛起。其成功的重要原因之一，在于合理实施了全渠道零售战略，其不仅整合了线上线下的资源，还通过技术赋能和数据驱动，为消费者提供全方位、无缝的购物体验。

一、线上线下深度融合

瑞幸咖啡在全渠道零售方面的核心战略是线上线下深度融合。通过其 App 和微信小程序，消费者可以轻松地浏览咖啡菜单、下单购买，并享受线上独有的优惠和会员服务。同时，瑞幸咖啡遍布城市各处的线下门店成为消费者体验和享受咖啡的场所。瑞幸咖啡 App 集成多种支付方式，包括微信、支付宝等，消费者可以在 App 下单后，选择到店自提或等待外卖配送，这增强了购物的便捷性。通过 App 和地图技术，消费者可以查找最近的门店并导航前往，方便快捷。

二、多渠道协同

瑞幸咖啡的多渠道协同主要体现在线上和线下信息的同步和整合上。在 App 中，消费者可以查看菜单、价格、库存以及促销活动信息，无论是在线上还是在线下消费，均可以累积积分，积分可以在全渠道使用，包括兑换免费咖啡、优惠券等。另外，瑞幸咖啡使用 API 接口和数据同步技术实现各渠道间库存和数据的实时同步，确保线上线下联动。智能推荐系统则可以在 App 首页或购物车中为消费者推荐合适的咖啡商品和组合，从而提高销售转化率。

三、全渠道订单管理

瑞幸咖啡建立了统一的订单管理系统，支持来自线上线下各渠道的订单接收、处理和跟踪。这一系统可以确保订单信息的实时同步和更新，支持快速分配、打包、发货和退换货处理，能有效提升订单处理效率和消费者满意度。

【案例思考】

瑞幸咖啡的全渠道零售战略如何帮助其在竞争激烈的咖啡市场中脱颖而出？

巩固提高

1. 什么是全渠道零售？请简述其产生原因。

2. 新零售与全渠道零售有哪些联系和区别？

3. 新零售的发展阶段有哪些？请简述每个阶段的特点。

4. 新零售模式中的"数据驱动与智能化"体现在哪些方面？

5. 假如你是一家小型购物中心的负责人，试着基于新零售的初级模式（线下实体店的内在变革）、中级模式（线上线下融合）、高级模式（数据驱动与智能化）和创新模式（社交电商与共享经济），为该购物中心设计新零售方案。